그것은 교회가 아니다

성경 해석의 오류와 신앙의 일탈

그것은 교회가
아니다

강만원 지음

창해

심자득 (목사, 「당당뉴스」 발행인)

포털 사이트의 기독교 관련 기사에 달리는 댓글들을 보면, 기독교를 공격하는 네티즌이 상당히 많음을 알 수 있다. 악플을 남기는 데 주저가 없고 표현의 참람함이 입에 담기조차 어렵다. 그들에게 기독교는 비하의 대상을 넘어 지구상에서 사라져야 할 사회악쯤으로 여겨지는 듯하다. 안티기독교를 자처하며 블로그나 사이트를 조직적으로 운영하기도 하는데, 막무가내식 비판이 아니어서 더 당혹스럽다.

천주교나 불교에 비해 기독교가 집중적으로 공격받는 이유는 끝없이 터져나오는 목사들의 부패와 온전한 사명을 감당하지 못하는 교회 때문이다. 웬만해야 돌들이 일어나 소리치고 발람의 당나귀가 말을 하겠느냐만, 지도자조차 성화시키지 못하는 종교가 어떻게 설득력을 가지겠는가? 교회가 사회를 걱정하는 것이 아니라 사회가 교회를 걱정하는 지경에 이르렀다는 탄식이 한국 교회의 현실을 그대로 드러내고 있다.

이 책이 목표로 하는 것은 한국 교회의 근본적인 개혁이다. 개혁 방법으로 성경으로 돌아갈 것을 권하는데, 종교와 신학의 관점에서 지금까지 타성적으로 받아들여 온 '성경 해석의 오류'를 제시하며 '말씀의 성경적 해석'에 주안점을 두고 있다. 저자는 평생 훈련해 온 문체론적 접근방식으로 성경을 들여다본다. 그리고 교회의 부패를 정당화하고 권력을 공고히 하는 데 이용된 기존의 해석들을 하나하나 반박해 나간다.

이 책의 저자는 목사도 아니고 신학을 전공하지도 않았다. 하지만 프랑스의 필립 르 투제Philippe le Touzé와 도미니크 맹그노Dominique Maingueneau 같은 문체론과 담론 분야의 저명한 교수들로부터 실력을 인정받은 이 분야의 전문가이다. 그리고 오랫동안 교회 개혁을 위한 저술과 번역활동에 매진해 왔다.

책에 실린 대부분의 글은 저자가 지난 2년 동안 「당당뉴스」와 「뉴스M」에 기고한 칼럼을 바탕으로, 주제를 선별하고 내용을 가다듬은 것들이다. 교회와 목회자를 비판하는 내용이 넘치는 매체의 성격상 독자들의 편식도 심한 편인데, 저자의 칼럼만큼은 줄곧 높은 조회수를 보이며 동감과 찬동을 이끌어냈다. 교회 개혁을 위한 진정성과 열정뿐만 아니라 교회 타락의 원인과 대안을 제시하는 지혜와 통찰력이 남다르기 때문이리라.

따라서 이 책은 교회나 목사들의 타락에 염증을 느끼는 수많은 사람들에게 단지 혀를 끌끌 차게 하는 것으로 끝나지 않는다. 교회 개혁을 위해 헌신해 온 이들에게 또 하나의 격문에 그치지도 않는다. 교회 권력이 뒤틀어놓은 교회, 헌금, 목사, 은사 등 제반 요소들을 낱낱이 점검한 후 오직 성경에 서서Ad Biblia 근원으로 돌아가Ad Fontes, 모두가 삶의 자리에서 개혁의 길에 서게 한다. 저자의 헌신에 존경과 감사와 연대의 마음을 전하고 싶다.

최병인(목사, 「뉴스M(미주뉴스앤조이)」 발행인)

이 책의 저자 강만원 선생을 알게 된 것은 내게 큰 행운이었다. 그가 번역한 프레데릭 르누아르의 『신이 된 예수』를 통해 어렴풋이 알고 있었지만, 「당당뉴스」에서 추상같은 그의 칼럼을 읽은 뒤 내가 발행인으로 있는 「뉴스M」에 기고를 부탁하자 흔쾌히 허락해 주었다.

그의 글은 쓴소리로 가득한 듯 보이지만, 한국 교회와 개신교 전통에 대한 깊은 애정을 느낄 수 있다. 몇몇 목회자들에 대한 추상같은 질타는 가라지를 솎아내려는 농부의 마음과 같음을 분명히 알 수 있었다.

특히 그는 텍스트 분석을 전공한 학자로 어떤 목회자나 신학자와 견주어도 뒤지지 않을 실력을 가지고 있다. 그래서일까? 이 책은 단순한 비판서에서 한 단계 뛰어넘어 새로운 방향을 제시하고 있다.

저자가 이 책에서 거론하는 사례들은 우리 주변에서 흔히 볼 수 있는 비리들이다. 이런 상황이 용납되는 이유는 비리를 저지르는 측이나 추종하는 이들이나 모두 바른 신학에 기초하고 있지 않기 때문이다. 저자가 이 책을 통해 이야기하는 것들은 괜한 비판이 아니며, 특정인을 겨냥한 것도 아니다. 한국 교회 전반에 만연해 있는 성경 해석의 오류에 대한 신학적 통찰이 담겨 있다.

사실 한국 교회의 문제가 어제오늘의 일은 아니다. 따라서 이런 종류의 비판서는 많이 있어왔다. 하지만 이 책은 사회학적 분석과 윤리적 분석 저변에 신학적 깊이를 담고 있다는 점에서 기존의 교회 비판서와 확연히 구별된다.

저자는 우리에게 아르케 처치(원형 교회)라는 다소 낯선 용어를 소개한다. 성서의 가르침이 그대로 실현되고, 평화와 사랑이 숨쉬는 교회, 근거 불명의 호칭과 직제들이 평신도를 옭아매지 않고 평신도 개개인이 주체가 되는 교회를 의미하는데, 저자는 그에 기반한 아르케 처치 운동을 펼치기 시작했다. 벌거벗은 한국 교회, 그럼에도 부끄러운 줄 모르는 이들에게 아르케 처치 운동은 본질로 돌아가라고 주장한다.

아르케 처치를 향한 강만원 선생의 여정은 분명 길고 힘들 것이다. 교회의 타락이 일부 목회자들의 문제일 뿐이라고 생각하는 우리에게, 그는 '그것은 교회가 아니다'라고 확신에 차 이야기한다. 그리고 틀 안에서의 개혁에 발버둥치던 한계를 훌쩍 뛰어넘어 본질적인 교회를 '상상'해 보자고 제안한다. 구약의 예언자들이 어렵고 힘든 현실에서도 상상력을 통해 이스라엘의 미래를 제시했듯이, 강만원 선생의 아르케 처치를 향한 시도는 험난함 속에서 이미 그 가능성을 조금씩 드러내고 있다.

이 책이 우리가 잊고 있던 '바로 그 교회', 우리가 몰랐던 '그 말씀의 의미'를 찾으려는 이 땅의 깨어 있는 독자들에게 귀한 도움이 될 것이라 믿어 의심치 않는다.

박문규(캘리포니아 인터내셔널 대학 학장, 정치학)

　나는 신학교를 가본 적도, 성경 해석학을 배워본 적도 없으며, 성경을 내 멋대로 이해한다며 교회 어른들에게 야단을 맞으면서 살아가는 사람이다. 학식과 전문성도 없고, 40년 동안 조국을 떠나 타국에서 살아온 정치학도로서 추천사를 쓰는 게 적절한지 주저되는 바 없지 않다. 하지만 한국 교회의 개혁을 위해 혼신의 힘을 다하고 있는 강만원 선생에게 작은 힘이나마 보태는 것이 도리라고 판단했다.

　한국에서 교회 개혁은 계란으로 바위치기이다. 그것은 하나의 교회와 싸우는 작업이 아니라 사회제도권 모두와 싸우는 일이다. 뿐만 아니라 현재 한국에서 교회 개혁을 주장함으로써 세속적 이익을 취할 수 있는 사회 집단이 전혀 없다. 그래서 교회개혁운동(혹은 새교회운동)은 고독한 싸움일 수밖에 없다. 교회 개혁 운동가들만 일방적으로 희생해야 하는 구조다.

　바로 그런 이유 때문에, 나는 교회 개혁을 주장하는 동지들이 힘을 모아야 한다고 확신한다. 개혁의 방향에 다소 견해 차이가 있더라도 서로 단결할 때 비로소 힘을 발휘할 수 있다. 또한 개혁 운동가들이 지속적으로 동력을 유지할 수 있다. 교회 개혁의 담론은 이제 새로운 분위기를 형성하고 있다. 새롭게 태어나지 않으면 모두 붕괴될 것이라는 위기감을 느끼고 있기 때문이다.

새로운 교회 운동을 위한 투철한 의지와 용기를 지닌 강만원 선생이 이번에 자신의 생각을 책으로 발간하다니 반가운 일이다. 그는 성직주의에 반대하여 만인제사장주의에 입각한 원형 교회를 주창하고 있다. 나도 담임목사 절대체제는 매우 잘못된 일이며, 평신도들이 교회 운영의 주체가 되어야 한다고 생각한다. 그렇지만 기능적으로 분화되어 있는 현대사회의 교회에서는 교역자의 전문적 기능이 필요하다고 본다. 오히려 한국 교회가 전념해야 할 부분은 영적, 도덕적, 지적으로 수준 높은 교역자를 배출하고 함량 미달의 교역자들을 퇴출시키는 일이라고 믿는다. 혹시라도 만인제사장주의가 교역자 없는 교회의 보편화로 이어진다면 수준 낮은 기독교 지도자들이 더욱 활개치게 되지 않을까 하는 우려 때문이다.

그러나 강만원 선생과 내가 의견이 조금 다르다고 해서, 용기 있는 귀한 동지가 피로 쓴 책의 가치를 폄하해서는 안 될 것이다. 이 책을 읽는 독자들은 글과 글 사이에 숨어 있는 저자의 아픔과 통한을 이해해 주시길 바란다. 많은 분들이 읽고, 고민하고, 토론하면서 한국 교회가 나아갈 방향이 정립되기를 희망한다. 교회 개혁은 만만한 작업이 아님을 깨닫고, 그 힘든 작업에 이 책이 한몫했으면 하는 기대가 간절하다.

김영철 (전문의, 미주 한인교회 정화운동협의회 대표)

이 책을 통해 지금까지 성경을 오해하고 그릇되게 신앙생활을 해온 점들이 많다는 사실을 새삼 깨달았다. 구구절절이 공감가고 이해되는 성경 말씀의 풀이였다. 이 책을 읽고 많은 신자들이 새로운 각오로 생활함으로써 진실로 하나님께 영광을 돌릴 수 있는 신앙지침서가 되면 좋겠다.

성경 말씀의 화자인 성령님께서 청자인 인간들에게 성경의 선지자와 사도들을 통해 분명히 하나님의 뜻을 전달했지만, 후대에 이르러 말씀의 해석과 적용에 오류를 범하면서 마침내 성경에서 계시하는 '본래의 뜻'이 왜곡되고 변질되었다. 성경을 올바르게 가르치고 실천해야 하는 교회 지도자들이 온갖 비리를 저지르고 전횡을 일삼는가 하면, 기복신앙과 무속 전통에 사로잡혀 지금의 부패한 교회를 낳고, 믿지 않는 사람들에게 신뢰를 잃는 지경에 이르렀다.

이런 절박한 때 마치 광야에서 외치는 진리의 음성처럼 저자는 하나님이 주신 은사와 재능을 발휘해 성경의 '본래 뜻'을 화자의 의도에 맞추고, 문맥을 정확히 분석하고 해석해 올바른 신앙생활에 기여할 수 있도록 초석을 제공했다. 성경을 바르게 해석하고 적용함으로서 곁길로 나아가고 있는 한국 교회를 올바르게 인도하려는 열정을 이 책에서 엿볼 수 있다.

또한 저자는 교회의 본질에서 벗어나 역방향으로 달리고 있는 한국의 기독교 단체와 교회에 경종을 울리는 동시에, 성경적인 교회로서 '원형 교회'라는 새로운 교회상을 제시한다. 외식과 교만과 비리로 수치스럽게 벌거벗은 한국 교회를 근본부터 개혁해 건강한 교회로 회복시키고, 인애와 겸손과 온유와 봉사와 섬김의 옷을 입은 교회, 예수님이 원하시고 칭찬할 만한 원형 교회를 소망하는 저자의 심정이 본문 곳곳에 등장한다.

목사 우월주의에 빠진 한국 교회의 타락과 은사주의에 목매는 영적 일탈, 기복신앙에 탐닉하면서 그리스도 신앙의 본질을 저버린 한국 교회에 새로운 희망을 불어넣기 위한 깊은 충정을 구구절절이 느낄 수가 있다. 교회 개혁과 정화를 소망하는 교인이라면 누구나 필독해야 하는 책으로, 충심으로 여러분께 조금도 주저함 없이 추천한다.

한국 교회는 왜 외면당하는가

예수 그리스도의 온전한 가르침에 순종하며 세상의 '빛과 소금'이 되어야 할 한국 교회가 온갖 비리와 부정으로 언론매체를 장식하고 있다. 처참하게 일그러진 한국 교회의 모습에 대해 "개신교 역사상 가장 타락했다"는 탄식이 곳곳에서 터져나온다. 기독교 미래학자들은 한 세대가 지나기 전에 지금 규모의 절반인 400만 명으로 신자가 줄어들 것이라 예상한다. 또한 예배당에 노인들만 덩그러니 남아 있는, 연령별 공동화 현상이 뚜렷이 나타날 것이라고 주장한다. 이 같은 한국 교회의 상황에 대해 교계 안팎에서 '자업자득'이라는 비아냥마저 들려오고 있다.

기윤실(기독교윤리실천운동)이 2014년 1월 발표한 '한국 교회의 사회적 신뢰도 여론조사'에 따르면, 한국 교회의 신뢰도는 19.4퍼센트에 불과했다. 종교 간 신뢰도 비교에서 개신교는 21.3퍼센트로, 가톨릭 29.2퍼센트, 불교 28.0퍼센트인 점을 감안하면, 한국의 3대 종교 가운데 최하위를 기록했다. 더욱이 '종교가 없는 사람들'을 대상으로 한 조사에서는 가톨릭 32.7퍼센트, 불교 26.6퍼센트에 비해 개신교의 신뢰도는 고작 8.6퍼센트에 지나지 않는다. 이쯤 되면 한국 교회의 앞날은 가히 절망적이라고 아니할 수 없다.

세계적으로 유례를 찾아보기 힘들 만큼 고도의 부흥을 이루었던 한국 교회가 이처럼 퇴보를 가속화하는 이유는 무엇일까? 다양한 이유가 있겠지만, 한국 목사들의 고질적인 비리와 타락이 결정적 요인이라는 사실을 누구도 부정할 수 없을 것이다.

개신교를 외면하는 원인을 순서대로 살펴보면, 다른 종교에 대한 배타적 태도(24%), 불투명한 재정 사용(22.8%), 교회 지도자들의 부정(21%), 교회 성장주의(19.5%)가 다수를 차지한다. 제시된 항목들은 목사들만의 문제가 아닌 듯 보이지만, '개(별)교회주의'를 표방하는 한국 교회에서 '담임목사'는 '개교회'의 당회장으로서 교회의 전권을 장악한 '오너'라는 사실에 주목해야 한다.

지금처럼 목사가 교회 운영의 전권을 장악하는 한, 세상 사람들이 한국 교회를 외면하는 주된 원인, 이를테면 '재정 비리'나 '교회 성장주의', '교회 지도자의 부정'은 목사의 책임일 수밖에 없다. 담임목사는 마치 사기업의 주인인 양 교회의 재정을 좌지우지하고, 인사와 행정에 이르기까지 모든 권한을 독점하며 사실상 교회 운영을 주도하기 때문이다. 따라서 한국 교회가 세상의 신뢰를 잃게 된 요인은 일차적으로 목사들의 책임이라는 날선 비판을 인정하지 않을 수 없다.

그런데 이러한 문제들이 소수의 '비리목사들'에 한정된 것이라면서 볼멘소리를 하는 목회자가 적지 않다. 하지만 문제를 일으킨 이들이 한국 교회의 대표성을 지닌 '주류 목사들'이라는 점을 간과해서는 안 될 것이다.

한목협(한국목회자협의회)에서 목회자들을 상대로 "한국 교회에서 가장

닮고 싶은 목사는 누구인가?"라는 내용의 설문조사를 한 적이 있었다. 압도적 1위가 조용기 목사였고, 김삼환, 김홍도, 오정현 목사가 뒤를 이었다. 이처럼 부정과 불의로 사회적 지탄을 받은 바 있는 그들이 한국 목사들의 로망이며 우상이라니 결코 인정하고 싶지 않은 우리의 현실이다. 그들의 부정은 한국 목사들, 나아가 한국 교회의 전반적인 타락을 상징한다고 할 수 있을 것이다.

단일규모로 세계에서 가장 크다는 여의도 순복음교회는 명성(?)에 걸맞게 '교회재벌'의 면모를 과시한다. 그리고 조용기 목사의 가족들이 순복음재단의 여러 산하단체에서 대표를 맡고 있다. 대학과 언론사를 비롯해 종교와 무관한 사기업에 이르기까지, 순복음재단은 천문학적인 자금을 유용해 재벌기업에서 흔히 볼 수 있는 '문어발식 확장'을 고스란히 따르고 있다. 마침내 조용기 목사와 장남 조희준은 수백억 횡령혐의로 법정에 나란히 서는 진풍경을 연출했다.

세계 최대 감리교회를 이끌었던 김홍도 목사는 누군가? 기감(기독교대한감리회)의 수장인 감독회장을 역임했고, 한기총(한국기독교총연합)과 한교연(한국교회연합)의 명예회장으로서 화려한 경력을 지닌 그는, 이미 오래전 MBC 'PD 수첩'을 통해 비리가 밝혀지며 세상의 거센 비난을 받은 장본인 아닌가? 거액의 횡령으로 징역형을 선고받았을 뿐만 아니라, 같은 교회의 여자권사와 저지른 간통사건을 무마하기 위해 억대의 뒷돈을 지불한 인물이다. 더욱이 아들인 김정민 목사에게 마치 개인재산을 상속하듯 금란교회의 담임목사 자리를 넘긴 김홍도 목사는 이른바 '대형교회 세습'의 원조이기도 하다. 사기미수와 무고혐의로 법정구속되어 현재 구치소에 수감 중인 그의 부정은 흘러간 일이 아니라 엄연히 현재진행형이다.

사랑의교회 오정현 목사는 어떤가? 논문 표절과 연이은 학위 의혹으로 여론의 도마에 오른 그는 거듭되는 거짓말로 사랑의교회 교인들뿐만 아니라 한국 교회의 수많은 교인들에게 씻을 수 없는 상처를 주었다. 결국 오정현 목사는 빗발치는 비난여론에 떠밀려 '자숙기간'을 갖겠다며 6개월 간 강단을 떠났다. 그리고 '논문표절조사위원회'의 최종 판단에 따라 표절이 사실로 드러나면 사랑의교회에서 즉각 사퇴하겠다고 호언장담했다. 하지만 마치 성전聖戰에서 승리한 개선장군처럼 '서초성전'에 입성해 담임목사로서 교회의 전권을 여전히 장악하고 있다. 회개를 위한 자숙이 아니라 잠시 외유를 즐긴 것에 불과한 상황이다.

'교회 성장주의'를 비판하면서 오정현 목사의 야심작인 '사랑의교회 서초성전'을 빼놓을 수가 없다. '세계에서 가장 비싼 교회건물'이라는 사랑의교회 서초센터(SGMC)는 한국 교회를 근본부터 타락시키고 있는 맘모니즘의 대표적 상징이며, 예수 신앙의 본질을 왜곡하는 가증한 배교가 아닐 수 없다.

이처럼 한국 교회의 타락한 모습을 연일 두 눈으로 보면서, 누군들 교회를 신뢰하겠으며 영혼의 구원을 내세우는 진정한 종교라고 생각하겠는가?

그렇다면 한국 교회의 재건을 위한 근본적 대안은 무엇일까? 교회 개혁을 주장하는 사람들은 '목사의 자질'을 우선적으로 이야기한다. 일리가 있지만, 전적으로 동의하기는 어려운 문제인 듯하다. 일단 '자질'의 기준이 명확하지 않다. 물론 단기간의 졸속적인 신학교육이나, 돈만 내면 목사 안수를 받을 수 있는 '사역자 양성 시스템'에 문제가 있다는 것은 이론의 여지가 없다. 그러나 신학대학교에서 정상적인 과정을 마치고, 박사학위를 포함해 화려한 이력을 곁들인 목사들은 '온전한 사역자'로서 자격이 있는가? 결코 그렇지 않다. 오히려 외형적 조건을 두루 갖춘 목사들의 부정과 불의는 한국 교회에 더 큰 영향을 미칠 수밖에 없다.

목회자의 자질을 이야기하면서 '청년 목회'의 아이콘이었던 전병욱 목사를 언급하지 않을 수 없다. 교인이 100명 남짓에 불과했던 삼일교회에 담임으로 부임한 전병욱 목사는 출간하는 책마다 베스트셀러가 되면서 '한국 교회의 떠오르는 별'로 교계의 주목을 받았다. '한국 교회 차세대 리더 10인'에 선정되었고, 특히 청년들의 지지를 받으며 이른바 '청년 목회'의 상징으로 굳건히 자리잡았다. 삼일교회는 그가 담임목사로 시무하는 10여 년 동안 교인수 2만 명이 넘는 초대형교회로 성장했다. 이쯤 되면 한국 교회의 신화적 존재 아닌가?

그러나 그는 젊은 여신도들을 상습적으로 성추행했다. 전병욱 목사의 성범죄를 폭로한 영화 〈숨바꼭질〉에 따르면, 목사실로 여신도를 불러 구강성교를 요구하는가 하면 은밀한 신체 접촉은 다반사였다. 결국 10여 년에 걸쳐 수십 명에 이르는 상습적 성추행이 보도되면서 전병욱 목사는 부득불 삼일교회를 떠나게 되었다. 하지만 전별금으로 받은 13억으로 인근에 다시 '홍대새교회'를 개척해 지금도 '청년 목회'에 열중하고 있다.

개신교 목사들의 타락은 흔히 말하는 것처럼 일부 목사들의 인성이나 자질 부족에서 비롯되는 지엽적 현상이 아니다. 한국 교회를 떠들썩하게 만든 전병욱 목사의 성추행은 단지 그의 성품이 타락하고 목사로서의 자질이 부족했기 때문일까? 교인들에게 수천억의 건축헌금을 거둬들여 '맘몬의 성전'을 헌정한 오정현 목사의 행동이 단순히 자질 문제라고 생각하는가? 물론 그들의 부정이 교회를 타락시키고, 한국 교회의 성장에 악영향을 미쳤다는 주장은 일리가 있다. 하지만 보다 본질적인 관점에서 원인을 찾아야 한다. 다시 말해, 한국 교회를 유례없는 타락의 길로 이끈 요인은 단순히 목사들의 저급한 자질 때문이 아니라 신앙의 근본인 '말씀'에 관한 본질적 문제라고 할 수 있다.

일부에서는, 특히 신학자들을 중심으로 목사들의 비리와 한국 교회가 끝없이 타락하는 원인을 '신학적 빈곤'이나 '신학의 부재'에서 찾는다. 하지만 나는 그런 주장에 동의하지 않는다. 2000년의 기독교 역사를 돌이켜 보건대, 한순간도 신학이 소홀한 시대는 없었다. 오히려 '말씀'을 전하는 도구의 역할에서 벗어나 말씀을 지배하려는 신학의 과잉이 심각한 문제를 야기했다고 생각한다.

전병욱 목사와 오정현 목사가 신학적 지식이 부족해 하나님의 뜻을 거역하며 끝내 비리와 타락의 수렁에 빠졌는가? 그들은 '신학적 맹인'이 아니라 '성경적 맹인' '영적 맹인'이다. 그들이 말씀을 온전히 깨달았다면 허튼 회개로 세상에서 조롱당하고, 주께서 질타하신 '외형주의'에 사로잡혀 예배당 건축에 그토록 혈안이 되었을까? 요컨대 한국 교회의 타락은 신학적 빈곤이나 부재가 아니라, 종교와 신학에 반드시 앞서야 하는 말씀의 부재와 왜곡에 따른 해석, 적용의 중대한 오류에서 원인을 찾아볼 수 있다.

상습적 성추행이 드러난 뒤 "삼일교회와 하나님 앞에서 죄를 저질렀다"고 고백한 전병욱 목사는 삼일교회 인근에 '홍대새교회'를 개척하며 유명한 회개론을 펼쳤다.

"털어서 먼지 안 나는 사람이 어디 있습니까? 회개는 하나님 앞에서 하는 것이지 사람들 앞에서 한답니까?"

그의 주장이 어떤 신학적 근거가 있는지 모르겠지만, 성경적 관점에서는 구차한 변명일 뿐이며 결코 진정한 회개라고 할 수 없다. 그리스도인의 회개는 하나님 앞에서 말이나 생각으로 하소연하는 것이 아니다. 반드시 교인들 앞에서 공적으로 죄를 고백하고, 교인들에게 죄를 용서받는 것이 회개의 성경적 기준이다. 비리목사들의 치명적 문제는 죄에서 돌이켜 온전히 회개하지 않는 것이며, 이는 신학의 빈곤이 아니라 영적 무지에 따른 말씀의 부재이자 왜곡에 기인한다고 할 수 있겠다.

불법과 특혜시비로 온갖 비난을 감수하며 마침내 3,000억이라는 천문학적 비용을 들여 '세계에서 가장 비싼 교회건물'인 '사랑의교회 서초센터'를 지은 오정현 목사는 입당식에서 잔뜩 들뜬 목소리로 "모두 하나님이 하셨습니다"라고 외쳤다. 결국 "하나님이 성전을 건축하셨다"는 말인데, 그의 주장에 과연 성경적 근거가 있을까?

예수는 예루살렘 성전의 위용에 감탄하는 제자들에게 "돌 하나도 돌 위에 남지 않으리라"라고 선언했다. 새로운 신약시대에 성전은 '무너지는 돌들'에 지나지 않으며, 예수 그리스도의 시대는 '성전의 제사가 아니라' 영과 진리로 예배드리는 복음의 시대라고 분명히 말씀하신 것이다. 그렇다면 오정현 목사가 생각하는 예수는 하나님을 믿지 않는 불신자 예수라는 말인가?

지금까지 목사의 부정과 그에 따른 책임을 강조해서 이야기했다. 하지만 한국 교회의 타락에는 목사들의 일방적 책임만 있지 않다. 교인들의 책임 또한 크고 무겁다. 맹신도가 없다면 교인들의 맹신에 기생하는 비리목사도 없을 것이기 때문이다. 결국 타락의 책임은 말씀을 올곧게 깨닫지 못한 교인들의 '영적 무지와 불순종'에서도 찾아볼 수 있다. 소경이 소경을 인도하면 둘 다 구덩이에 빠진다는 예수의 말씀을 가슴에 깊이 새겨야 한다.

한국 교회가 부패의 굴레에서 벗어나는 유일한 길은 그리스도 신앙의 근원, 다시 말해 '말씀'으로 오롯이 돌아가는 것이다. 한국 교회의 고질적 병폐는 '말씀의 부재와 왜곡'이 근본적인 원인이다. 살아있는 진리의 말씀이 사라진 교회에 인간의 탐욕에 따른 부정과 불의는 어쩌면 당연한 귀결인지도 모른다.

이 책은 종교와 신학의 관점에서 지금까지 타성적으로 받아들인 '성경 해석의 오류'를 제시하면서 '말씀의 성경적 해석'에 주안점을 두고 있다. 나는 신학교에서 안수를 받은 목사도, 신학을 전공한 신학자도 아니다. 평신도가 성경 해석을, 그것도 민감하기 이를 데 없는 '성경 해석의 오류'라는 주제를 다룬다니 고개를 갸우뚱하는 사람이 없지 않을 것이다.

그러나 프랑스에서 필립 르 투제, 도미니크 맹그노 같은 '담론 분석'의 저명한 교수들과 함께 공부하면서 기독교 실존주의 작가 조르주 베르나노스George Bernanos의 난해한 텍스트들을 문체론으로 분석하는 심층적인 훈련을 받았다. 그러한 개인적 경험이 '성경 해석의 오류'를 이야기할 수 있는 배경이 되었다. 독자들로서는 '성경 문체론'이라는 표현이 다소 생소할 것이다. 하지만 성경의 바른 해석을 위해 문체론적 방법을 통한 담론 분석이 매우 효과적이라는 확신을 개인적으로 갖고 있다.

나는 '평신도 사역자'로서 새로운 삶을 결단한 뒤부터 교회 개혁에 관한 저술과 번역에 열중하고 있다. 그동안 기독교 개혁언론인 「당당뉴스」와 「뉴스M(미주뉴스앤조이)」에서 칼럼니스트로 활동하며 신앙 칼럼을 정기적으로 기고하고 있다. 또한, 페이스북에 틈나는 대로 관련 글을 올리면서 많은 형제들로부터 분에 넘치는 사랑을 받았다. 이 책을 출간할 수 있는 것도 여러 형제(자매)들의 지지와 격려, 그리고 재정적인 후원 덕분이다. 일일이 이름을 밝히지는 않겠지만, 이 자리를 통해 물심양면으로 지원해 준 모든 형제들에게 머리 숙여 감사의 마음을 전한다.

2015년 2월

강만원

제1부

성경 해석의 오류는 어떻게 한국 교회를 타락시켰는가?

제
1
부

성경 해석의 오류는
어떻게 한국 교회를
타락시켰는가?

목사에 대하여

목사는 성경의 원형적 직분인가

목사는 종교개혁 이후 만들어진 종교적 직분

목사는 교회의 5중직 가운데 하나로 에베소서에 당당히 이름을 올린다. 따라서 한글 성경책을 읽는 교인들은 목사를 성경의 원형적 직분으로 여기며, 주께 특별한 소명을 받은 '영적 존재'로 생각한다.

"그가 어떤 사람은 사도로, 어떤 사람은 선지자로, 어떤 사람은 복음 전하는 자로, 어떤 사람은 목사와 교사로 삼으셨으니 이는 성도를 온전하게 하여 봉사의 일을 하게 하며 그리스도의 몸을 세우려 하심이라" 에베소서 4:11-12

목사와 교사를 구별해 두 직분으로 해석하거나, 두 단어를 잇는 접속사가 'or'가 아니라 'and'라는 점에 주목해 동일한 직분의 두 기능으로 보고 4중직으로 설명하기도 한다. 하지만 어떤 경우에도 한국 교회의 목사들은 성경의 명시적 기록을 빌미 삼아 교회의 최고 '중직重職'으로 자리잡고 있다.

어떤 장로교 교단의 헌법에 의하면, 목사의 지위를 '주의 사자使者' 또는 '주의 대언자'로 명기하고 있다. 한국 목사들의 의식에 깊이 새겨진 문장이므로 굳이 교단의 이름을 밝힐 필요는 없을 듯하다. 이는 하나님이 세상에 보내신 '종'이 목사이며, 하나님의 말씀을 전하는 자로서 특별한 영적 권위를 지니기 때문에 목사의 설교는 곧 하나님의 말씀이라는 주장을 담고 있다.

그렇다면 목사가 과연 주의 사자이며 대언자일까? 그러기 위해서는 주의 일을 올곧게 행하며 주의 말씀만 오롯이 전해야 하는데, 과연 그들이 사자의 역할을 제대로 수행하고 있을까? 성경의 동일한 구절을 인용해 설교할 때조차 목사마다 해석과 적용이 다르다. 그렇다면 '오직 하나의 예수'가 아니라 교회에 따라 수천, 수만의 예수가 존재한다는 말 아닌가?

목사라는 직분은 사도나 선지자, 또는 장로나 집사, 감독처럼 처음부터 성경에 이름을 올린 원형적 직분이 아니다. 성경의 18구절마다 예외없이 '목자'로 번역했던 헬라어 '포이멘poimen'을, 종교개혁 이후 가톨릭의 사제와 견줄 만한 개신교의 강력한 교회 지도자로 세우기 위해 만든 직분이 '목사'이다.

루터의 종교개혁은 '사제성직주의'에 맞서 '만인제사장주의'를 내세웠지만, 사실상 '새로운 이념'에 그쳤을 뿐이다. 개신교 역시 가톨릭과 마찬가지로 교회가 조직화되고 대형화되면서 일반 신자와 교회 지도자를 구별하기 위해, 또한 '가르치는 장로'로서 설교를 전담하고 그에 따른 권위를 부여하기 위해 '새로운 직분'을 만들어야 했다. 다시 말해 종교개혁은 중세 가톨릭의 타락을 부추긴 '사제성직주의'에서 '목사성직주의'로 얼굴만 바꾸었을 뿐이다.

이처럼 목사는 종교개혁 이후 '만들어진' 종교적 직분으로, 개신교의 새로운 성직자이다. 그러나 '목자', '목양자', '양치는 자'로서 섬기는 종의 역할 외에 사실상 '가르치는 장로'로서 목사의 의미가 전혀 없는 포이멘을 대부분의 한글 성경은 '목사'로 오역했다. (가톨릭과 개신교가 함께 펴낸 공동 번역의 경우 '포이멘'을 '목자'로 번역했다.)

"바로 그분이 사람들에게 각각 다른 선물을 은총으로 주셔서 어떤 사람들은 사도로, 어떤 사람들은 예언하는 사람으로, 어떤 사람들은 전도자로, 어떤 사람들은 목자와 교사로 삼으셨습니다. 그것은 성도들을 준비시켜서 봉사 활동을 하게 하여 그리스도의 몸을 자라게 하시려는 것입니다" 공동번역 에페소 4:11-12

물론 목자든 목동이든 예수가 말씀하신 대로 '양을 치고 먹이는' 직분에 해당한다면, 목사는 결국 목자로서 중요한 역할을 담당한다고 할 수 있다. 그러나 예수가 말씀하신 목자의 의미와 역할을 좀더 따져보면, 지금의 '권위적 목사'와 완전히 다른 직분임을 알 수 있다. 목자牧者를 목사牧師로 호칭하면서 결국 교회를 다스리는 어른이 되고 교인들을 가르치는 '스승'이 되었으며, '영적 아비' 운운하는 빌미를 만들었다.

목자 또는 목동은 이른바 '종교귀족'을 일컫는 호화스러운 자리가 아니다. 또한 교회의 '권력자'로 둔갑할 만한 정치적 신분이 결코 아니다. 형제들 가운데 천대받던 다윗이 전쟁터에 나가지 못하고 남아서 양을 친 것처럼, 목자는 이스라엘에서도 가장 비천한 직업 가운데 하나였다.

그럼에도 불구하고 목사들이 '목자'로 자처하는 이유는 겸손해서가 아니다. 겸손을 가장한 채 양을 소유한 주인의 권위로 교인들을 지배하는 특별한 지위라고 생각하는 건 아닐까? 그러나 착각하지 말아야 한다. 예수는 베드로에게 "네 양을 치고 먹이라"가 아니라, "내 양을 치고 먹이라"고 명령하셨다.

"…예수께서 시몬 베드로에게 이르시되 요한의 아들 시몬아 네가 이 사람들보다 나를 더 사랑하느냐 하시니 이르되 주님 그러하나이다 내가 주님을 사랑하는 줄 주님께서 아시나이다 이르시되 내 어린 양을 먹이라 하시고 또 두 번째 이르시되…내 양을 치라 하시고 세 번째 이르시되…내 양을 먹이라" 요한복음 21:15-17

'내 양', 즉 그리스도의 양과, 베드로나 교황 또는 목사의 양 사이에는 신분상 절대적인 차이가 있다. 예수가 목자에게 양을 준 것이 아니다. 그저 맡겼을 뿐이다. 따라서 목자는 주인이 아니라 주인의 양을 보살피는 종이다. 다치지 않게, 굶지 않게, 병들지 않게 주인의 소유를 정성스레 돌봐야 한다. 그렇다면 양으로 상징되는 교회의 신자는 목자가 아니라 주인이신 예수 그리스도의 귀중한 소유로, 종에게 마땅히 보호받을 권리가 있다.

그러나 한국 교회를 살펴보면, 목사는 종이 아니라 마치 소유주인 양 행세하고 있다. 주인 몰래 양의 털을 벗기고 고기를 팔아 자기 뱃속을 채우는 악한 목동이나 삯꾼 목자처럼, 자신의 탐욕을 채우기 위해 주인의 양들을 죽이고 짓밟는 악행을 서슴지 않는다.

예수께서 "선한 목자는 자기 양을 지키기 위해서 생명을 바친다"고 말씀하셨다. 하지만 한국 목사들 가운데 과연 몇 명이나 교인을 위해 희생하고 헌신하는가? 처음부터 목자는 세상에서 허튼 영광을 누리려는 자가 맡을 만한 자리가 아니다. 예수가 세우신 최초의 '목자' 베드로의 고난을 기억하는가?

"내가 진실로 진실로 네게 이르노니 네가 젊어서는 스스로 띠 띠고 원하는 곳으로 다녔거니와 늙어서는 네 팔을 벌리리니 남이 네게 띠 띠우고 원하지 아니하는 곳으로 데려가리라" 요한복음 21:18

"다른 사람들이 네 팔을 벌리고, 네가 원하지 않는 곳으로 데려간다"는 말은 어떤 의미일까? 이는 십자가에 매달려 고통스레 죽어야 하는 베드로의 순교를 암시한다. 사제나 목사들이 최초의 목자이자 교권의 수임자라고 내세우는 베드로는 세상에서 부귀와 영광을 누리기는커녕, 십자가에 거꾸로 매달린 채 순교를 마다하지 않았다. 한국 교회의 목사들이 진정한 목자라면 응당 목자의 본을 보이신 예수 그리스도와, 그에게 목양권을 위임받은 제자 베드로의 삶을 본받아야 할 것이다.

그러나 현실은 어떤가?

대형교회의 목사가 되면 수억의 연봉과 분에 넘치는 활동비를 받고, 전담기사가 딸린 최고급 승용차를 이용한다. 또한 고급 아파트에 살면서 자식들을 해외로 유학보내야 격에 맞는 처우라고 생각하는 듯하다. 은퇴 후를 대비해 수억, 수십억을 미리 챙기며 이른바 '폼나는 인생'을 향유하기도 한다.

종교적 필요에 따라 '포이멘'을 목사로 인정한다 치자. 하지만 성경적 직분으로서 '포이멘'은 교회의 지배자가 아니라 예수의 제자들에게 반드시 요구되는 '섬기는 지도자servant leader'이다. 주의 계명에 따라 '온유와 겸손의 멍에'를 메고 스스로 낮은 자리에 있어야 하는 종일 뿐이며, 어떤 경우에도 세상의 권력과 부귀영화를 탐하는 '권력자'가 아닌 것이다.

"예수께서 제자들을 불러다가 이르시되 이방인의 집권자들이 그들을 임의로 주관하고 그 고관들이 그들에게 권세를 부리는 줄을 너희가 알거니와 너희 중에는 그렇지 않아야 하나니 너희 중에 누구든지 크고자 하는 자는 너희를 섬기는 자가 되고 너희 중에 누구든지 으뜸이 되고자 하는 자는 너희의 종이 되어야 하리라" 마태복음 20:25-27

더불어 섬기는 종의 역할은 예수와 함께 생활하던 당시의 제자들에게만 국한된 특별한 계명이 아니다. '섬김'은 예수를 따르는 모든 사람들, 이른바 모든 그리스도인에게 요구되는 일반적인 명령이며 예수의 일관된 가르침이다.

"무리와 제자들을 불러 이르시되 누구든지 나를 따라오려거든 자기를 부인하고 자기 십자가를 지고 나를 따를 것이니라 누구든지 자기 목숨을 구원하고자 하면 잃을 것이요 누구든지 나와 복음을 위하여 자기 목

숨을 잃으면 구원하리라" 마가복음 8:34-35

"자기 십자가를 지라"는 말은 무슨 의미일까? 예수가 십자가의 죽음을 예고하자, 베드로는 메시아의 수제자로서 자신이 꿈꾸던 지위를 잃을까 봐 두려워 '항변'했다. 그러자 예수는 베드로를 향해 "사탄아, 물러가라!"며 꾸짖은 뒤 무리와 제자들에게 "자기 십자가를 지라"고 말씀하셨다. 예수를 따르는 자는 세상의 화려한 지위나 부귀영화를 탐하면 안 된다는 준엄한 명령이라고 할 수 있겠다.

예수는 능력과 권위를 드러내기 위해서가 아니라 섬김의 본을 보이기 위해 세상에 오셨다. 그리고 예수가 몸소 보이신 본은 제자들의 발을 씻어 주는 종의 섬김이었다.

제자는 스승의 삶과 가르침을 배우고 닮아가는 자이다. 그런데 예수는 섬김을 받는 주인이 아니라 섬기는 종의 본을 제자들에게 보이셨다. 따라서 주의 일을 한다고 자처하는 목사들 역시 섬김의 본을 따라야 할 것이다.

"인자가 온 것은 섬김을 받으려 함이 아니라 도리어 섬기려 하고 자기 목숨을 많은 사람의 대속물로 주려 함이니라" 마태복음 20:28

목사는 본래 진골이 아니다. 오히려 비천한 종의 신분에 지나지 않는 천골일 뿐이다. 그러나 낮고 비천한 자리는 주의 종에게 궁극의 목적이 아니라 순종의 과정이다. 기꺼이 낮은 자리에서 주의 가르침을 따르는 종에게는 때가 이르매 '크고 으뜸이 되는' 찬란한 자리가 기다리고 있다.

"…너희 중에 누구든지 크고자 하는 자는 너희를 섬기는 자가 되고 너희 중에 누구든지 으뜸이 되고자 하는 자는 너희의 종이 되어야 하리라" 마태복음 20:26-27

주의 종으로서 목사는 기꺼이 낮은 자리에서 세상을 섬겨야 한다. 한국 교회가 부패의 사슬을 끊기 위한 선행조건이 바로 목사를 교회의 권력자로 부추기며 지배자로 타락시키는 담임제도, 당회장제도의 완전한 철폐이다. 비록 비천한 종이지만 '주 때문에' 행복한 사역자로서, 예수가 부여하신 사명을 기꺼이 감당하는 것이 목자의 진정한 기쁨 아닐까?

성경에 '목사'는 없다. 포이멘으로서 목자, 목동이 있을 뿐이며, 주인의 소중한 재산인 양을 지키는 종에 불과하다. 돈과 지위, 명예에 눈먼 자들은 목사의 직분을 포기해야 한다. 그것이 탐욕과 교만으로 죽어가는 한국 교회를 살리고, 영적 무지에 빠진 교인과 방황하는 영혼을 살리는 길이다.

'영적 아버지'를 자처하는 목사들

제법 이름이 알려진 어떤 중형교회에서 장로들을 새로 선출했다. 다섯 명의 신임 장로들을 임명한 후 담임목사는 통과의례처럼 당회를 열어 그들의 군기를 잡았다.

"교회에서 당회장은 영적 아버지입니다. 교양 있는 가정에서 자녀들이 아버지에게 복종하듯이, 아니 그 이상으로 신임 장로들은 전임 장로들을 본받아 담임목사인 나를 영적 아버지로 섬겨야 합니다. 하나님의 은혜 안에서 교회가 성장하고 부흥하기 위해서는 영적 위계질서가 바로서야 하며, 질서 있는 교회라야 하나님의 정의가 넘치며 성령의 역사가 충만하기 때문입니다."

그 이야기를 들은 한 신임 장로가 불편한 표정을 숨기지 않았다. 하지만 상견례를 겸한 첫 당회였기 때문에 담임목사의 입장을 이해하려고 노력했다.

'똘마니' 역할을 기대했던 신임 장로가 어딘지 모르게 뻑뻑한 태도를 취하자 담임목사는 연거푸 '군기 당회'를 열었다. 그리고 당회장인 자신이 교인들의 '영적 아버지'라고 거듭 강조했다.

세 번째 당회가 열리던 날, 불편한 마음을 떨치지 못한 신임 장로는 결국 성경 구절을 인용해 자신의 생각을 이야기했다.

"땅에 있는 자를 아버지라 하지 말라 너희의 아버지는 한 분이시니 곧 하늘에 계신 이시니라" 마태복음 23:9

장로는 "이 말씀이 세상 사람에게 영적 아버지라고 부르지 말라는 뜻 아니냐?"고 목사에게 물었다. 그러자 목사는 당황하는 기색 없이 장로를 꾸짖었다.

"어떻게 장로쯤 돼서 영적 아버지라는 중요한 주제에 대해 한 구절만 알고, 더 중요한 다른 구절들은 모르십니까? 사도 바울이 디모데에게 뭐라고 했습니까?"

자신이 사도 바울이라도 되는 것처럼, 목사는 성경을 펼쳐들고 고린도전서와 디모데전후서를 거침없이 읽었다.

"…내가 주 안에서 내 사랑하고 신실한 아들 디모데를 너희에게 보내었으니 그가 너희로 하여금…" 고린도전서 4:17
"믿음 안에서 참 아들 된 디모데에게 편지하노니…" 디모데전서 1:2
"사랑하는 아들 디모데에게 편지하노니…" 디모데후서 1:2

한국 교회에서 목사와 논쟁해 이길 수 있는 장로가 과연 몇이나 될까? 미심쩍은 마음이 여전했지만, 성경지식이 빈약한 장로로서는 성경 구절을 들이대는 목사와 논쟁을 계속하기가 어려웠다.

목사는 바울과 디모데의 특별한 관계에 대해 자신만만한 목소리로 설명했지만, 예수가 친히 말씀하신 "땅에 있는 자를 아버지라 하지 말라"는 구절에 대해서는 끝내 언급하지 않았다.

그렇다면 성경의 분명한 가르침은 무엇일까? 바울과 디모데의 경우처럼, 하나님 외에도 영적 아버지가 존재한다는 것인가? 아니면 예수가 말씀하신 대로, 땅에 있는 어떤 자에게도 영적 아버지라고 불러서는 안 되는가?

성경의 메시지를 제대로 파악하기 위해서는 모순처럼 보이는 두 구절의 실제 의미를 숙고해야 한다. 다시 강조하지만, 성경을 읽는 자의 자의적 해석에 오류가 있을 뿐이며, 성경에 기록된 '말씀'에는 결코 모순이 존재하지 않는다.

예수께서 제자들에게 "아버지라 하지 말라"고 말씀하신 것은, 하나님 앞에서 동등한 형제들 사이에서는 누구라도—설령 사도라 할지라도—감히 영적 권위를 과시하며 스스로 '높은 자'가 되려 해서는 안 된다는 준엄한 명령이다.

예수는 제자들에게 "땅에 있는 자를 아버지라 하지 말라"면서, "너희는 다 형제이다"라고 말씀하셨다. 이는 곧 "다 같은 형제로서 그리스도인들 사이에는 특별히 우월한 존재로서 영적 아버지가 있을 수 없다"는 명백한 가르침이다.

한편, 노년의 바울이 젊은 디모데를 '참 아들'이라고 부른 것은 다른 관점, 전혀 다른 의미의 행동이다. 사도로서의 권위를 드러내기 위해 믿음이 부족한 신자에게 영적 아버지의 지위를 강요한 것이 아니다. 비록 나이는 어리지만 '루스드라'와 '이고니온'에서 존경받는 지도자로 자리잡은 디모데에게 바울이 아버지 같은 특별한 애정을 드러낸 것이다.

바울이 디모데를 아들로 부른 구절을 내세우며 '영적 아버지'라는 지위를 목사들에게도 일반적으로 적용시키려면, 디모데뿐만 아니라 그가 전도한 모든 교인들에게 '아버지'로 불렸어야 한다. 하지만 바울은 디모데 외에 누구에게도 '영적 아버지'로 자처하지 않았고, 어떤 교인도 바울을 아버지라고 부르지 않았다.

요컨대 바울은 영적 주종, 또는 상하관계에서 디모데를 아들이라고 부른 것이 아니다. 아들뻘의 나이 어린 디모데에게 친밀감을 나타내는 표현으로 사용한 것이다. 바울이 느낀 '아버지'로서의 감정은, 병이 있는 디모데를 걱정하는 마음에서 여실히 드러난다.

"이제부터는 물만 마시지 말고 네 위장과 자주 나는 병을 위하여는 포

도주를 조금씩 쓰라" 디모데전서 5:23

이처럼 바울과 디모데의 관계는 예수가 엄히 금하신 '높아지려는 자', '섬김을 받으려는 자', '으뜸이 되려는 자'의 계급적 의미가 아니다. 이른 바 일부 목사들이 교회의 위계질서를 세운다는 허튼 명분으로 내세우는 '영적 아버지와 아들의 수직관계'가 아닌 것이다.

초대교회의 사도들은 예수께서 부활하신 뒤 '주의 교회'를 세우기 위해 특별한 영적 권위를 부여받았다. 오직 하나님만이 지니신 '죄사함'의 권세를 부여받았고, 병을 고치고 귀신을 내쫓으며, 심지어 죽은 자를 살리는 특별한 신적 권위를 부여받은 것이다. 하지만 사도들은 신자들 앞에서 결코 강압적 권위를 내세우지 않았다. 자신에게 무릎 꿇은 로마 군대의 백부장 고넬료에게 베드로 사도가 했던 말을 기억하는가?

"이튿날 가이사랴에 들어가니 고넬료가 그의 친척과 가까운 친구들을 모아 기다리더니 마침 베드로가 들어올 때에 고넬료가 맞아 발 앞에 엎드리어 절하니 베드로가 일으켜 이르되 일어서라 나도 너희와 똑같은 사람이라 하고" 사도행전 10:24-26

반면, 목사들이 '영적 아버지'를 자처하는 것은 우월한 '목사 성직자'와 열등한 '평신도'로 구분해 절대적으로 우월한 지위를 차지하려는 속셈 아니던가?

목사라는 거창한(?) 직함에 현혹되어 정신을 차리지 못하는 경우가 한국에만 있는 것은 아니다. 미국의 한인교회에서도 나이든 교인들 앞에서

'영적 아버지'로 행세하며 목회활동을 하는 젊은 목사가 있다고 들었다. 유교적 가부장의식에 사로잡힌 목사들의 꼴불견이 세상 곳곳에서 벌어지고 있는 것이다.

자기보다 나이 많은 교인들 앞에서 "목사인 나는 영적 아버지니, 아버지를 따르듯 모든 성도는 나를 따르고 내 말에 복종하라"고 말할 정도면, 이미 그는 '온유와 겸손'으로 주의 사역을 감당할 만한 인물이 아니다. 40대 목사가 노인들을 향해 "내가 당신들의 아버지요!"라고 소리치는 장면을 상상해 보라. 가당키나 한 일인가?

'아버지'라는 소중한 이름을 함부로 들먹여서는 안 된다. 세상의 아버지는 자신을 돌보기보다 자식들을 위해 기꺼이 희생하는 아름다운 이름이며, 하늘 아버지는 우리 같은 죄인을 살리기 위해 독생자를 제물로 바치신 거룩한 이름이다.

'영적 아버지'를 자처하는 목사들에게서 아버지의 아름다운 희생을 본 적이 있는가? 목사는 바울에 빗댈 수 있는 사도가 아니며, 어떤 논리를 내세우더라도 영적 아버지가 될 수 없다. 영적 형제로서 다른 형제들을 섬겨야 하는, '종된 형제'가 목사의 정확한 자리다.

목사의 설교는 사사로운 연설이 아니다

사람의 말parole이 모두 정당한 말이 아닌 것처럼, 성경에 기록된 '하나님의 말씀'이라고 모두 '거룩하신 말씀'은 아니다. 물론 하나님의 말씀은 그 자체로 이미 거룩하다. 하지만 인간의 입을 통해 '말이나 글'로 전해지는 순간 왜곡되고 축소되고 변질될 가능성이 커진다. 그럼에도 불구하고, 하나님이 본래 '절대자'이신 것처럼 하나님의 말씀 역시 '절대선'이라고 생각하는 교인들이 부지기수다.

그로 인해 사람들은 말씀을 전하는 목사나 설교자의 영적 권위를 절대적으로 생각하거나 우상화한다. 하지만 '말씀의 진정한 의미와 가치'를 깊이 생각하면 그러한 태도에 의문을 던지지 않을 수 없다.

물론 그리스도인으로서 주의 말씀이 '영의 양식'인 동시에 '승리의 검'이라는 사실을 부정하지 않는다. 하지만 우리에게 전해지는 말씀이 언제나 진리이며, 말씀을 전하는 사람이 하나님의 '대언자'라는 섣부른 착각에 빠지지 않도록 주의해야 한다. 몸에 배인 종교적 습관대로 섣불리 대답하기 전에 '말씀'의 의미를 다시 한 번 생각해 보자.

말씀이 인간의 공적인 소통수단으로서의 언어, 즉 세상의 말이나 글로 표현되던 때부터 말씀은 하나님의 전유물이 아니다. 사탄이 광야에서 예수를 시험하며 '하나님의 말씀'을 인용하지 않았던가?

"이에 마귀가 예수를 거룩한 성으로 데려다가 성전 꼭대기에 세우고 이르되 네가 만일 하나님의 아들이어든 뛰어내리라 기록되었으되 그가 너를 위하여 그의 사자들을 명하시리니 그들이 손으로 너를 받들어 발이 돌에 부딪치지 않게 하리로다 하였느니라" 마태복음 4:5-6

광야의 시험을 다룬 구절에서 '기록되었으되'라는 표현은 예수와 사탄의 대화 가운데 빠짐없이 등장하는 특징적 문체style이다. 또한 본문의 '기록되었으되'는 결국 사탄이 성경에 기록된 하나님의 말씀을 인용해 예수를 유혹한다는 의미이다. 즉, 사탄은 시편 91장 11-12절에 기록된 '하나님의 말씀'을 토씨까지 그대로 인용해 예수의 거룩한 공생애를 훼방한다.

그렇다면 시편 본문은 하나님의 거룩한 말씀인가, 사탄의 유혹인가? 이는 하나님의 말씀을 사탄이 의도적으로 도용한 것이다. 사탄의 입에서 '말씀'이 떨어지는 순간 그것은 더 이상 '하나님의 말씀'이 아니다. 예수를 쓰러뜨리기 위해 사탄이 휘두르는 치명적 무기에 지나지 않는다.

시편 본문은 비유를 통해 하나님의 보호를 강조한 문장이다. 하지만 사탄은 '본래' 하나님이 말씀하신 의미를 뒤틀어 예수를 시험하고, 나아가 그리스도의 거룩한 사역을 훼방하는 사악한 도구로 이용한다. 이를테면, 화자의 본래 의도로써 하나님의 뜻이 사탄에 의해 변질되고, 화자의 의도가 사탄의 간교한 계략으로 송두리째 왜곡된 것이다.

이는 비단 사탄만이 아니다. 우리가 이단이라고 비난하는 대부분의 사이비 종교들도 성경을 '거룩한 경전'으로 사용한다. 과거뿐만 아니라 오늘날 횡행하는 숱한 이단들이 성경을 일부 변역할망정 그리스도인들과 동일한 성경을 사용한다는 점을 간과해서는 안 된다.

그뿐인가? 하나님을 믿는 독실한 유대교 신자들, 예컨대 바리새인들이나 율법사들, 심지어 주의 율법에 따라 욥의 고난을 판단하던 고매한 친구들과 이른바 '선지자'들도 거침없이 '말씀'을 인용했다. 하지만 예수는 그들을 '외식하는 자', '타락한 자'로 단호히 정죄했다. 또한 하나님은 말씀을 왜곡했다며 욥의 친구들을 꾸짖으셨다.

"여호와께서 욥에게 이 말씀을 하신 후에 여호와께서 데만 사람 엘리바스에게 이르시되 내가 너와 네 두 친구에게 노하나니 이는 너희가 나를

가리켜 말한 것이 내 종 욥의 말 같이 옳지 못함이니라" 욥기 42:7

성경에 기록된 '거룩한 말씀'이 사사로운 의도와 목적으로 독자의 자의적 해석, 혹은 이단의 왜곡된 경전이나 사악한 교리로 변질될 소지가 있음에 주목해야 한다. 예컨대, 그리스도의 복음이 '소망의 메시지'로 바르게 전해지는가 하면, '종말론의 사교邪敎'나 번영신학의 '탐욕의 복음'으로 오용되는 경우를 종종 목도하지 않는가? 실제로, 말씀에 대해 많은 사람들이 은연중에 저지르는 타성적인 오류가 있다.

왜 그럴까? 거룩한 주의 말씀이 어떻게 악한 도구로 변질될까? 여러 이유가 있겠지만, 근본적인 원인은 성서를 '말씀하시는 하나님'의 뜻에 따라 '순전하게' 해석하지 않기 때문이다. 청자나 독자의 주관이나 의도에 따라 의미를 재단하고, 종교인이나 신학자의 개인적 혹은 교파적 이론이나 신념에 따라 '자의적으로' 해석하고 적용하는 것이다.

하나님은 말씀을 전하기 위해 인간의 제도적 언어를 소통의 도구로 사용하셨을 뿐이다. 하나님의 영적인 말씀은 애초 사람의 육적인 말과 '의미의 구조'가 다르다. 따라서 심층의 영적 언어가 표층의 세상 언어로 온전히 전해지기는 어렵다. 말씀은 사람의 지성이나 이성으로 간단히 깨우칠 수 있는 세속의 언어가 아니기 때문이다. 하나님은 인간의 '불완전한 언어'를 통해 '완전하신 말씀'을 전하므로, 인간의 '제한적 언어'에 매달리면 하나님의 영원하신 메시지는 시공에 따라 변하는 개별적인 '상황의 언어'로 바뀌고 만다.

성경을 바르게 이해하기 위해서는 해석자의 개인적 경험이나 주관이 아닌, 성경의 객관적 배경 안에서 화자의 의도를 파악하는 심층적인 연구가 필요하다. 더불어 자신의 처지와 상황에 맞춰 성경을 해석하는 타성과 교만을 떨치고, 화자의 메시지를 말씀하신 그대로 받아들이는 영적 깨우침이 중요하다.

설교가 곧 예배인 양 그릇된 예배관에 의존해, 목사의 말이 그 자체로 절대적인 영적 권위를 지니는 오늘날 한국 교회의 강단에서 매주, 혹은 매일 수많은 설교가 행해진다. 목사의 설교를 들으면서 연신 아멘을 외치는 신자들의 마음 한편에는, 하나님의 말씀을 경외하는 순수한 열정과 하나님의 말씀대로 살겠다는 믿음의 결단이 오롯이 담겨 있다.

따라서 목사의 설교는 주관적·개인적인 생각과 의도를 담은 '사사로운 연설'이 아니라, 하나님이 '말씀하신 대로' 메시지를 전달하는 '대언적 기능'을 지녀야 한다. 그러나 오늘날 목사들의 설교가 과연 그럴까? '말씀의 대언자'라는 종교적 직분은 목사에게 '본래부터' 주어진 영적 권위가 아니라 '말씀 사역자'로서 반드시 지켜야 할 준엄한 의무이며 사명이다.

성경에 기록된 같은 본문을 인용하면서도 목사에 따라 해석과 적용이 다른 이유는, 결국 개인적 필요와 욕망에 따라 성경을 해석하고 말씀을 전하기 때문 아닐까? 하나님의 말씀이 '있는 그대로' 전해져야 목사에게 대언자의 역할과 사명이 주어졌다고 할 수 있을 것이다. 하지만 어떤 이유에서든—의도적 왜곡이든, 무지에 따른 오해든—말씀이 변개되는 순간 단순한 설교자의 자격과 권위조차 인정받기 어려워진다.

목사는 모름지기 말씀에 목숨을 걸어야 한다. '목회'라는 명분을 내세우며 교회의 제반 행정에 매달리고 온갖 권리를 행사하기 전에, 열심히 성경을 공부해 말씀의 진리를 깨닫되 사사로운 욕망의 언어로 이용해서는 안 된다. 생명의 말씀이 바르게 전달되는 순간 교인들의 영혼이 살아나고,

속된 욕망으로 말씀이 변질되고 부패하는 순간 교인들의 영혼이 죽게 된
다는 절박한 사명감을 가슴 깊이 새겨야 한다.

교회의 양적 성장에 매달리고, 성장에 뒤따르는 개인적 명예와 부요와
탐욕에 사로잡히는 순간, 목사는 비루한 종교쟁이에 지나지 않으며, 주께
버림받는 '성전의 상인'으로 전락하게 된다. 목사들이 반성경적 '종교권력
자'로서 가슴에 품은 그릇된 탐욕과 권위의식을 떨쳐버리고, 오직 주를 바
라보며 영적 자긍심으로 무장해 사역에 임해 주기를 바랄 뿐이다. 목사의
진정한 권위는 말씀에서 비롯된다. 다시 강조하지만, 목사는 모름지기 하
나님의 순전한 말씀에 목숨을 걸어야 한다.

하나님께 축복받을수록 부자가 되지 못하는 사람들

암만 생각해도, '부자목사'라는 말이 내게는 수사법에서 말하는 모순어
법처럼 들린다. '예쁜 추녀醜女'가 없고, '키 큰 난쟁이'가 없다. 처음부터
있을 수 없는 모순이기 때문이다. 그러나 그 모순이 교회 안에 버젓이 존
재하며 당당히 군림하고 있다.

'천민 자본주의'에 물든 한국의 왜곡된 경제구조와 부의 편중현상에 따
른 빈익빈 부익부의 폐해를 '한국 사회의 구조적 문제점'으로 흔히 꼽는
다. 이는 세상의 부정과 불의를 고발하고 부조리에 맞서야 하는 교회조차
예외가 아니다.

한국 교회에는 10만에 이르는 개신교 목사들이 있고, 그중 80퍼센트 이
상이 최저생계비에도 못 미치는 '사례비'로 생활하고 있다. 목구멍이 포도

청이라는 말도 있지 않은가? 가정이 있는 목사들 입장에서 지나친 가난은 일상적 어려움을 지나, '주의 종'으로서 맡은 사역에까지 영향을 끼친다.

그런데 한국의 중대형교회에는 이른바 '부자목사'가 무척 많다. 담임목사를 비롯한 소수의 장로가 수백, 수천억의 재정을 비밀리에 운용한다. 또한 담임목사의 가족들이 교회 재산을 사유재산인 양 빼돌려 기업체, 학교, 선교원 등에 투자(?)하고 해당기관의 대표를 맡는 '변칙상속'도 좀처럼 사라지지 않고 있다.

이른바 한국의 대형교회들은 '곳간'의 돈을 주체하지 못하고 호화 예배당이나 대형 기도원, 대규모 수양원 건축에 재정을 쏟아붓고 있다. 가난한 이웃을 도우라는 것이 엄연한 주의 계명이다. 하지만 대형교회가 구제에 사용하는 재정 분담률은 평균 1퍼센트를 넘기지 않는다. 그럼에도 불구하고 "아직 배가 고프다"며 교인들의 목줄을 죄기 바쁘다.

교인수가 수천 명이 넘는 중대형교회 목사들은 대개 억대의 연봉을 받는다. 또 용도가 불분명한 '목회활동비'나 '심방비', '선교비', '사택 관리비' 등의 명목으로 많은 돈을 사용한다. '선교'라는 허울 좋은 구실을 내세워 매년 수차례 해외여행을 다니며, 자녀들은 '장학금'을 명분 삼아 '해외유학'을 보너스로 지급받는다.

우스갯소리인지 사실인지 알 수 없지만, 중대형교회에서 파트타임 사역자의 보수를 기준으로 전임사역자는 약 두 배를 받고, 담임목사는 제곱에서 0을 하나 뺀 금액을 사례비로 받는다고 한다. 예를 들어, 파트타임 사역자가 한 달에 100만 원을 받으면, 전임사역자는 200만 원, 담임목사는 1,000만 원이라는 말이다. 이는 '사례비'에 한정한 경우이며, 실제로 목사 개인이 임의로 운용하는 금액은 훨씬 많다고 한다.

대형교회의 목사들은 대부분 일흔 살 무렵까지 담임으로 목회하다 교회 규모에 비례해 수억, 수십억의 퇴직금을 수령한다. 담임목사 자리에서 은퇴한 뒤에도 '원로목사'가 되어 상왕처럼 옥상옥의 권력을 행사한다. 교회에서의 책무는 현저히 줄어들지만, 보수는 전과 거의 동일하다고 한다.

결국 교회가 양적으로 성장해 재물이 쌓이면 담임목사로 시무하는 기간은 물론이고 은퇴한 뒤에도 '부자목사'로 떵떵거리며 살 수 있다. 이쯤 되면 목사라는 직업이야말로 세상에서 남부러울 것 없는 '철밥통' 아닌가?

흔히들 "하나님이 축복하시면 크신 은혜로 말미암아 부자가 될 수 있다"고 말한다. 신앙의 양심상 이런 주장을 받아들이기는 어렵다. 하지만 남다른 축복을 받으면 부자가 될 수 있다는 말을 부정할 수도 없다. 실제로 하나님은 물질적 축복을 내림으로써 바른 사역에 사용하라고 주문하시기도 하기 때문이다.

하지만 하나님께 축복받을수록, 은혜를 입을수록 절대로 '부자'가 되지 못하는 사람이 있다. 바로 '주의 종'이라는 목사들이다. 예수는 '가난한 자'로 세상에 오셨고, 가난한 자를 구원하기 위해 생명을 바치셨으며, 가진 자는 반드시 가난한 자를 도우라고 명령하셨다. "세상에서 굶주리고 헐벗은 자를 섬기는 것이 곧 나를 섬기는 것"이라고 말씀하시지 않았는가?

정녕 목사가 주의 종이라면 당연히, 그리고 기꺼이 가난한 자가 되어야 한다. 교인들의 돈을 받아 생활하는 목사가 교인들보다 호사를 누린다는 건 말 그대로 난센스이며, 주의 종으로서 맡은 사명과 역할에 대한 철저한 배역이다.

소위 '부자동네'의 교회, 수만의 교인들로 재정이 넘치는 대형교회일지라도 그 안에는 가난의 고통으로 신음하는 교인들이 허다하다. 그들을 외면하며 부유하게 생활하는 목사가 있다면, 그는 이미 종교를 빙자한 장사치일 뿐이다. 신성神性을 가리키는 '거룩'의 의미가 종에게 전이되는 순간부터, '거룩한 종'은 가난과 겸손, 그리고 청빈한 삶에서 한치도 벗어날 수 없기 때문이다. '거룩'은 신성일 뿐, 사람이 결코 따를 수 없는 불가근의 속성이라고 변명하려는가? 하나님이 친히 "내가 거룩하니 너희도 거룩하라"고 하신 말씀은 '신의 농담'이란 말인가?

잠깐만 주변을 둘러보자. 가난해서 끼니를 거르거나 아프지만 병원에 가지 못하고 죽음을 맞이하는 사람들, 반 평짜리 쪽방에 살면서 여름에는 찌는 더위, 겨울에는 살을 에는 추위에 잠을 이루지 못하는 사람들, 학비가 없어 능력이 있음에도 공부하지 못하는 사람들이 허다하다. 심지어 돈 때문에 가정이 무너지고 자살하는 사람들이 얼마나 많은가?

그들이 바로 세상의 '작은 자'다. 예수는 그들을 정성껏 돌보라고 말씀하셨고, "그들을 섬기는 것이 곧 나를 섬기는 것"이라고 하셨다. 그리스도인들은 '섬기라'는 말씀을 마음에 새겨야 한다. 가난한 자를 '여유로운 물질'로 돕는 자선에서 그치지 않고 마음을 다해 돌보는 사랑이 섬김의 정신이다. 다시 말해, 여유가 있어서 돕는 것이 아니라 가난한 이웃을 섬기는 것이 준엄한 계명이므로 목사라면 모름지기 섬김을 최우선 순위에 두어야 한다.

"그들도 대답하여 이르되 주여 우리가 어느 때에 주께서 주리신 것이나 목마르신 것이나 나그네 되신 것이나 헐벗으신 것이나 병드신 것이나 옥에 갇히신 것을 보고 공양하지 아니하더이까 이에 임금이 대답하여 이르시되 내가 진실로 너희에게 이르노니 이 지극히 작은 자 하나에게 하지 아니한 것이 곧 내게 하지 아니한 것이니라 하시리니" 마태복음 25:44-45

예수께서 말씀하신 대로 주의 종들은 무조건 따라야 한다. 정녕 목사가 '주의 종'이라면 변명의 여지가 없다. 종은 자신의 안락을 돌보지 않고 쉴새없이 주인을 섬기는 자 아니던가? 종이면서 주인 행세를 한다면 주인의 뜻을 거스르는 불충한 자라고 아니할 수 없다. 예수가 "세상의 '작은 자'를 사랑하는 것이 나를 사랑하는 것이다"라고 분명히 말씀하셨기 때문이다.

'현실적으로 목사도 욕망이 있는 인간이고, 책임져야 할 가정이 있고 자녀들이 있으니까…', '목사도 노후를 생각하지 않을 수 없으니까…'라고 생각한다면 애초 목사가 되지 말았어야 한다. 그런 사람들이 배부른 목사가 되고 귀족목사가 되는 순간, 주의 거룩한 계명은 세상의 조롱거리가 되고 예수 그리스도의 사랑은 허구로 매도당한다.

한국의 대형교회 목사들은 대부분 수십, 수백억의 교회재정을 마음대로 주무르며 과도한 호사를 누린다. 그리고 그것이 '축복받은 종'의 당연한 권리이며 증거인 양 으스댄다. 그러나 예수는 알고 계시며, 그들의 실낱같은 양심 역시 느낄 것이다. 세상의 부요를 누리는 순간, 이미 그리스도의 '온유와 겸손'의 영성을 잃은 '거짓 종'이라는 사실을 말이다.

물론 예수는 '모든 사람에게, 가진 것을 전부 팔아서' 가난한 사람들을 섬기라고 강요하지 않았다. 유대 세리장으로 당대의 큰 부자였던 삭개오는 예수를 만나는 자리에서 "소유의 '일부'를 가난한 사람들에게 나눠주겠다"고 말했다. 그러자 예수는 곧바로 "그에게 구원이 있다"고 응답하셨다.

"삭개오가 서서 주께 여짜오되 주여 보시옵소서 내 소유의 절반을 가난한 자들에게 주겠사오며 만일 누구의 것을 속여 빼앗은 일이 있으면 네 갑절이나 갚겠나이다 예수께서 이르시되 오늘 구원이 이 집에 이르렀으니 이 사람도 아브라함의 자손임이로다" 누가복음 19:8-9

그런데 율법의 계명을 어릴 때부터 철저히 지켜온 '부자청년'이 '영생'의 길을 묻자, 예수는 '모든 소유를 팔아' 가난한 자에게 나눠주라고 말씀하셨다.

"그가 여짜오되 선생님이여 이것은 내가 어려서부터 다 지켰나이다 예수께서 그를 보시고 사랑하사 이르시되 네게 아직도 한 가지 부족한 것이 있으니 가서 네게 있는 것을 다 팔아 가난한 자들에게 주라 그리하면 하늘에서 보화가 네게 있으리라 그리고 와서 나를 따르라 하시니" 마가복음 10:20-21

대체 세리장 삭개오와 부자청년 사이에 어떤 차이가 있는 것일까? 둘 다 구원의 조건을 묻고 있지만, 예수께서 요구하시는 것은 차이가 있다. 부자청년에게는 "그리고 와서 나를 따르라"는 별도의 주문마저 있다. 예수를 따르는 자, 이를테면 주께 온전히 헌신하는 '제자'에게는 "하나님과 재물을 동시에 섬길 수 없다"는 준엄한 계명이 뒤따르는 것이다.

그렇다면 '주의 종'이라는 목사는 삭개오와 부자청년 사이에서 어떤 자리에 위치할까? 주의 종은 주를 따르고 온전히 헌신하는 자이며, 성경은 주의 종처럼 "많이 맡긴 자에게 많이 청구하신다"고 기록되어 있다. 예수가 종에게 무엇을 맡기고 무엇을 청구하실까? 주의 계명을 지키는 사명을 맡기셨기 때문에 '생명까지 아끼지 않는' 헌신을 요구하는 것이다. 주의 종은 물질로 사역하는 자가 아니다. 우리는 예수의 제자 베드로의 말을 기억해야 한다.

"베드로가 이르되 은과 금은 내게 없거니와 내게 있는 이것을 네게 주노니 나사렛 예수 그리스도의 이름으로 일어나 걸으라 하고" 사도행전 3:6

목사는 종으로서 은과 금을 소유하는 자가 아니라, 주께서 주신 은사(달란트)를 아낌없이 쏟아부으며 가난한 자를 섬기는 직분이다. 물론, 가정이 있는 오늘날의 목사들에게 '모든 것을 버리고 주를 따랐던' 당시의 제자들과 같아야 한다고 요구하기는 어렵다. 그러나 '일반 교인' 혹은 '평신도'보다 엄격한 기준을 부여받는 것이 당연하다.

과연 목사들의 삶이 일반 교인들에 비해 청빈하며 겸손하다고 자신할 수 있는가? 한국 교회가 혹독한 비난을 받는 것은 '부자목사들'의 탐욕과 부패와 타락에 기인한 바가 크다. 청빈과 겸손은커녕 마치 중세 가톨릭의 사제들처럼, 아니 그 이상으로 '종교귀족'의 특별한 지위와 부요를 누리는 것이 현실이기 때문이다.

요컨대, 목사는 부자가 되어서는 안 된다. 주의 계명을 지키는 사역자로서 본디 나눠주는 자가 되어야 하기 때문이다. 예수께서 말씀하셨듯이, 주의 종은 '돈주머니'를 차지해서는 안 된다. 목사가 진정한 주의 종이라면 돈주머니를 찰 틈이 없어야 한다.

가난한 형제들이 곳곳에서 신음하고 있다. 상황이 이럴진대, '돈을 사랑하는' 바리새인처럼 자신의 안락을 위해 '과부의 가산을 빼앗는' 부자목사는 예수를 축재의 수단으로 이용하는 악덕 장사치에 지나지 않는다.

스스로 주의 계명을 어기면서 교인들에게 어떻게 예수의 계명에 따라 가난한 자를 도우라고 말할 수 있겠는가? 그런 자가 어떻게 강단에서 주의 복음을 떳떳이 전할 수 있을까? 예수께서 그들에게 이렇게 일갈하신다.

"화 있을진저 너희 외식하는 자들이여"

목사는 '사울 왕'이 아니다

문제 있는 교회에 '비리목사'만 있는 것은 아니다. 이른바 '중직'이라고 일컬어지는 유력한 교인들이 존재하며, 다수 교인들의 암묵적 동조가 없다면 목사의 비리가 이처럼 횡행하지는 않을 것이다.

그럼에도 불구하고, 목사들의 비리를 척결하지 않은 채 한국 교회에서 개혁을 꿈꾸는 것은 마치 나무에서 물고기를 찾는 일처럼 무의미하다. 설교권은 물론이고, 재정·인사·행정의 모든 분야에서 목사가 교회의 전권을 장악하고 있기 때문이다.

"독재권력은 반드시 부패한다"는 사실은 이미 역사가 증거하는 명백한 진리다. 세상의 이치가 그럴진대 성역에서 무소불위의 종교권력을 지닌 교회라고 다르겠는가? 다양한 부류의 사람들이 모여 있는 세상에는 소수일망정 정의를 주장하는 비판세력이 언제나 있어왔다. 하지만 '정성을 다해' 맹종하는 교인들이 목사를 중심으로 모이는 개신교 교회에서 목사에 대한 비판은 이른바 '금단의 성역'을 범하는 불충이다.

물론 '목사에게 맹종하라'고 드러내 말하지는 않는다. 하지만 교묘하게 '말씀'을 오용하며 교인들을 세뇌시킨다. 교인들의 비판을 가로막는 대표적인 성경 구절은 "비판하지 말라"와 "너희들 가운데 죄 없는 자가 먼저 돌로 치라"며 예수가 간음한 여인을 용서(?)하신 부분, 그리고 자신의 생명을 위협하던 사울을 살려두면서 "기름 부음 받은 종을 치지 않겠다"는 다윗의 선언 등이다.

실제로 성경에서 "비판하지 말라"거나 "어떤 경우에도 주의 종을 공격하지 말라"고 했다면, 이성적으로 받아들이기 힘들더라도 교인인 이상 따를 수밖에 없다. 신앙은 이성이 아니라 순종이며, 그리스도인에게 주의 말씀은 그 자체가 계명이며 진리이기 때문이다. 그리스도인은 '정의'에 대해서조차 세상의 정의와 구별해 성경적인 정의, 곧 하나님의 정의를 따르는 신자들이기 때문이다.

그러나 비판 자체를 원천봉쇄하는 준엄한 주의 명령처럼 받아들여지는 세 구절 모두 원어의 부정확한 번역과 의미의 자의적 확대해석, 그리고 문맥의 오해에서 비롯된 명백한 오류이다.

간단하지 않은 세 구절을 한정된 공간에서 전부 다루기는 어려우므로 여기서는 일단 다윗의 경우를 예로 들겠다. 목사들의 불의와 부정에 대해 나름의 근거를 제시하며 비판하면 으레 "하나님의 종인 목사를 감히 비판하지 말라"고 한다. 그러면서 불의한 사울을 끝내 죽이지 않은 다윗의 '의로운 판단'을 하나님의 뜻이라며 성경의 근거로 제시한다.

"…내가 손을 들어 여호와의 기름 부음을 받은 내 주를 치는 것은 여호와께서 금하시는 것이니…" 사무엘상 24:6
"다윗이 아비새에게 이르되 죽이지 말라 누구든지 손을 들어 여호와의 기름 부음 받은 자를 치면 죄가 없겠느냐 하고" 사무엘상 26:9
"내가 손을 들어 여호와의 기름 부음 받은 자를 치는 것을 여호와께서 금하시나니…" 사무엘상 26:11

이처럼 다윗은 "내 손으로 하나님의 기름 부음 받은 자를 치지 않겠다"며 자신의 생명을 끈질기게 위협하던 사울을 절대절명의 순간에 살려준다.

그런데 다윗과 사울에 관한 예문은 소위 '주의 종'이라는 목사로 종종 대상이 한정된다. 즉, 하나님이 기름 부어 세우신 '주의 종'인 목사를 함부로 대적하지 말라는 특정한 전거proof-texting로 등장한다.

다윗의 입을 빌려 "하나님의 기름 부음 받은 '주의 종'의 생명을 빼앗지 않는다"고 성경에 기록되어 있지만 다윗과 사울의 특별한 관계에 적용되는 내용이며, 보편적으로 일반화시킬 수 있는 '원리'가 아니다. 이를테면 목사의 천부적(?) 지위를 보장하기 위해 인용하는 것처럼, '비리목사'의 악행을 무마하는 빌미가 될 수 없다는 말이다. 또한 목사는 특정 교단의 종교의식에 따라 자체적으로 안수를 받았을 뿐이며, 성경에서 말하는 '기름 부음 받은 종'이 아니다.

이른바 '기름 부음 받은 종'은 구약시대에 왕이나 대제사장, 그리고 선지자에게 제한적으로 시행된 특별한 종교의식이다. 종교개혁 이후 가톨릭 사제에 맞서 종교적 이유와 필요에 따라 내세운 목사는 성경적 의미에서 '기름 부음 받은 종'이라는 이름 자체를 사용할 수 없기 때문에 사실상 논쟁의 대상조차 되지 못한다.

어쨌든 다윗은 '악령'에 사로잡힌 채 끈질기게 목숨을 위협했던 사울을 죽이지 않았다. 그를 처단할 결정적인 기회가 두 번이나 있었지만, "하나님의 기름 부음 받은 자를 내 손으로 죽일 수 없다"며 살려주었다. 웬만한 교인이라면 이런 내용을 모를 리 없다. 이처럼 뻔한 내용을 비리목사를 변론하는 결정적(?) 논거로 내세우면 논지가 너무 가벼워진다.

다윗이 사울을 살려준 것과 비리목사를 비판하는 것이 대체 무슨 상관인가? 돈과 성, 그리고 공명심 따위, 비루한 사리사욕에 사로잡혀 세인들의 지탄을 받고 추악한 범죄를 저지른 비리목사를 '여호와께서 기름 부으신' 이스라엘의 지도자 사울에 견주는 것이 타당한가? 세상에 흔해빠진 비리목사들이 정녕 이스라엘의 초대왕인 사울의 영적 권위를 지녔는가? 하나님이 언제 사무엘 같은 '선지자'를 통해 목사들에게 기름 부으시며 왕으로 세우시고 "나의 종아!"라고 부르셨는가? 사울은 하나님이 사무엘 사사를 통해 친히 기름 부으신 종이다.

성경의 가르침은 명백하다. "주의 이름을 망령되이 일컫는 거짓 선지자는 가차없이 죽이라"는 것이다. 주의 말씀을 도용하는 것과 주의 이름을 망령되이 일컫는 것은 사실상 차이가 없다. 성경은 하나님의 말씀이며, 말씀이 곧 하나님이라고 분명히 가르치지 않는가? 치졸한 자기 변명과 방어를 위해 하나님의 말씀을 함부로 들먹여서는 안 된다.

다윗이 불의한 종 사울을 죽이지 않은 이유는 그가 하나님께서 기름 부으신 종이기 때문만은 아니었다. 죄로 말미암아 성령이 떠난 사울은 더 이상 주의 종이 아니었다. 다윗은 사울에게 주어졌던 하나님의 기름 부음(선택)과 영적 권위가 자신에게 돌아왔음을 '성령의 감동을 통해' 알고 있었다. 따라서 이스라엘의 초대왕으로 사울을 세우신 하나님이 '여호와의 말씀을 청종하지 않는' 사울 왕을 이미 심판하셨고, 머잖아 더욱 준엄하게 심판하실 것을 의심하지 않았던 것이다. 굳이 자기 손에 피를 묻힐 이유가 없었다.

> "여호와께서 사무엘에게 이르시되 내가 이미 사울을 버려 이스라엘 왕이 되지 못하게 하였거늘…" 사무엘상 16:1
> "다윗이 또 이르되 여호와께서 살아 계심을 두고 맹세하노니 여호와께서 그를 치시리니 혹은 죽을 날이 이르거나 또는 전장에 나가서 망하리라" 사무엘상 26:10

교회 지도자들은 "하나님의 종인 목사에게 감히 대적하지 말라. 하나님의 종이 저지르는 죄과에 대해서는 오직 하나님만 심판하실 수 있다. 죄인일 수밖에 없는 교인들이 나서 함부로 목사를 비판하지 말라. 하나님의 종을 비판하는 자들에게는 무서운 징벌이 뒤따른다"는 논리로 '비판하는 교인들'을 위협한다. 자신들에게는 마치 처음부터 죄가 없었던 것처럼, 죄에 대한 침묵과 권위에 대한 맹종을 강요하는 것이다. 그러나 우리가 믿는 공의의 하나님은 '하나님의 종'이라는 자들이 저지르는 패악을 결코 방관하시지 않는다.

"여호와께서 사무엘에게 이르시되…내가 이미 그를 버렸노라" 사무엘
상 16:7

물론 '주의 종'은 특별한 존재이며 주께서는 그들을 "정성껏 영접하라"
고 명령하셨다. 하지만 탐욕과 교만에 찌들어 하나님의 뜻을 거역하는 자
들이 과연 주의 종일 수 있으며, 여전히 주의 종으로서 영접받을 자격이
있을까? 이에 대한 답은 매우 간단하다. 하나님의 말씀을 전한다면서 말
씀을 왜곡하는 자는 주께서 저주하신 '거짓 선지자'일 뿐이다. 또한 자신
의 욕망을 채우기 위해 하나님의 이름을 망령되이 일컫는 자들을 가차없
이 죽이라는 것이 오히려 하나님의 준엄한 명령이다.

한국 교회의 수많은 비리목사들이 '주의 종' 운운하며 구약시대의 선지
자처럼 융숭하게 대접받기를 원한다. 왕처럼 행세하기 위해 그럴듯하게
'말씀'을 인용하고, 말씀에 빗대어 슬그머니 자신의 영적 권위를 내세운
다. "목사에게 복종하는 자는 복을 받을 것이며, 복종하지 않는 자는 무서
운 벌을 받는다."

이는 우스꽝스러운 궤변이다. 하나님의 이름을 더럽힌 배역자가 하나님
의 자리에서 복과 저주를 입에 담는 것이야말로 자가당착이며 언어도단
이다. 마치 '태초부터' 자신들이 하나님의 기름 부은 종인 양 '왕 같은 제사
장' 행세를 하며 조금도 망설임이 없다. 심지어 추악한 죄악이 세상에 드러
나도 "하나님의 종은 하나님이 심판하신다"면서, 다윗과 사울의 예를 들어
가며 자기방어에 나선다. 덕분에 한국 교회의 비리목사들은 범죄를 저지르
고도 끄떡하지 않는다. 말 그대로 난공불락의 요새다.

하나님이 심판하신다는 말이 얼마나 무서운 의미를 담고 있는지 아는

것일까? 하나님의 심판은 저주를 의미하며, 돌이킬 수 없는 분노를 드러낸다. 하나님께서 세상에 법을 주시고 인간에게 이성과 계명을 주신 이유는, 하나님의 무서운 심판이 시작되기 전에 하나님의 뜻에 따라 불의에 맞서고 비리를 처단하라는 의미 아닌가?

다시 말하건대, 다윗이 사울을 살려둔 것은 하나님이 '친히' 선택하신 종이며, 하나님의 뜻을 거역한 사울에게 이미 하나님이 '심판'하셨음을 '성령의 감동'을 통해 알았기 때문이다. 하나님이 심판하신 사울을 자신의 '손을 들어' 죽이는 것은 하나님을 앞서려는 교만이며 불충이라 여겼던 것이다.

"여호와의 영이 사울에게서 떠나고 여호와께서 부리시는 악령이 그를 번뇌하게 한지라" 사무엘상 16:14

그렇다면 오늘날에도 다윗 시대처럼 하나님이 친히 심판하시기 때문에 비리목사들의 타락과 불의에 침묵해야 할까? 그렇지 않다. 오늘날의 목사는 하나님이 친히 세우신 종이 아니라 종교절차에 따라 사람들이 세운 '사역자'이기 때문이다.

교회의 사역을 맡기기 위해 세운 직분이 목사라면, 사역자로 세운 사람들이 목사의 비리를 치리하는 것이 마땅하다. 자신들이 선택한 사역자의 불의에 대해 하나님의 심판을 기다리며 침묵하는 것은 기껏 권리를 행사하고 책임은 회피하는 비겁한 행동에 지나지 않는다.

사울의 경우에서 보듯 하나님의 뜻을 거역한 죄로 성령이 떠나면 더 이상 주의 종이 아니다. 마찬가지로 종교절차에 따라 교인들이 세운 목사가 본분을 어기면 직접 나서 사역자의 자리에서 배제시키는 것이 정당한 이치다.

타락한 목사들이 주의 몸된 교회를 해치고 있음에도 침묵하고 방관하는 것은 하나님의 사랑을 실천하는 아름다운 용서가 아니다. 오히려 하나님의 뜻을 거역하는 불의와 불순종을 부추기는 가증한 해악일 뿐이다.

정당한 치리는 교회를 정화하는 중요한 수단인 동시에, 세상의 탐욕에 맞서 교회의 영성을 회복하는 효과적인 방법이다. 따라서 목사가 저지른 비리를 가차없이 고발하고 단호하게 치리하는 것은 교인들의 중요한 역할이다.

이제 사망의 길로 들어선 한국 교회를 살릴 수 있는 자는 모름지기 깨우친 성도뿐이다. 성도들이 앞장서서 예수 그리스도께서 주 되시는 교회를 바로 세워야 한다.

목회철학이 악용되는 한국 교회

언젠가 친구가 담임목사의 '목회철학'을 강조하면서, "목사들은 분명한 목회철학을 지녀야 교회를 안정되게 이끌 수 있고, 은혜로운 신앙공동체로 인도할 수 있다"고 말했다. 그렇게 말한 의도를 잘 알기 때문에 나는 빙긋 웃으며 듣기만 했다. 하지만 한국 교회에서 '목회철학'이라는 말이 얼마나 악용될 수 있는지 뼈저리게 느끼곤 한다.

목회철학의 개념을 어떻게 정의할 수 있을까? 우선 '철학'이라는 단어부터 제대로 알아야 한다. 전문적인 정의는 뒤로 하고, 철학은 '인간의 사유'에 바탕을 두고 있다. 앞에 '목회'라는 수식어가 붙어 있으니, '목회철학'은 결국 자신의 목회를 효과적으로 이끌기 위한 목사의 인간적인 생각 아닌가?

한국 교회의 제반 문제점들과 연관지어 보면, 목사가 자신만의 목회철학을 지니지 않아 비리와 부정이 발생하는 것은 아니라고 생각한다. 명시적이거나 구체적이지 않더라도 조직의 리더는 이미 독자적인 철학을 갖고 있기 때문이다. 한국 교회에 문제를 일으키는 근본적인 이유는 바로 그릇된 철학을 지녔기 때문이다. 즉, 목회를 잘하겠다는 의지를 빌미로 개인적 주장을 강조함으로써 생겨나는 필연적 현상들이다. 그래서 어떤 목사는 "주께 영광을 돌리기 위해 멋진 성전을 봉헌하자"고 주장하고, 어떤 목사는 양적 부흥의 속내를 숨긴 채 "지역사회에 공헌하자"며 '문화센터'를 짓는다. 자신의 목회철학을 강조하는 목사들일수록 부정과 비리와 불법이 난무한다.

목사에게 필요한 것은 개인적이고 주관적인 목회철학이 아니다. 아무리 잘난 철학도 자신의 경험과 생각과 의지에서 크게 벗어나지 못하기 때문이다. 설령 남다른 인품을 갖춘 목회자라 할지라도 인간의 속내는 누구도 부정할 수 없는 육적 본성, 이른바 탐욕과 교만의 죄성을 지니고 있다.

인간의 본성은 선하다, 또는 악하다로 애써 구분짓는 케케묵은 논쟁을 새삼 반복할 필요는 없을 것이다. 그리스도인은 하나님이 가르쳐주신 인간의 본성, 즉 "하늘 아래 의인이 하나도 없다!"는 본질적 죄성에서 벗어날 수 없다는 사실을 인정하기 때문이다. 물론 죄와 허물을 바라보며 그에 대한 비판적 시각에서 의와 선행을 떠올릴 수 있다. 그러나 의의 기준조차 개인적 주관에 따르는 순간, 그리스도인으로서 정당한 기준이 될 수 없다.

심지어 우리의 주이시며 그리스도이신 예수께서도 세상에 복음을 전하면서 오직 하나님의 말씀을 전할 뿐 자신의 뜻을 말하지 않는다고 선언하셨다.

"내가 하늘에서 내려온 것은 내 뜻을 행하려 함이 아니요 나를 보내신 이의 뜻을 행하려 함이니라" 요한복음 6:38

"예수께서 대답하여 이르시되 내 교훈은 내 것이 아니요 나를 보내신 이의 것이니라" 요한복음 7:16

바른 목회를 하기 위해, 나아가 한국 교회의 근본적인 개혁을 위해 필요한 것은 목사들의 자신만만한 목회철학이 아니다. 목회철학이 필요하고 그것이 나름의 가치를 지닌다 하더라도, 목사에게 철학적 판단이나 개인적 신념은 본래의 사명에 견주어 종속적 가치를 지닐 뿐이다. 바른 목회를 위한 핵심적 가치는 종으로서 주인의 말씀에 온전히 따르는 '순종의 신앙'이다. '말씀하신 대로', '순전한 마음으로' 주의 계명을 지키는 온전한 순종이 절실한 상황이다.

주의 계명은 사랑이다. 따라서 목회의 핵심은 철저히 자기를 희생하면서, 진심으로 하나님을 사랑하고 형제들끼리 사랑하는 사랑의 공동체를 만드는 것이다. 진실한 사랑이 없다면 교회는 아무런 의미와 가치도 없는 사교집단에 지나지 않을 것이다.

가난한 이들을 섬기는 주의 종으로 거듭나라

예수께서 세족을 거부하려 드는 베드로에게 "내가 너를 씻어 주지 아니하면 네가 나와 상관이 없느니라"라고 말씀하신 이유는 무엇일까? 공생애를 마치고 십자가의 수난을 앞둔 예수는 마지막 유월절을 지내기 위해 제자들과 다락방에 모였다. 그런데 식사를 마친 예수께서 자리에서 일어나 제자들의 발을 씻어 주셨다.

"저녁 잡수시던 자리에서 일어나 겉옷을 벗고 수건을 가져다가 허리에 두르시고 이에 대야에 물을 떠서 제자들의 발을 씻으시고 그 두르신 수건으로 닦기를 시작하여 시몬 베드로에게 이르니 베드로가 이르되 주여 주께서 내 발을 씻으시나이까 예수께서 대답하여 이르시되 내가 하는 것을 네가 지금은 알지 못하나 이 후에는 알리라" 요한복음 13:4-7

베드로는 스승이신 예수가 제자들의 발을 씻어 주시는 이유를 도무지 알 수 없었다. 다른 제자들 역시 마찬가지였다. 예수의 세족식은 '유월절의 어린 양'으로서 죽음을 앞둔 예수가 제자들에게 남긴 유언의 심층적인 의미를 지니고 있다. 같은 문맥 안에 있는 다른 구절을 살펴보자.

"유월절 전에 예수께서 자기가 세상을 떠나 아버지께로 돌아가실 때가 이른 줄 아시고 세상에 있는 자기 사람들을 사랑하시되 끝까지 사랑하시니라" 요한복음 13:1

"사람들을 사랑하시되 끝까지 사랑하신" 예수가 제자들마저 그 이유를 깨닫지 못하는 '세족식'을 베푸신 이유가 무엇일까? '십자가의 고난'을 앞두고 예수는 죽음의 잔, 고통의 잔, 수욕의 잔이 지나가기를 '땀방울이 핏방울처럼 흐르도록' 간절히 기도하신다. 이미 자신의 죽음을 알고 있던 예수가 절망적인 순간에 유언이라도 남기듯이 제자들의 발을 하나하나 씻으시며 마지막으로 본을 보인 것이다.

"그들의 발을 씻으신 후에 옷을 입으시고 다시 앉아 그들에게 이르시되 내가 너희에게 행한 것을 너희가 아느냐 너희가 나를 선생이라 또는 주라 하니 너희 말이 옳도다 내가 그러하다 내가 주와 또는 선생이 되어 너희 발을 씻었으니 너희도 서로 발을 씻어 주는 것이 옳으니라 내가 너희에게 행한 것 같이 너희도 행하게 하려 하여 본을 보였노라" 요한복음 13:12-15

제자들이 그대로 실천하기를 바라며 예수가 '본'을 보였다면, 세족식은 우리가 생각하는 일반적인 종교의식을 넘어 좀더 특별한 메시지를 전하는 것이라고 할 수 있다.

예수의 세족식에 관한 일반적인 해석, 즉 지금까지 통용되어 온 신학적 해석이나 종교적 주장은 제자들의 몸 전체가 아니라 발을 씻어 준 사실에 초점을 맞추고 중의론적 입장에서 본문을 이해한다. 몸을 씻는 것은 믿음으로 말미암아 거듭난 존재로서 '중생'의 의미로 해석하는 한편, 발을 씻는 것은 일상적인 죄를 '씻는' 좁은 의미로 받아들이는 것이다. 예수를 믿고 따르는 제자들은 이미 중생한 존재이기 때문에 몸을 씻을 필요가 없었다. 따라서 중생한 자라도 자칫 범할 수 있는 일상적인 죄에 대한 속죄의 식으로 발을 씻어 주었다는 것이다.

예수가 제자들의 발을 씻어 주신 이유가 과연 일상의 죄에 대한 속죄의 '본'을 보이기 위한 정결의식일까? 그렇다면 얼굴이나 손이 아닌, 발을 씻어야 했던 이유는 무엇일까? 제사장이 거룩한 지성소에 들어가기 전 성전의 물두멍에서 손을 씻은 것처럼, 손을 씻는 것이 오히려 일상의 죄와 부정에 대한 정결의 의미로 타당하지 않을까?

실제로 우리는 '손을 씻었다', 또는 '손을 뗐다'라는 말을 회개의 결단이나 정결의 비유로 사용하곤 한다. 대제사장들의 선동을 이기지 못하고 예수에게 사형을 선고한 로마의 총독 빌라도는 자신의 무고를 주장하며 무리 앞에서 손을 씻었다.

"빌라도가 이르되 어찜이냐 무슨 악한 일을 하였느냐 그들이 더욱 소리 질러 이르되 십자가에 못 박혀야 하겠나이다 하는지라 빌라도가 아무 성과도 없이 도리어 민란이 나려는 것을 보고 물을 가져다가 무리 앞에서 손을 씻으며 이르되 이 사람의 피에 대하여 나는 무죄하니 너희가 당하라" 마태복음 27:23-24

예수가 제자들의 발을 씻어 준 것이 중생한 죄인들이 저지를 수 있는 일상의 죄에 대한 속죄의 의미라고 단정할 만한 문맥적 지표가 전혀 없다. 뿐만 아니라 십자가의 처절한 죽음을 앞둔 예수가 종교적 행위로서 정결의식의 본을 보였다는 주장도 수긍하기 어렵다.

단지 종교적 정결의식이었다면, 유대인 제자들은 이미 율법의 정결의식에 익숙하므로 예수의 의도를 쉽게 알았을 것이다. 그러나 그들은 마지막 순간까지 세족의 의미를 제대로 알지 못했다. 제자들의 발을 모두 씻기신 후 예수가 하신 말씀에 주목해 보자.

"그들의 발을 씻으신 후에 옷을 입으시고 다시 앉아 그들에게 이르시되 내가 너희에게 행한 것을 너희가 아느냐 너희가 나를 선생이라 또는 주라 하니 너희 말이 옳도다 내가 그러하다 내가 주와 또는 선생이 되어 너희 발을 씻었으니 너희도 서로 발을 씻어 주는 것이 옳으니라 내가 너희에게 행한 것 같이 너희도 행하게 하려 하여 본을 보였노라 내가 진실로 진실로 너희에게 이르노니 종이 주인보다 크지 못하고 보냄을 받은 자가 보낸 자보다 크지 못하나니 너희가 이것을 알고 행하면 복이 있으리라" 요한복음 13:12-17

예수는 정결에 관한 '종교의식의 본'이 아니라 '행동의 본'으로서 이른바 '제자도'를 가르치며 용서와 겸손의 본을 보였다. "서로 발을 씻어 주는 것이 옳다"는 구절은 서로 용서하라는 의미이며, 발을 씻어 주는 종의 행동은 스스로를 낮추는 겸손의 의미를 내포하고 있다. 예수의 세족을 제대로 이해하기 위해서는 유대사회에서 다른 사람의 발을 씻어 주는 자가 종들 가운데에서도 가장 비천한 신분이라는 사실을 기억해야 한다.

그런데 다른 사람도 아닌 하나님의 아들이며 그리스도이신 예수께서 제자들의 발을 씻기자 당황한 베드로가 소리친다. "안 됩니다! 어떻게 예수가 제 발을 씻으시나이까?" 그 상황을 감당할 수 없었던지라 "그런 일은 비천한 종들이나 하는 일입니다. 제 발을 직접 씻기지 마십시오"라며 손사래친 것이다.

어찌 보면 제자로서 당연한 행동이며 스승에 대한 최소한의 예의로 볼 수 있다. 하지만 예수는 그런 베드로를 꾸짖는다.

"베드로가 이르되 내 발을 절대로 씻지 못하시리이다 예수께서 대답하시되 내가 너를 씻어 주지 아니하면 네가 나와 상관이 없느니라" 요한복음 13:8

"네가 나와 상관이 없다"는 말씀을 달리 표현하면, "내가 네 발을 씻어 주지 않으면 너는 내 제자가 아니다"라는 뜻밖의 의미 아닌가? 스승이 제자의 발을, 아니 주인이 노예가 되어 비천한 신분의 발을 씻어 주면서 "내가 마땅히 해야 할 일을 하고 있다"고 말씀하시는 것은 무슨 까닭일까? 예수께서는 하나님 나라에 이르는 진정한 '복'을 얻기 위해 제자들이 지켜야 할 겸손의 본을 보이신 것이다.

그렇다면 예수를 믿고 영접한 자는 거듭난 자로서, 중생할 이유가 없기 때문에 씻을 필요가 없다고 받아들여진 '몸'은 어떻게 해석해야 할까? "내가 네 발을 씻지 않으면 나와 상관이 없다"는 예수의 말씀에 깜짝 놀란 베드로는 손과 머리까지 씻어 달라고 간청한다. 베드로는 그때까지도 세족의 진정한 의미를 깨닫지 못하고 있었다.

"시몬 베드로가 이르되 주여 내 발뿐 아니라 손과 머리도 씻어 주옵소서 예수께서 이르시되 이미 목욕한 자는 발밖에 씻을 필요가 없느니라 온 몸이 깨끗하니라 너희가 깨끗하나 다는 아니니라 하시니" 요한복음

"온 몸이 깨끗하다"는 것을 중생의 의미로 받아들이는 것 역시 문맥에 합당한 해석이라고 볼 수 없다. 온 몸이 깨끗한데 굳이 발을 씻어야 할 필요가 있을까? 물론, 문자적인 해석은 종종 '좁은 관점'에 치우치는 오류를 일으킨다. 그러나 문맥을 고려하지 않은 주관적인 해석도 성경의 본뜻을 왜곡한 자의적 해석의 오류에 빠지기 쉽다.

예수가 제자들의 발을 씻어 준 시점은 이미 말한 것처럼 유대인들의 대축제인 유월절을 기념하는 중요한 절기다. 그렇다면 중요한 절기인 유월절을 거룩하게 보내기 위해 율법의 정결의식에 따라 예수와 제자들이 이미 몸을 씻은 건 아닐까? 본문에 해석의 지표가 있다. "이미 목욕한 자는 발밖에 씻을 필요가 없느니라. 온 몸이 깨끗하니라."

"너희가 온 몸이 깨끗하니 다시 씻을 필요가 없다"는 구절은 '말씀하신 그대로' 유월절을 준비하며 몸을 씻었으니 다시 씻을 필요가 없다는 의미로 받아들여야 한다. 한편, 마지막의 "다는 아니니라"라는 구절은 예수의 특별한 화법을 이해해야 제대로 의미를 파악할 수 있다. 여기서는 몸의 정결을 빗대 제자들의 죄를 말하는 상징적 화법으로 이해해야 한다. 즉, 제자들이 예수를 끝까지 믿고 따르지만 가룟 유다는 예수를 배신하고 영원히 떠나리라는 예언적 의미가 담겨 있다.

"…너희가 깨끗하나 다는 아니니라 하시니 이는 자기를 팔 자가 누구인지 아심이라 그러므로 다는 깨끗하지 아니하다 하시니라" 요한복음 13:10–11

익히 아는 내용이지만, 예수는 베드로에게 '천국열쇠'를 주시며 하늘과 소통하는 특별한 영적 권위를 부여하셨다. 베드로는 그에 걸맞게 로마 교회의 초대 주교로 활동하며 사도로서 가장 영광스러운 자리에 오른다. 마지막까지 '주의 종'으로 헌신하다 마침내 순교를 마다하지 않았으며, 자신의 생명을 온전히 주께 돌린다.

그러나 예수가 베드로에게 부여한 영적 권위는 종교지도자로서의 높은 지위나 권력을 의미하지 않는다. 돌아가시기 전날 "내가 네 발을 씻어 주지 않으면 네가 나와 상관이 없다"고 하신 것은, "내가 너희 발을 씻어 준 것처럼 너희도 가난한 사람들의 발을 씻어 주며, 내가 섬기기 위해 세상에 온 것처럼 너희도 그들을 섬기는 종이 되라"고 명령하신 것이다.

요컨대, 예수가 주신 영적 권위와 사람들이 원하는 세속적 권위는 물과 기름처럼 하나로 합쳐질 수 없는 '상극'이다. 영적 권위는 예수 그리스도의 계명을 지키는 자에게 주어지는 거룩한 권위로, 겸손의 멍에를 멘 '주의 종'에게 합당한 것이다. 반면 세속적 권위는 재물과 권력을 탐하는 인간의 본능적이며 폭력적인 권위에 지나지 않는다.

흔히들 '주의 종'이라는 말을 귀족의 훈장처럼 사용한다. 가톨릭의 사제와 개신교의 목사는 '주의 종'이라는 신분을 마치 '종님'의 준말인 양, 주께 모든 권위를 부여받은 영적 지도자로 받아들인다. 그러나 "주인보다 나은(높은) 종이 없다"고 말씀하신 예수가 제자들의 발을 씻어 주었다면, 이른바 '주의 종'은 제자들의 발을 씻기는 '종의 종'이다. 따라서 주의 종은 가장 비천한 자리에서 주의 계명을 지키는 자에게 주어지는 겸손한 이름일 뿐이다. 종교귀족들에게 하사되는 멋진 계급장이 아니다.

예수가 베드로에게 "내가 네 발을 씻어 주지 않으면 네가 나와 상관이 없다"고 말씀하신 것은 "사람들의 발을 씻어 주는 비천한 종으로 살기를 거부한다면 너는 결코 내 제자가 될 수 없다"는 의미일 것이다.

마지막 순간 제자들의 발을 씻기신 예수가 오늘날 사역자들에게, 그리고 예수의 제자라고 할 수 있는 모든 그리스도인들에게 전하는 메시지는 간단하고 분명하다. 예수를 따르는 자는 기꺼이 '온유와 겸손의 멍에'를 메야 하며, 주의 계명을 지키고 세상에 복음을 전하기 위해 목숨을 아껴서는 안 된다는 것이다.

교회에 대하여

_____ 돌 하나도 돌 위에 남지 않고 다 무너뜨려지리라

성전을 허물고 '교회'를 세워라

■ 성전은 교회가 아니다

교회라는 단어의 어원은 초대교회의 에클레시아^{ekklesia}에서 비롯되었다. 에클레시아는 ek(밖으로)와 caleo(부르다, 모으다)의 합성어로 고대 그리스에서 아테네의 민회를 가리키는 말이었다. 나중에 '칠십인역'에서 회중會衆을 의미하는 히브리어 '카할'을 헬라어 '에클레시아'로 번역하면서 일반적으로 이스라엘의 종교적 회중을 가리키는 용어로 사용되었다. 신약시대에 이르러 그리스도인의 회중으로 용례가 전이되며 '하나님의 부르심을 입은 자의 모임'을 의미하게 되었으며, 초대교회에서 각지의 교회를

'에클레시아'라고 불렀다.

따라서 신약시대의 교회는 '하나님의 부르심을 받은 거룩한 무리'로서 성도聖徒를 가리키며, 물리적인 건물과는 엄연히 다르다. 희생제물을 바쳐 제사드리는 성전은 희생제사가 사라진 신약시대에는 예배당의 의미를 지니지 않는다. 성도가 모여 '마음으로' 예배드리는 장소로서 예배당은 제물을 바치는 유대 성전과 분명히 다르기 때문이다.

물론 예배라는 단어의 종교적 의미가 '절대자에 대한 경배'라면, 율법의 제사가 하나님께 제물을 바치는 동시에 하나님을 경배한다는 점에서 예배는 제사를 포함하는 포괄적 용어가 될 수 있다. 예수가 사마리아 여인에게 복음을 전하면서 구약시대의 제사와 함께 '예배'라고 표현한 것에 주목할 필요가 있다.

"여자가 이르되 주여 내가 보니 선지자로소이다 우리 조상들은 이 산에서 예배하였는데 당신들의 말은 예배할 곳이 예루살렘에 있다 하더이다 예수께서 이르시되 여자여 내 말을 믿으라 이 산에서도 말고 예루살렘에서도 말고 너희가 아버지께 예배할 때가 이르리라… 아버지께 참되게 예배하는 자들은 영과 진리로 예배할 때가 오나니 곧 이 때라 아버지께서는 자기에게 이렇게 예배하는 자들을 찾으시느니라 하나님은 영이시니 예배하는 자가 영과 진리로 예배할지니라" 요한복음 4:19-21, 23-24

그러나 어떤 경우에도 교회와 성전은 같은 개념일 수 없다. 신약시대에는 더 이상 '희생제사'가 없고, 제물을 바치며 제사의식을 집전하는 제사장 또한 없기 때문이다. 오늘날 한국 교회에서는 예배당을 '성전'으로 부르는가 하면, 예배당 건축을 성전 건축이라고 명명한다. 혼동을 피하기 위해 나는 기독교인들의 일반적인 용례에 따라 예배당과 성전을 물리적 건물이라는 관점에서 동일한 의미로 사용할 것이다. 한편, 기독교인들이 교회와 예배당을 같은 개념으로 혼용하고 있지만, 두 가지의 차이를 밝히는 것이 이 글의 주제인 만큼 명백히 구분할 것이다. 즉, 성전과 예배당은 물리적 건물의 의미로 이해하며, 교회는 영적 의미로 성도나 성도의 모임으로 가름한다.

성전을 말하면서 굳이 예배당과 교회를 달리 언급하는 이유가 있다. 이스라엘의 종교주의에 관한 역사적 사실을 논하려는 거창한 의도가 아니다. 오늘날 '성전 건축'에 매달리는 한국 교회의 몸부림이 과연 성경적 근거가 있는 주장인지 따져보려는 것이다. 다음은 예수께서 예루살렘 성전의 붕괴를 예언한 구절로 널리 알려진 부분이다.

"예수께서 성전에서 나가실 때에 제자 중 하나가 이르되 선생님이여 보소서 이 돌들이 어떠하며 이 건물들이 어떠하니이까 예수께서 이르시되 네가 이 큰 건물들을 보느냐 돌 하나도 돌 위에 남지 않고 다 무너뜨려지리라 하시니라" 마가복음 13:1-2

대체로 설교나 주해를 통한 본문의 해석은 미래에 있을 '예루살렘 성전의 파괴'에 대한 예수의 예언이 실현된 사건으로, 예수의 초능력을 알 수 있는 구절로 이해한다. 이를테면, AD 70년 로마의 디도 장군이 예루살렘을 함락시키면서 성전이 붕괴된 사건과 연결지어, 예수의 예언이 실현되었다고 주장한다. 실제로, 디도가 이끄는 로마군에 의해 예루살렘 성전은 불에 타고 완전히 파괴됨으로써 옛날의 영화로운 자취는 찾아볼 수 없게 되었다.

그러나 '성전 붕괴'는 결과로 나타난 사실일 뿐이며, 예언이 실현된 것이라는 문맥적 근거는 없다. 성전의 붕괴를 말한 본문의 전후 문맥을 통해 이것이 예언임을 시사하는 뚜렷한 지표가 없다는 말이다. 따라서 '예언'이라는 주장은 문맥에서 벗어난 이탈로, 성경적 근거는 없다고 할 수 있다.

만약 디도 장군에 의한 성전 붕괴를 예언한 것이라면, 예루살렘이 폐허가 된 것은 하나님의 예정에 따른 결과이며 이스라엘의 배역에 따른 정당한 징벌이 아니라는 말이 된다. 이를테면, AD 70년의 로마 침략 이전에 이스라엘이 회개하고 하나님께 돌아왔다면 징벌적 심판은 일어나지 않았을 것이며, 따라서 성전 붕괴도 없었을 것이다. 따라서 예언은 허구가 된다. 설령 회개에도 불구하고 징벌한 것이라면, 회개를 용서의 전제로 가르치는 성경의 모든 가르침이 허구가 된다.

결국 "돌 하나도 돌 위에 남지 않으리라"는 말씀에 대한 일반적 해석은, 예언이 실제로 실현되었다기보다 결과를 보고 예언을 추론함으로써 본말이 전도되었다고 할 수 있다. 성전 붕괴를 예언했다는 주장은 자의적 해석일 뿐이며, 예수의 '말씀'에 대한 성경적 해석이 아니다. 성전은 때가 되면 자연스레 무너지고 다시 지을 수 있는 물리적 건축물이기 때문이다. 언젠가 무너질 건물에 대해 시점을 명시하지 않은 채 단지 '무너지리라'라고 말씀하신 본문은, 신비주의적 예언이 아니라 어떤 중요한 메시지를 전하고 있다.

예루살렘 성전은 솔로몬이 처음 지은 대로 존속한 것이 아니라 수 세기에 걸친 이방의 침입으로 여러 차례 폐허가 되었다. BC 586년 바벨론의 침략으로 붕괴된 솔로몬 성전은 스룹바벨에 의해 비록 과거보다 볼품없고 작은 규모이긴 했지만 제2성전으로 다시 동일한 위치에 건축되었다. 또한 예수 시대에 예루살렘 성전이라 불린 '헤롯 성전'은 헤롯 대왕이 제2성전을 크게 증축하고 아름답게 장식한 새로운 건물이다.

세월이 흐르면 자연스레 무너지거나, 전쟁이 일어나면 이스라엘의 상징으로 가장 먼저 잿더미가 될 수밖에 없는 건물의 붕괴에 대해, 시점을 밝히지 않은 채 예언으로 해석하는 것은 성경적 근거도 없거니와 주목할 가치도 없다. 더욱 중요한 것은, 고대 이스라엘의 역사를 보면 전쟁으로 성전이 파괴되었어도 시간이 지나면 재건되었을 뿐만 아니라, 유대교의 희생제사는 여전히 존속했다는 사실이다. 결국 물리적인 성전 붕괴가 영적인 성전 신앙의 붕괴와 일치하지 않음을 알 수 있다.

그렇다면 "돌 하나도 돌 위에 남지 않으리라"는 예수의 말씀은 무엇을 의미하는 것일까?

■ 성전 붕괴는 미래의 예언이 아니라 현재의 계시다

"이 돌들이 어떠하며 이 건물들이 어떠하니이까"라는 제자의 질문은 이미 모두가 아는 성전의 장엄한 외형을 몰라서 물은 것이 아니다. 성전이 앞으로 어떻게 될지 예언해 달라는 뜬금없는 요구도 아니다. 유대인들에게 예루살렘 성전은 선민選民으로서 하나님의 거룩한 백성, 곧 성민聖民이라는 영적 자부심의 상징이었다. 그러나 눈에 보이는 상징은 눈에 보이지 않는 하나님을 대신하며 점점 세속의 우상으로 변질되었다. 그리하여 야훼 신앙의 본질을 잃은 채 세속적인 외형주의로 치달았다.

"너희 외식하는 바리새인이여!"라는 외침은 율법의 형식주의에 빠져 신앙의 본질을 망각한 유대인의 허튼 종교성에 대한 무서운 질책이다. 흔히 형식주의에 빠지면 '겉'을 중시하되 '속'의 진리를 무시하며, 거짓된 외식에 사로잡혀 마음에 죄악을 가득 품고도 자신의 죄를 깨닫지 못한다.

"주께서 이르시되 너희 바리새인은 지금 잔과 대접의 겉은 깨끗이 하나 너희 속에는 탐욕과 악독이 가득하도다" 누가복음 11:39

마음속 죄는 눈에 보이지 않는다. 따라서 율법의 형식주의에 물든 종교인은 의식적인 종교행위에 몰두하면서도 정작 내면의 죄를 깨닫지 못한다. 죄를 깨닫지 못하는 자는 회개하지 않으며, 회개하지 않는 자는 죄에서 '돌이켜' 하나님께로 돌아가지 못한다. 애써 율법을 지키며 은연중에 '자기 의'에 빠져 마침내 구원을 잃는 '성전의 바리새인'이 좋은 예가 될 것이다.

"두 사람이 기도하러 성전에 올라가니 하나는 바리새인이요 하나는 세리라 바리새인은 서서 따로 기도하여 이르되 하나님이여 나는 다른 사람들 곧 토색, 불의, 간음을 하는 자들과 같지 아니하고 이 세리와도 같지 아니함을 감사하나이다 나는 이레에 두 번씩 금식하고 또 소득의 십일조를 드리나이다 하고 세리는 멀리 서서 감히 눈을 들어 하늘을 쳐다보지도 못하고 다만 가슴을 치며 이르되 하나님이여 불쌍히 여기소서 나는 죄인이로소이다 하였느니라 내가 너희에게 이르노니 이에 저 바리새인이 아니고 이 사람이 의롭다 하심을 받고 그의 집으로 내려갔느니라…" 누가복음 18:10-14

논란이 있을 수 있겠지만, 결론부터 말하면 "예루살렘 성전의 돌 하나도 돌 위에 남지 않고 다 무너뜨려지리라"라는 예수의 말씀은 '물리적 사실'로 성전의 붕괴를 예언하신 것이 아니라 '영적 비유'이다. 성전신앙의 붕괴를 통한 유대 율법주의의 종말을 계시하신 것이다.

다시 말해, 예수는 결코 영원할 수 없는 건물을 마치 영원하신 하나님인 양 우상시하며 맹목적으로 숭배하던 유대 율법주의의 그릇된 신앙, 나아가 성전을 장악한 유대 종교지도자들의 타락을 거세게 질타하셨다고 할 수 있다. 본문의 제자는 예루살렘 성전의 앞날을 물은 것이 아니라 예루살렘 성전의 '장관'을 자랑하며, 은연중에 자신들이 선택받은 백성이라는 영적 자긍심을 과시하려 했다. 본문에 대한 '메시지 성경'의 번역은 다음과 같다.

"예수께서 성전에서 떠나시는데, 제자 가운데 한 사람이 말했다. "선생님, 저 석조물과 건물들을 보십시오!" 예수께서 말씀하셨다. "네가 이 웅장한 건축물에 감동하느냐? 저 건축물의 돌 하나하나가, 결국 잔해더미가 되고 말 것이다."" 마가복음 13:1-2

메시지 성경에서 제자는 성전의 상태를 묻지 않았고, 성전의 앞날을 걱정하지도 않았다. 개역개정에서 번역한 "어떠하니이까"는 의문문 형식으로 보이지만, 의미를 따져보면 메시지 성경의 해석처럼 명백한 감탄문이다. 한글성경에서 영역본NIV의 'what'을 '어떻게'로 오역한 것과 달리 메시지 성경의 "선생님, 저 석조물과 건물들을 보십시오!"라는 문장에서 보듯이 'what'은 감탄문의 분명한 지표가 된다. 다시 말해 본문은 의문문이 아니라 처음부터 감탄문이었다.

제자는 성전숭배의 오류를 지적하기는커녕 성전의 경관에 감탄하며 유대인의 종교적 자만심에 들떠 자화자찬했다. 반면 예수의 답변은 상대의 생각을 뒤집는 반문으로, 의문문 형식을 취하고 있다. 성전을 자랑하는 제자의 감탄에 예수는 성전 건물이 단지 '돌더미'에 지나지 않는다고 대답하셨다.

사람의 눈과 하나님의 눈은 이처럼 다를 수밖에 없다. 사람들이 그토록 자랑스러워하는 성전이 예수의 눈에는, 즉 하나님 보시기에는 보잘것없는 '돌더미'에 지나지 않았다. 당연하지 않은가? 인간의 말로는 설명조차 할 수 없는 초월적인 능력의 주재이며 우주와 만물의 주인이신 하나님께 예루살렘 성전 자체가 무슨 의미가 있겠는가?

"건축물의 돌 하나하나가 결국 잔해더미가 되리라"라는 예수의 말씀은 이방의 침략으로 '성전'이 붕괴되리라는 '사실'을 넘어, 유대인들이 자랑하고 과시하는 '성전신앙', 즉 율법주의가 헛되며 곧 무너지게 됨을 '비유'한 것이다. 율법주의를 상징하는 성전신앙을 빗대어 율법시대의 종말을 선언하셨다고 할 수 있다.

"율법은 요한의 때까지니라"라는 말씀을 조용히 묵상하라. 요한은 누구인가? 광야의 외치는 자로, 예수 그리스도의 '예비자'가 아니던가? '율법은 요한의 때까지'라는 말은 예수 이전의 구약시대를 가리키며, 예수의 복음이 세상에 전해지면서 새로운 언약시대로서 신약시대가 시작된다는 말씀 아닌가? 영원하신 하나님의 말씀으로서 율법이 때가 되면 사라진다는 의미가 아니라, 거짓에 사로잡힌 율법주의가 예수의 때에 이르러 마침내 멸망하리라고 선언하신 것이다. 이에 관한 바울 사도의 증언에 귀를 기울여 보자.

"내가 증언하노니 그들이 하나님께 열심이 있으나 올바른 지식을 따른 것이 아니니라 하나님의 의를 모르고 자기 의를 세우려고 힘써 하나님의 의에 복종하지 아니하였느니라 그리스도는 모든 믿는 자에게 의를 이루기 위하여 율법의 마침이 되시느니라" 로마서 10:2-4

유대인의 성전신앙이 처음부터 명분 없는 허튼 신앙이었던 것은 아니다. 하나님은 모세에게 성막을 지으라고 명령하셨고, 성막은 솔로몬 시대에 이르러 장엄한 성전으로 성장하고 발전했다. 성막이나 성전은 특별히 선택한 백성인 유대인들과 하나님이 (제사장을 통해) 만나는 유일한 장소였다. 따라서 유대인들에게 성전은 지존의 하나님이 임재하시는 거룩한 장소였다. 그렇다면 성전을 사랑하는 종교적 열정 자체를 탓할 수는 없지 않겠는가?

하지만 유대인들은 눈에 보이는 성전을 하나님의 형상인 양 정성을 다해 섬겼고, 마침내 우상으로 숭배하기 시작했다. 성전 숭배에 대한 열정이 곧 하나님을 경배하는 진정한 신앙인 듯 착각한 것이다. 하나님께서 성전을 지으라고 허락하시고, 성전에서 하나님을 만날 수 있다고 말씀하신 이유는 무엇일까? 만약 성전에서만 하나님을 만날 수 있다면 성전신앙은 결코 허물이 아니다. 성전 자체가 이미 거룩한 의미와 가치를 지니기 때문이다.

그러나 선민인 그들로부터 경건한 종교의식을 통해 이스라엘의 하나님으로 경배받으시려는 것이었을 뿐, 하나님이 성전에만 머무르시겠다는 의미는 아니었다. 성경은 하나님의 실제적인 임재가 아니라 상징적인 의미에서 성전의 존재이유를 분명히 밝히고 있다.

"우주와 그 가운데 있는 만물을 지으신 하나님께서는 천지의 주재시니 손으로 지은 전에 계시지 아니하시고 또 무엇이 부족한 것처럼 사람의 손으로 섬김을 받으시는 것이 아니니 이는 만민에게 생명과 호흡과 만물을 친히 주시는 이심이라" 사도행전 17:24-25

■ 외형은 본질을 구축한다

예루살렘 성전에 대한 유대인의 사랑(?)은 지극해 '마음'과 '뜻'과 '정성'을 다해 마치 하나님을 섬기듯 신성시했다. 예수께서 "성전을 허물라. 내가 삼일 만에 다시 세우리라"라고 말씀하시자, 그들은 '신성모독'이라며 예수를 죽이려 했다. 단지 비유적 표현이었을 뿐인데 말이다. 성전은 유대인들에게 더 이상 물리적인 종교 건물이 아니라 눈에 보이는 하나님의 상징으로 우상이 되어 있었던 것이다.

그렇다면 성전을 그토록 신성시하며 '거룩'을 강조하는 유대인들에게 실제로 성전이 거룩한 성소였을까? '그렇다'가 대답이어야 마땅하지만, 사실은 그렇지 않다. 성전을 애지중지하는 그들의 '종교심'은 하나님을 사랑하는 진실한 '신앙심'과는 엄연히 달랐다. 성전을 하나님이 계신 거룩한 성소로 여겼다면 감히 그곳을 돈냄새 풍기는 속된 시장터로 만들지 않았을 것이다.

프랑스의 종교학자 르네 지라르가 기독교의 예수를 '폭력적인 예수'라고 부른 성경적 배경은, 성전에서 장사하는 무리를 쫓아내는 예수의 거친 모습에서 비롯되었다. 종종 '예수의 분노' 또는 '의분'으로 설명되는데, 성경에서 만날 수 있는 예수의 유일하며 거친 '폭력'이다.

"…예수께서 성전에 들어가사 성전 안에서 매매하는 자들을 내쫓으시며 돈 바꾸는 자들의 상과 비둘기 파는 자들의 의자를 둘러 엎으시며 아무나 물건을 가지고 성전 안으로 지나다님을 허락하지 아니하시고 이에 가르쳐 이르시되 기록된 바 내 집은 만민이 기도하는 집이라 칭함을 받으리라고 하지 아니하였느냐 너희는 강도의 소굴을 만들었도다 하시매" 마가복음 11:15-17

사람들이 몰려드는 성전 안뜰의 목 좋은 자리에서 '매매'하려면 제사장이나 성전 관리들과 은밀한 뒷거래가 필요했다. 입으로는 거룩한 성전을 말하지만, 그들은 실제로 자기 유익을 추구했다. "너희가 입으로는 하나님을 공경하되 마음은 멀리 있다"고 주께서 말씀하신 것처럼, '만민이 기도하는 집'으로서 진정으로 성전을 사랑한 것이 아니었다. 종교의 상징물로서 성전의 '장관'을 자랑했고, 자신들의 유익을 위해 상술로 이용했을 뿐이다.

성전을 생명처럼 귀하게 여긴다면서 유대인들의 마음과 행동이 일치하지 않은 이유는 무엇일까? 어쩌다 벌어진 우발적 사건일까? 그렇지 않다.

종교성에 갇힌 교인들이 쉽게 저지르는 필연적 오류다. 역설적이지만 종교주의의 외형에 빠져들면 신앙의 본질은 반드시 훼손된다. 다시 말해, 외형에 집착하는 세속적인 종교는 어김없이 신앙의 본질에서 벗어난다.

중세 '종교개혁'의 명분이 된 가톨릭의 타락이 이를 입증한다. 이른바 회개의 3단계에서 마지막인 '보속'의 명분으로 면죄부 판매를 합리화하며 타락의 절정으로 몰아넣은 성베드로 성당이 세기의 예술품으로 증축되던 시점이 바로 그때 아닌가?

종이 두 주인을 섬기지 못하듯이, 하나님을 믿는 신자가 종교와 신앙 가운데 균형을 잃고 종교에 치우치면 신앙의 본질은 뒤로한 채 종교우월주의에 파묻히기 십상이다. 악화가 양화를 구축하듯 외형이 본질을 대체하기 때문이다.

율법의 조문들이 규정하는 '율법의 의'를 준행하며 종교행위에 열심인 바리새인을 두고, 예수는 바른 신앙인이라고 칭찬하기는커녕 "구원이 없다"고 하셨다. 눈에 보이는 종교행위는 있으나 진정한 믿음이 없으며, 믿음이 없는 종교는 자기 의를 드러내는 외식外飾에 불과하기 때문이다. 외식하는 신앙은 하나님의 뜻을 배역하는 거짓과 교만이며, 진심으로 죄를 깨닫지 못하는 자에게 하나님 나라의 구원은 있을 수 없다.

종교심이 신앙심은 아니며, 종교성이 영성은 아니다. 진정한 신앙은 하나님을 믿고 따르는 순종인 데 반해, 종교는 하나님을 믿는다고 주장하는 사람들이 만든 '인위적 제도'에 복종한다. 종교주의에 사로잡히면 제도에 복종하는 것이 마치 온전한 순종인 양 착각하게 된다.

물론 종교는 나름의 존재이유가 있다. 따라서 종교 자체를 부정하려는 것이 아니다. 그럼에도 불구하고 종교행위에 열심인 사람이 언제나 바른 신앙인이라고는 할 수 없다. 종교를 지나치게 강조하다 보면 진실한 신앙을 잃고, 열성적인 종교행위를 바른 신앙의 증거로 착각하는 오류를 범한다. 눈에 보이는 그릇의 '겉'은 깨끗이 닦으면서 정작 깨끗해야 할 '속'은 방치하는 치명적 오류와 다르지 않다.

성전 건축에 매달리고, 헌금 잘 내고, 예배 잘 드리고, 기도 열심히 하는 등의 종교행위에 열심인 교인들은 은연중 영적 교만에 빠져 자기 의를 드러낸다. 그리고 이만하면 '좋은 신자'라고 자부한다. 그러면서 점점 의식意識이 아니라 의식儀式에 매이면서 '외식하는' 종교인이 되고, 본래의 순전한 믿음이 왜곡되고 변질된다. 결국 하나님과 내면으로 친밀한 신앙인이 되지 못하고 영적 거짓과 교만에 빠져든다.

오늘날 한국 교회의 실상을 바라보면 예수가 유대인, 특히 유대 종교지도자들의 거짓과 탐욕을 향해 "화 있을진저 너희 바리새인과 율법사들이여"라고 외치던 당시의 모습과 매우 흡사하다. 교회가 세상의 빛과 소금이 되기는커녕 세상이 오히려 교회의 가증한 비리와 타락을 꾸짖고 질책하는 실정이다. 엄청난 타락의 소용돌이에 휘말려 있는 한국 교회는 세상의 죄와 허물을 꾸짖거나 책임을 물을 만한 입장이 아니다. 그들이 세상의 불의를 말하는 순간, "너나 잘하세요!"라는 조롱을 당하게 될 것이다.

더군다나 유대 종교지도자들의 타락이 재물과 종교적 권위에 치우쳤다면, 오늘날 한국 교회의 종교권력자들은 '전방위 부패'라고 표현할 수 있을 것이다. 돈, 성, 명예, 권력, 위선, 무지, 교만 등 죄목을 나열하기 어려울 지경이다. 한국 교회를 개혁하기 위해서는 부패한 현상들 하나하나에 대한 지엽적 대응이 아니라 근본적인 변화가 필요하다. 종교적 기득권을 버리고 교회의 원형을 되찾는 그리스도의 온전한 영성 회복이 절실하다.

■ 한국 교회의 외형주의

율법의 가장 큰 계명은 사랑이다. 그러나 이스라엘의 '이념종교'로 율법
주의에 사로잡힌 유대교는 이제 하나님을 위한 종교가 아니다. 하나님을
종교적 도구로 내세워 종교권력자들의 배를 채우려는 '종교인을 위한, 종
교인에 의한, 종교인의 종교'로 변질되고 말았다.

"서기관과 바리새인들이 모세의 자리에 앉았으니… 그들은 말만 하고
행하지 아니하며 또 무거운 짐을 묶어 사람의 어깨에 지우되 자기는 이
것을 한 손가락으로도 움직이려 하지 아니하며 그들의 모든 행위를 사
람에게 보이고자 하나니 곧 그 경문 띠를 넓게 하며 옷술을 길게 하고
잔치의 윗자리와 회당의 높은 자리와 시장에서 문안 받는 것과 사람에
게 랍비라 칭함을 받는 것을 좋아하느니라" 마태복음 23:2-7

'서기관과 바리새인들', 이른바 율법주의자들은 모세의 율법은 실천하
지 않으면서 '모세의 자리'에 앉아 말씀을 들먹였다. 유대 종교권력자들이
모세의 자리에 앉았던 것처럼, 이제 교회권력자들은 '예수의 자리'에서 권
력을 주무르고 예수의 이름을 헛되이 부르며 군림하고 있다.

수많은 사람들이 오늘날 한국 교회에 예수가 없다고 말한다. 예수께서
초림시 유대인들에게 나타나 외식과 탐욕을 비난하셨을 당시와 현대 기
독교의 모습을 비교해 보면 차이가 없다. 성전은 예배당으로, 율법은 성경
으로, 안식일은 주일로, 제사는 예배로, 제물은 헌금으로, 제사장은 목사
로 이름이 바뀌었을 뿐이다. 예수는 율법의 본질을 가르치면서 하나님의

뜻에 합당한 안식일의 의미를 분명히 밝히셨다.

> "…안식일이 사람을 위하여 있는 것이요 사람이 안식일을 위하여 있는
> 것이 아니니" 마가복음 2:27

안식일의 진정한 의미는 모든 일을 마다하고 단지 종교의식을 치르는 날이 아니다. 예수는 "안식일에 선한 일을 하는 것이 옳다"고 말씀하셨다. 오늘날 한국 교회의 주일성수에 대한 강압적 요구는 율법주의자들의 안식일 숭배와 다르지 않다.

> "그들에게 이르시되 안식일에 선을 행하는 것과 악을 행하는 것, 생명
> 을 구하는 것과 죽이는 것, 어느 것이 옳으냐 하시니 그들이 잠잠하거
> 늘" 마가복음 3:4

많은 교인들이 주일마다 교회에 가지 않으면 무서운 벌을 받게 된다고 생각한다. 이는 기독교인들의 무지이며, '기독교적 율법주의'에 빠진 맹신이다. 만약 주일예배에 참석하지 못했다고 무서운 벌을 받는다면, 안식일의 규례를 어긴 유대인 예수 역시 하나님의 벌을 받았어야 한다. 교회에 가는 것만이 주일을 제대로 지키는 것은 아니다. 설교시간에 졸고, 교인들끼리 수다를 떨다 서로 상처를 주고, 때로 미워하고 질투하더라도 단지 '주일성수'를 했다고 주께서 기뻐하실까?

외형주의에 사로잡힌 종교는 신앙의 순수성을 훼손시킨다. 외형 추구가 아니라 순종의 다른 표현이라고 주장하겠지만, 이는 어설픈 말장난에 지

나지 않는다. 호화 예배당을 지으면서 하나님의 '성전 건축'이기 때문에 거룩한 순종이라고 생각하는 목회자들이 한국 교회를 타락시키고 맘몬의 사악한 탐욕을 교회에 전파한다고 주장하면 지나친 비방일까?

순종의 관점에서 생각할 때, '사랑의교회'에서 수천억의 헌금으로 예배당을 지은 일은 충격이 아닐 수 없다. 건축 허가부터 온갖 특혜시비에 휘말리고, 건축 비용과 재정 운영에 대한 의혹이 계속되고 있지만, 사랑의교회에서는 "모두 하나님이 하셨습니다"라는 대형 플래카드를 내걸고 '성전 홍보'에 열심이다. '성전 건축'이든 '호화 예배당 건축'이든, 이것이 그리스도의 복음과 무슨 상관이 있을까?

그리스도인은 '성경의 사람man of the Book'이다. 모름지기 성경의 가르침이 기독교 신앙의 근본이라는 말이다. 성경의 본질적 가르침에서 벗어나 종교적 욕망에 따라 행동하는 어떤 것도 하나님의 뜻일 수 없다. 성경은 예수 그리스도의 계명을 하나의 '새 계명'으로 요약했다.

"새 계명을 너희에게 주노니 너희는 서로 사랑하라 내가 너희를 사랑하는 것 같이 너희도 서로 사랑하라 너희가 서로 사랑하면 이로써 모든 사람이 너희가 내 제자인 줄 알리라" 요한복음 13:34-35

예배당 건축과 최고계명인 사랑 사이에 대체 무슨 연관이 있는가? 예배당을 성전으로 둘러대며 성전을 사랑하는 것이 하나님을 사랑하는 증거라고 생각하는가? 어리석은 맹신이다. 성경은 이에 대해서도 분명히 말하고 있다. "보는 바 그 형제를 사랑하지 아니하는 자는 보지 못하는 바 하나님을 사랑할 수 없느니라(요한일서 4:20)." 요컨대, 하나님을 사랑하는 유일한 증거는 형제를 사랑하는 것이다. 성전을 건축한다면서 재정을 낭비하는 외식은 결코 하나님의 계명을 지키는 온전한 사랑일 수 없다. 지금 이 순간에도 수많은 형제들이 가난의 고통에 신음하고 있다. 가난한 자들을 사랑하고, 그들을 섬기는 것이 그리스도인의 진정한 순종 아닐까?

'대형교회 신화'에 눈이 멀어 호화 예배당을 짓다 경매에 넘어가는 한국 교회가 부지기수다. 판교 신도시 입주와 더불어 만 명이 넘는 교인을 유치하며 한동안 잘나가던(?) 분당의 충성교회 역시 수백억의 빚을 내 대형 예배당을 짓다 결국 어려움을 겪었다. 감정가가 무려 526억에 이르는데, 몇 차례 유찰되다 288억의 헐값(?)에 '하나님의교회'라는 이단에 매각되었다. 이것이 과연 하나님의 영광을 위한 헌신이며 충성인가?

대출은 공짜가 아니다. 매달 엄청난 금액이 이자로 탕진된다. "이자를 받지 말라"는 율법은 단순히 도덕적 교훈이 아니라 지키지 않으면 정죄받는 하나님의 법이며, 그 자체가 이미 준엄한 실정법이자 성문법이다. 개신교 목사들, 특히 한국의 대형교회 목사들은 영적 권위를 드러내기 위해 의도적으로 구약의 율법을 신약의 복음과 동일한 '정경'으로 인정하며 율법의 규범을 중시한다. 그래서 십일조를 강조하고, '성전 숭배'를 계승하며, 주일 성수를 안식일처럼 신도의 의무라고 주장한다. 또 목사를 제사장으로 치켜세우며 제의처럼 가운을 걸치고 근엄하게 제례(예배)를 집전한다.

한국 교회가 예배당 건축을 위해 10조 가까운 돈을 대출받고, 이자만 매년 5,000억에 육박한다는 기사를 본 적이 있다. 그 정도의 돈이면 무려 5만에 이르는 빈곤 가정, 다시 말해 약 15만 명의 형제들이 험난한 생활고에서 벗어날 수 있다. 율법에서 "이자를 받지 말라"고 규정했을 뿐, "이자를 내지 말라"는 의미는 아니라며 어설픈 궤변을 늘어놓으려는가? 율법을 지키려면 처음부터 대출을 받지 말았어야 한다. 이자를 받는 행위가 죄라면 이자를 받게 만드는 행위는 죄를 조장했으므로 더욱 간악하다고 할 수 있다.

사랑의교회는 서초성전이 완공된 지금까지도 '성전 건축'에 관한 회계 내역을 공개하지 않고 있다. 따라서 총건축비마저 불분명한 상태이다. 하지만 공공연하게 이야기되는 것들을 살펴보면, 그 유리성cristal castle을 짓는 데 3,000억 이상을 쏟아부었다고 한다. 마치 메가 처치의 상징인 미국의 수정교회Cristal church를 보는 듯하다. 개신교 '번영신앙'의 메카로 화려하게 등장했던 수정교회는 30년 만에 이슬람 사원으로 넘어갔다. 주께서 예루살렘 성전의 붕괴를 말씀하시며 "이 세대가 지나가기 전에 보는 자가 있으리라"라고 하신 것처럼, 한 세대를 넘기기 전에 '돌 하나도 돌 위에 남지 않고' 처참하게 무너진 것이다. 이는 미국의 개별교회 문제에 머무르지 않는다. 모든 상황을 빠짐없이 지켜보시는 예수 그리스도의 준엄한 음성이 들리지 않는가?

물론 시대가 변했고, 상황이 달라졌다. 따라서 교회에서 사용하는 돈의 규모도 과거와 다를 수밖에 없다. 그러나 엄청난 이자를 지불하면서 호화 건물을 짓는 '성전 숭배'는 결코 하나님의 뜻이 아니다. 한국 교회의 목사들이 진정 그리스도의 종이라는 말을 들으려면, 그리스도의 계명부터 마음에 새겨야 한다 가난한 이웃의 아픔을, 생활고로 슬피 우는 형제의 고통을 외면한 채 '장엄한 성전'의 위용에 감탄하는 자들에게 예수께서는 이렇게 말씀하셨다. "돌 하나도 돌 위에 남지 않고 다 무너뜨려지리라."

교회 경매는 이제 시작일 뿐이다. 예수의 예언처럼, 빚더미에 깔린 한국의 메가 처치는 한 세대가 지나기 전에 사라질 수 있다. 교회라는 거룩한 이름을 내건 종교 건물들이 이단에 팔리고, 순진한 교인들이 마음에 상처를 입고 교회를 떠나는 상황이 안타까울 뿐이다.

종말론으로 단단히 무장한 이단은 마치 '우는 사자처럼' 광적으로 한국 교회를 향해 달려들고 있다. 영적으로 무장해제된 한국 교회, 그리스도의 성령이 떠나고 있는 한국 교회가 과연 게걸스레 울부짖는 '사자'를 대적할 수 있을까?

분주한 종교생활, 단순한 신앙생활

종교행위에 열심인 교인들을 우리는 '신실한 신앙인'이라고 생각한다. 예배에 빠짐없이 출석하고, 교회일에 적극적으로 봉사하며, 헌금을 많이 하는 교인들이 신앙심도 깊다는 섣부른 단정이다.

물론 종교적 열정과 헌신이 없으면 깊은 신앙의 단계에 이르렀다고 말하기 어렵다. 그러나 외형적 종교행위가 내면의 신앙을 진실하게 드러내는 것은 아니다. 분주한 종교행위가 때로는 영성을 가로막는 장애물이 되기도 한다. 본질에서 벗어난 잡다한 종교행위들을 벗어던질 때 비로소 예수 그리스도의 순수한 신앙을 지닐 수 있다.

"주께서 대답하여 이르시되 마르다야 마르다야 네가 많은 일로 염려하고 근심하나 몇 가지만 하든지 혹은 한 가지만이라도 족하니라 마리아는 이 좋은 편을 택하였으니 빼앗기지 아니하리라 하시니라" 누가복음 10:41-42

마르다가 어떤 잘못을 저질러 꾸짖으신 것도, 기독교의 일부 종파에서 생각하는 것처럼 마리아를 편애해서 예수가 그렇게 말씀하신 것도 아니다. 세상의 관습이나 종교적 기준으로 보면 마르다가 '좋은 일'을 했다. 오히려 마리아는 여자로서 마땅히 해야 할 일에 소홀했다.

마르다가 분주히 움직이며 '많은 일'로 염려하고 근심했던 이유는 손님으로 오신 예수를 귀하게 맞으려는 배려였다. 서둘러 집단장을 하고, 정성스레 음식을 준비했다. 반면에 마리아는 언니 마르다가 바쁜 것을 뻔히 보면서도, "주의 발치에 앉아 그의 말씀을 듣기 위해" 꼼짝하지 않았다.

그런데 예수는 자신을 대접하기 위해 수고한 마르다가 아니라, 주의 말씀을 듣는 '한 가지'에 열중했던 마리아를 칭찬하셨다. "빼앗기지 아니하리라"라는 예수의 말씀은 마리아가 허튼 일에 분주한 것이 아니라 주의 '말씀'에 열중했기 때문에 마지막 날 구원을 '잃지 않으리라'는 예언이다.

현대인의 신앙생활에 빗대어 말하자면, 마리아는 종교행위에 매달리지 않았다. 단순하게 말씀을 갈망하며 예수 그리스도의 본질적인 신앙에 몰두했다. 종교행위에 열심인 사람들은 자신의 행위가 올바른 신앙의 증거라고 단정짓는다. 온종일 교회에서 시간을 보내며 봉사하고, 이런저런 모임에 빠짐없이 참석하며, 때에 맞춰 아낌없이 헌금하면서 올바른 신앙생활을 하고 있다고 자부한다. 일면 옳은 것처럼 보이지만 여기에는 중대한 오류가 있다. 종교활동을 열심히 하면서 '자기 의'에 갇히는 순간, 정작 육신의 눈으로는 보이지 않는 '하나님의 의'를 보지 못한다는 것이다.

'자기 의'에 갇힌 사람은 늘상 다른 사람의 신앙을 비난하고 정죄하면서 자신의 잘못은 깨닫지 못한다. 종교적 타성에 빠져 있기 때문이다. 형식적 종교의 굴레에 갇히면 자신도 모르는 사이 신앙의 본질에서 멀찍이 벗어난다. 그리고 세상의 칭찬을 얻되 구원을 잃는 심각한 영적 오류에 빠진다. '자기 의'를 자랑하는 바리새인의 종교적 열정에 비해, '자신의 죄'를 깨닫고 애통해하는 세리의 마음이 진실한 신앙을 가늠하는 잣대가 된다.

율법주의에 빠진 바리새인은 종교적 자기 의에 사로잡혀 하나님의 의를 깨닫지 못했다. 율법의 계명을 빠짐없이 지키며 정기적으로 금식하고, 모든 소득의 십일조를 바치는 율법적 순종을 과시한다. 반면에 세리는 하나님 앞에서 아무것도 내세울 수 없는 죄인임을 고백하며 가슴을 친다. 과연 어떤 것이 바른 신앙일까?

손님이신 예수를 대접하기 위해 '많은 일'을 한 마르다가 아니라 말씀을 듣는 '한 가지'에 집중한 마리아가 주님의 칭찬을 받은 것처럼, 율법의 의에 열중하며 당당했던 바리새인이 아니라 자신의 죄를 고백하며 감히 하늘을 쳐다보지 못한 세리가 오히려 예수의 칭찬을 받고 구원받는다. 이처럼 종교적 자기 의는 신앙을 과시하려는 영적 교만인 반면, 하나님의 의는 죄인이 회개하고 하나님께로 돌아오는 것이다.

"내가 너희에게 이르노니 이에 저 바리새인이 아니고 이 사람이 의롭다 하심을 받고 그의 집으로 내려갔느니라…" 누가복음 18:14

십일조나 주일성수처럼 종교적 규범들을 준수하는 행위 자체가 예수 그리스도 신앙의 본질이거나 구원의 조건은 아니다. 또한 종교행위에 열심인 교인이 '자기 의'를 자랑하며 다른 사람의 신앙을 멸시한다면, 자신도 모르는 사이 종교를 우상으로 숭배하는 영적 불의를 저지르는 것이다. 신앙생활을 열심히 한다면서 잡다한 일로 분주하면 정작 중요한 '한 가지', 즉 구원자이신 예수 그리스도에게 집중할 수 없다. 진정한 그리스도인은 경건한 종교인이 되기 앞서, 주의 말씀을 올곧게 깨닫고 계명을 지켜 행하는 성실한 신앙인이 되어야 한다.

주일성수의 오류

주일성수는 '기독교적 율법주의'에 사로잡힌 한국 교회에서 교인들의 신앙을 가늠하는 준엄한 잣대가 되었다. 높은(?) 직분을 얻기 위한 절대조건이며, 교인의 신앙상태를 가늠하는 평가기준이 된 것이다. 십일조는 물론이고, 대부분의 한국 교회에서 주일성수는 중직의 선출기준을 넘어 교인의 자격을 판단하는 종교적 시금석이 되었다.

그러나 주일성수와 십일조가 과연 그리스도 신앙의 성장과 성숙을 증거하는 정당한 방법일까? 물론 영적 신앙상태를 가시적으로 점검할 수 있는 방법이 없다. 또한 주일마다 예배에 출석하고, 헌금을 많이 내는 이들이 충성스러운 교인이라는 것도 부인할 수 없다. 그러나 그런 외형적 기준은 그리스도 신앙의 본질에서 벗어나 자칫 '기독교 율법주의'의 왜곡된 신앙을 부추길 수 있다. '주일성수'의 진정한 의미는 '봉사'라는 명분으로 교회의 온갖 일들을 처리하고 행사에 참석하기 위해 일요일 내내 교회를 지키는 것이 아니다. 하지만 한국 교회에서는 만사 제치고 교회에 출석하는 것이 당연하다고 생각한다.

중요한 일이 있더라도 주일마다 교회에 나가 기도하고 찬송하고 예배 드리는 것이 신약시대의 그리스도인들에게 제시되는 성경적 신앙의 본질일까? 아니면, 하나님의 뜻에 따라 영적으로 보다 가치로운 일, 이른바 '선한 일'을 하는 것이 바람직한 순종일까? 기독교인들은 그리스도이신 예수를 따르는 '제자'인 동시에 하나님께 '영과 진리'로 예배드리는 '신자' 이다. 따라서 종교적 요구가 아니라 주의 말씀에 따르는 것이 그리스도인 의 올바른 순종이라 할 수 있을 것이다. 예수는 신약시대의 예배에 대해 이렇게 말씀하셨다.

> "아버지께 참되게 예배하는 자들은 영과 진리로 예배할 때가 오나니 곧
> 이 때라 아버지께서는 자기에게 이렇게 예배하는 자들을 찾으시느니라
> 하나님은 영이시니 예배하는 자가 영과 진리로 예배할지니라" 요한복음
> 4:23–24

예수시대의 가르침에 걸맞게 '영과 진리'로 예배드린다는 것은 무엇을 의미하는가? '영'은 마음으로 구약시대의 희생제물인 물질과 대체된다. 그리고 '진리'는 말씀과 계명으로, 구약시대의 제사나 율법의 의식과 대체된다. 다시 말해, 구약시대의 율법의식을 통한 '종교적 경배'와 달리 예수 그리스도의 신약시대에는 '믿음'과 '행함'이 예배의 중심이다.

예수는 구약에 기록된 하나님의 말씀을 인용하며 "자비와 긍휼이 제물보다 귀하며" "예물을 제단에 드리려다가 형제에게 원망들을 만한 일이 생각나거든 먼저 형제와 화해하고 그 후에 예물을 드리라"고 말씀하셨다. 형식적인 종교의식의 준수보다 사랑을 제대로 실천하는 것이 진정한 예배라는 가르침이다.

가장 큰 계명을 묻는 서기관에게 예수는 '하나님 사랑'과 '이웃 사랑'이

율법의 강령임을 말씀하셨고, 서기관은 하나님의 말씀을 통해 율법의 본질을 직시한 예수의 가르침을 바르게 깨달았다.

> "또 마음을 다하고 지혜를 다하고 힘을 다하여 하나님을 사랑하는 것과
> 또 이웃을 자기 자신과 같이 사랑하는 것이 전체로 드리는 모든 번제물
> 과 기타 제물보다 나으니이다" 마가복음 12:33

　그렇다면, 구약시대에도 율법의 가장 중요한 종교의식인 희생제사보다 사랑의 실천이 우선이었다. 나아가 신약시대 역시 주일의 형식적인 준수보다 사랑을 실천하는 것이 먼저라는 분명한 가르침이다. 더욱이 예수는 유대인들에게 안식일의 의미를 제시하면서 오늘날 주일의 진정한 의미를 예시하셨다. 즉, 율법에 따라 아무것도 하지 않는 것이 안식일을 거룩하게 지키는 것이 아니라, 하나님의 뜻에 따라 선한 일을 하는 것이 바르게 지키는 것이라는 의미이다. 따라서 예수는 안식일에 눈먼 자의 눈을 뜨게 하셨고, 손 마른 자의 손을 고쳐 주셨으며, 병든 자의 병을 치료하셨다.
　예수는 외식하는 바리새인들에게 "너희 소중한 양이 구덩이에 빠졌는데 안식일이라고 구하지 않겠느냐?"고 되물으시며, 형식적 율법주의에 빠진 유대인들의 위선과 오류를 질타하셨다.

> "예수께서 이르시되 너희 중에 어떤 사람이 양 한 마리가 있어 안식일
> 에 구덩이에 빠졌으면 끌어내지 않겠느냐 사람이 양보다 얼마나 더 귀
> 하냐 그러므로 안식일에 선을 행하는 것이 옳으니라 하시고" 마태복음
> 12:11-12

모든 일을 마다하고 교회에 출석해 종교의식을 치르는 것이 바른 신앙 태도라고 단정짓는 오늘날 한국 교회의 주일성수와, 형식적 율법주의에 연연했던 유대인들의 안식일 사이에 대체 무슨 차이가 있는가?

주일이라 할지라도 위중한 환자를 버리지 않고 생명을 구하는 것이, 주일을 지키기 위해 엄청난 손실을 입으면서 사업을 중단하기보다 돈을 벌어 가난한 사람들에게 나누어 주는 것이, 아프고 고통스러워 울부짖는 사람들에게 마음을 다해 위로하는 것이 예수 그리스도의 계명을 지켜 영과 진리로 예배드리는 순종 아닐까?

주일에 영업을 해야 하는 기업이라면 그리스도인들끼리 사업장에서 모여 예배드리고, 주일에 환자를 진료해야 하는 의사라면 아픈 자의 생명을 돌보며 병원에서 예배드리는 것이 예수가 원하는 주일성수의 참된 모습일 것이다. 도저히 주말예배가 어려운 상황이라면 일주일 가운데 하루를 정해 예배드릴 수 있도록 주일성수에 관한 의식이 달라져야 한다.

요컨대, '안식일을 위해 사람이 있지 않은' 것처럼 주일을 위해 사람이 존재하는 것은 아니다. 주일은 그 자체로 목적이 아니라 교회라는 신앙공동체의 영적 유익을 위해 존재하는 수단이다. 한편, 신약시대의 주일은 율법시대의 안식일처럼 '쉬는 날'이 아니라 '예배드리는 날'로, 안식일과 엄연히 다른 예배일이다. 신약시대의 예배일은 율법주의의 종교적 숭배가 아니라, 주의 가르침을 기억하며 계명을 마음에 새기는 결단의 시간이 되어야 한다.

예수께서 가르치신 그리스도 신앙의 본질은 '새 계명'을 통해 밝힌 것처럼 형식적인 예배가 아니라 '오직 사랑'임을 잊지 말아야 한다. 이는 주일의 소중한 의미와 가치를 부정하려는 의도가 아니다. 기도와 찬송, 예배의 중요성을 무시하려는 것 또한 결코 아니다. 주일은 반드시 필요하다. 세상의 다양한 물질적 요구 속에서 살아가는 인간에게 일주일에 하루, 온전히 구별되는 하루는 영성을 지키기 위해 매우 중요한 시간이기 때문이다.

성경에 명시적 근거가 없고 종교적 필요에 따라 인위적으로 주일이 정해졌다 해도, 나아가 로마의 정치권력과 결합한 태생적 문제가 있다고 해도, '교인들이 모여 예배드리는' 시간의 소중한 의미를 부정할 수는 없다.

예수는 "너희들 가운데 두세 사람이 내 이름으로 모이는 곳에 나도 함께 있겠다"고 말씀하셨다. 굳이 '두세 사람'으로 표현한 이유는 무엇일까? 흔히들 "교회의 제반 모임에 교인들이 적게 모여도 실망하지 말라"며 하나님은 외형이 아니라 중심을 보신다는 뜻으로 받아들이곤 한다. 하지만 나는 그런 해석에 동의하지 않는다. '두세 사람'의 의미를 단수가 아니라 복수라는 데 초점을 맞춘다. 즉, 수의 많고 적음에 상관없이 그리스도인들의 모임이 바로 교회이며, 교회가 있는 곳에 예수도 함께 계신다는 의미로 해석한다.

기독교는 본질적으로 믿음의 형제들이 모이는 신앙공동체를 전제로 한다. "모이기에 힘쓰라"는 바울 사도의 말처럼 교인들은 모여야 하고, 함께 예배드리고 찬양하며 주의 계명을 따르는 '거룩한 무리'가 되어야 한다. 따라서 날마다 모이기 어려운 상황에서 일주일에 한 번, 주께서 부활하신 날을 기념해 일요일을 신약시대의 '주일'로 정한 것은 종교적 관점에서 명분이 있다.

종교적 맹신은 문제지만, 종교적 필요에 따른다고 해서 전부 오류라고는 할 수 없다. 문자적으로 명시된 근거가 없을지라도, 성경의 가르침을 제대로 따르기 위해 주일이 필요하다면 이미 성경적 근거를 지녔다고 봐도 무방할 것이다. 종교적 요구가 성경적 요구에 부합하기 때문이다. 다만, 안식일이 주인이 되고 사람이 '절기'의 종이 되는 것이 율법주의의 오류인 것처럼, 신약시대의 주일 역시 교회의 '형제들'을 위해 존재하며 주일 자체가 '절기'로서 거룩한 날은 아니다. 다시 말해, 주일은 안식일처럼 쉬는 날이 아니라, 모여 예배드리고 교제하고 기도하는 날로 종교적 판단에 따라 교인들이 인정한 날이다.

개교회의 영향력을 강화하려는 수단으로 주일성수를 강요하는 것은 신앙의 본질에서 벗어나며, '말씀'의 본의를 왜곡한 이단적 잣대이다. 안식일을 지키지 않았다며 예수를 죽이려 한 유대인들의 어리석음에 대해 예수는 "안식일을 위해 사람이 있는 것이 아니다"라고 말씀하셨다. 따라서 안식일에 '거룩'을 내세우며 마땅히 해야 할 일을 하지 않음으로써 부지불식간에 악을 행하는 것보다, '선한 일'을 하는 것이 하나님의 뜻을 바르게 지키는 것이다. 세속적인 욕망을 떠나 영적으로 온전히 구별된 하루, 즉 '선한 일'로 주일을 보내고, 그리스도의 거룩한 계명인 사랑을 마음에 새기고 실천하는 것이 주일성수의 참된 가치가 되어야 한다.

헌금에 대하여

—————————십일조는 구약시대 율법의 한정적 계명이다

십일조로 판단되는 교인의 자격

오정현 목사가 시무하는 서초동 사랑의교회에서 "십일조를 내지 않는 교인들의 자격을 제한한다"는 반성경적 의무를 강제하기 위해 2014년 초 정관 개정을 추진했다. 하지만 외부의 비판이 거세자, '십일조를 내지 않는 교인'이라는 문제조항을 '헌금을 내지 않는 교인'으로 슬그머니 바꾸었다.

속이 뻔히 들여다보이는 꼼수가 아닐 수 없다. '과부의 가산을 탐하며 돈을 지극히 사랑하는' 오늘날 한국 교회에서 십일조는 원래 헌금이 아니라 다른 무엇이었던가? 물론 교회가 구제와 선교에 앞장서며 주의 계명을 수행하기 위해서는 헌금을 받을 수밖에 없다. 하지만 오정현 목사가 한국

교회의 영적 어른으로서 기독교인들의 신실한 종교적 의무를 강조하기 위해 그런 비난을 감수하는 것일까? 정관의 조문을 따지기 전에, 느닷없이 새로운 정관을 만들려는 의도를 먼저 살펴봐야 한다. 간단히 말해, '교인의 자격 제한'은 온갖 거짓의혹에 휩싸인 담임목사를 반대하는 '갱신위성도'의 저항을 겨냥한 것이다. 즉, '교인의 자격을 제한한다'는 말은 결국 공동의회나 제직회, 또는 당회에서 개혁성도들에게 발언권이나 투표권을 주지 않겠다는 명시적 선언이며, 교회 운영에 비판적인 교인들의 의견이나 집단행동을 원천봉쇄하려는 속셈이다.

담임목사의 일방적 목회에 반대하는 교인들로서는 십일조뿐만 아니라 모든 헌금에 대해 조심스러울 수밖에 없다. 자신의 신앙양심에 반하는 목회에 헌금이 사용되는 것을 알면서 어떤 교인이 자발적으로 헌금하겠는가? 결국 담임목사의 독단적 교회 운영에 반대하는 개혁성도들은 '십일조를 내지 않는 교인들'의 범주에 정확히 들어간다.

사랑의교회의 목회 전횡에 대해 하고 싶은 말이 많다. 하지만 여기서는 '십일조'를 교인의 자격조건으로 제시하는 교회의 반성경적 오류와 심각한 무지에 대해서만 언급할 것이다.

"십일조는 성경에 엄연히 기록된 '말씀'에 근거하기 때문에 유대인들뿐만 아니라 오늘날의 기독교인에게도 명백한 계명이다"라는 전통적 주장과 "십일조는 구약시대의 이스라엘 백성에게 제시된 특정한 율법일 뿐, 구약의 희생제사가 사라지고 '영과 진리'로 예배드리는 신약시대에는 더 이상 합당한 계명이 아니다"라는 개혁적 주장이 팽팽히 맞서고 있다. 심지어 '십일조의 신학적 부재와 실천적 존속'이라는 애매한 타협안까지 나왔다.

하지만 내가 보기에 '십일조 논쟁'은 무의미한 말장난의 반복일 뿐이다. 서로 다른 신학적 기준이나 종교적 잣대를 제시하며 십일조를 다루면 교파의 관점이나 주관적 판단에 따라 논쟁이 계속될 것이다. 하지만 성경적 기준에 의하면 해답은 간단하다. 구약의 십일조는 논란의 여지가 없는 명백한 율법이지만, 신약시대의 십일조는 구약의 허튼 확대해석이나 적용, 신약성경의 그릇된 해석에 따른 중대한 오류이기 때문이다.

"기독교인들에게도 십일조는 엄연한 성경적 계명이다"라고 주장하는 사람들은 예외없이 마태복음 23장 23절과 누가복음 11장 42절의 문장을 성경적 근거로 제시한다. (두 구절은 십일조에 관한 다른 내용이 아니라, 예수가 같은 장소에서 같은 청자에게 말씀하신 동일한 내용이다.)

> "화 있을진저 너희 바리새인이여 너희가 박하와 운향과 모든 채소의 십일조는 드리되 공의와 하나님께 대한 사랑은 버리는도다 그러나 이것도 행하고 저것도 버리지 말아야 할지니라" 누가복음 11:42

위 구절이 과연 '기독교인들의 십일조'를 지지하는 성경적 근거가 될 수 있을까? 이에 대한 결정적 단서는 "이것도 행하고 저것도 버리지 말아야 할지니라"라는 문장의 정확한 해석에 달려 있다. 만약 예수가 그리스도인들에게 유대인들처럼 십일조를 하라고 명령하셨다면, 신약시대에도 그것이 종교적 의무가 되어야 한다. 시대가 바뀌었다고 의미 자체를 변개할 수 없기 때문이다. 그러나 위 구절을 십일조의 성경적 근거로 제시하는 주장들은 화자와 청자의 담론구조를 제대로 파악하지 못한 무지의 결과이며, 명백한 '해석의 오류'일 뿐이다.

"이것도 행하고 저것도 버리지 말아야 할지니라"라는 주의 말씀이 신약시대의 그리스도인에게 율법시대 유대인들과 동일한 계명이 되기 위해서는 두 가지 전제조건이 충족되어야 한다. 우선, 예수의 말씀을 듣는 청자가 신약시대의 그리스도인이라는 기본적인 전제가 필요하다. (물론 그리스도의 교회가 세워지기 전이므로 청자는 '미래의 그리스도인'으로서, 당시 예수의 제자들이나 예수를 추종하는 무리라는 표현이 보다 정확할 것이다.)

한글의 특별한 용례에 의해 주어가 생략되었지만, "이것도 행하고 저것도 버리지 말아야 할지니라"에서 원문에 있던 '너희'라는 2인칭 주어가 성서의 바른 해석을 위한 또 하나의 중요한 단서이다. 만약 예수가 강론을 듣는 사람들에게 '직접' 한 말이 아니라 제3자에게 '간접적으로' 전한 말이라면 본문의 의미와 십일조를 실천하는 주체가 완전히 달라진다. 따라서 예수의 강론을 듣는 사람들의 신분을 정확히 밝히기 위해 본문을 감싸고 있는 전후 문맥을 살펴볼 필요가 있다.

"예수께서 말씀하실 때에 한 바리새인이 자기와 함께 점심 잡수시기를 청하므로 들어가 앉으셨더니 잡수시기 전에 손 씻지 아니하심을 그 바리새인이 보고 이상히 여기는지라 주께서 이르시되 너희 바리새인은 지금 잔과 대접의 겉은 깨끗이 하나 너희 속에는 탐욕과 악독이 가득하도다 어리석은 자들아 겉을 만드신 이가 속도 만들지 아니하셨느냐 그러나 그 안에 있는 것으로 구제하라 그리하면 모든 것이 너희에게 깨끗하리라 화 있을진저 너희 바리새인이여 너희가 박하와 운향과 모든 채소의 십일조는 드리되 공의와 하나님께 대한 사랑은 버리는도다 그러나 이것도 행하고 저것도 버리지 말아야 할지니라 화 있을진저 너희 바

리새인이여 너희가 회당의 높은 자리와 시장에서 문안 받는 것을 기뻐
하는도다 화 있을진저 너희여 너희는 평토장한 무덤 같아서 그 위를 밟
는 사람이 알지 못하느니라" 누가복음 11:37-44

문맥을 자세히 살펴보면 강론을 듣는 자가 누구이며, 예수가 '십일조에
대해' 누구에게 말하는지 알 수 있다. 예수는 무리에게 강론하던 중 어떤
바리새인의 외식을 보고는 율법주의에 사로잡힌 바리새인들을 심하게 질
책하고 있다. 즉, 담론의 수신자는 반론의 여지없이 바리새인이며, 십일조
가 아니라 바리새인의 십일조에서 드러나는 외식에 대해 제자들이나 무리
에게 구체적으로 지적함을 알 수 있다.

따라서 본문은 '신약시대의 그리스도인'에게 전하는 '말씀'이 아니다.
예수를 그리스도로 믿고 따르지 않으며, 오히려 조롱하고 시험하고 박해
하던 '바리새인들'을 향해 '화 있을진저'라며 준엄하게 질책하신 문장 가
운데 포함된 구절이다. 결국 본문의 청자는 처음부터 '그리스도인들'이 아
니므로, 예수께서 바리새인들에게 말씀하신 십일조는 당연히 신약시대의
그리스도인에게 주신 계명이라 할 수 없다.

본문의 메시지를 제대로 이해하기 위해서는 담론의 수신자와 함께 시
제에 대한 분석이 중요하다. 만약 본문이 신약시대의 십일조를 이야기한
것이라면 초대교회와 더불어 장차 등장할 미래의 그리스도인들을 상정하
기 때문에, '이것도 …행하라'는 담론의 시제는 반드시 현재형이나 미래형
이 되어야 한다.

물론 헬라어 원문의 시제에 대해서는 법mode과 시제의 다양한 용례로
논란이 없지 않다. 하지만 전후 문맥과 담론 구조를 살펴보면 본문의 경

우 '과거완료형'일 수밖에 없다. 다시 말해, "화 있을진저 너희 바리새인이여"로 이어지는 전후 문맥에서 보듯이 담론의 청자는 유대 바리새인으로 한정되며, 율법의 조문으로써 십일조는 애써 지키면서 정작 야훼신앙의 본질인 '하나님의 공의와 사랑'은 저버리는 자들, 곧 외식하는 바리새인들에 대한 날선 비판이 본문에 담긴 정확한 메시지이다.

영역본과 불역본을 비롯한 성경의 중요한 역본에서 본문의 시제는 예외없이 '과거완료 명령형(…should have practiced…)'으로 번역되었다.

"You should have practiced the latter without the former undone."
NIV, Luke 11:42

원문의 동사 시제에 따라, 그리고 담론 구조에 의거 화자와 청자의 존재를 명시하면서 본문을 의미론적으로 다시 번역하면, 한글 성경처럼 "이것도 행하고 저것도 버리지 말아야 할지니라"가 아니라, "화 있을진저 너희 외식하는 바리새인들이여! 너희 바리새인들은 이것도(십일조) 행하고 저것(공의를 지키며 하나님을 사랑하는 계명)도 행해야 했다"가 되어야 한다. 주어가 빠지고 동사의 시제가 왜곡된 불완전한 문장 구조에서 벗어나 완전한 형식으로 살펴보면 의미가 사뭇 달라진다.

이처럼 본문의 의미를 제대로 해석하려면 담론 구조에 준해 말씀을 듣는 청자의 존재를 분명히 드러내면서 다음과 같이 문장을 재구성해야 한다.

"화 있을진저 너희 바리새인들이여! 너희는 십일조의 율법을 지키는 동시에 공의와 하나님의 사랑도 저버리지 말아야 했다!"

신약시대에 '십일조'는 처음부터 존재하지 않았다. 그러나 구약시대에 핵심적인 율법으로 존재하던 십일조가 빈민 구제를 위한 법과 제도로서 분명한 가치를 지니므로, 시대가 바뀌었다고 해서 십일조의 정신까지 전면폐지를 주장할 수는 없다. 다만, '새 포도주는 새 부대에' 담는 것처럼 새로운 시대에 맞춰 내용과 형식을 정비하되, 그 정신을 바르게 계승해 본래의 가치를 지니도록 해야 한다. 이를테면, 신약성경의 가르침에 맞춰 '연보'나 '구제헌금'이 적절한 대안이 될 수 있을 것이다.

성경의 본뜻도 모르는 채 목사와 추종자들의 어설픈 독단에 따라 십일조를 교인의 자격조건으로 제시하다니, 한국 교회에서 십일조의 정신은 과연 제대로 지켜지고 있는가? '나눔'이라는 근본정신을 잃어버린 채 교회의 곳간을 채우기 위해 십일조를 강요하는 것은 반성경적 일탈이다. 또한 성경의 준엄한 명령인 양 말씀을 왜곡하며 헌금을 거두는 행위는 '성전의 장사치'와 다를 바 없는, 종교 상인들에 의한 그리스도 신앙의 철저한 배역이다.

십일조의 '신학적 폐지'와 '실천적 존속'?

십일조의 '신학적 폐지'와 '실천적 존속'은 기억에 남을 만큼 멋진 대구對句지만, 논리적으로 맹점이 있다. 폐지와 존속은 양립할 수 없기 때문이다.

십일조는 분명히 율법에 명시된 계명이다. 따라서 구약의 율법시대에는 반드시 지켜야 할 절대계명이었다. 하지만 '영과 진리의 예배'를 강조한 예수께서 십일조를 폐지하셨고, 그렇기 때문에 기독교 신학에서도 폐지하는 것이 정당하다면, 이는 십일조가 예수시대의 기독교정신에 적절하지 않기 때문 아닐까?

유대인이라는 특정한 민족에게 제시됐던 율법의 십일조가 '천하만민'을 위한 보편적 복음시대에 맞지 않거니와, 분깃을 받지 못한 레위 지파를 위해 신정국가인 고대 이스라엘에서 제정한 정치·경제 제도였다면 더이상 존속할 명분이 없다. "땅끝까지 복음을 전하라"는 주의 계명에 따라 신약시대에는 유대인을 위한 배타적 종교규범인 십일조를 폐지하는 것이 당연하다.

그럼에도 불구하고 '신학적 폐지'를 말하면서 동시에 '실천적 존속' 운운하는 것은 명백한 모순이다. 성경적 근거는 없지만 "신약시대에도 계속해서 십일조를 내라!"는 의미 아닌가? 성경적 근거가 없는 십일조를 개인적 생각에 따라, 또는 종교적 목적에 따라 존속시켜야 한다는 주장은 반성경적 발상이 아닐 수 없다.

십일조의 신학적 폐지를 주장하는 이유가 복음시대에 합당하지 않기 때문이라면, '실천적 존속' 또한 의미나 명분이 없다. 신학은 성경의 '사실'에 근거할 때 비로소 가치를 지니므로, '신학적 폐지'가 옳다면 오히려 '실천적 거부'의 명분이 될 수 있을 것이다.

교회에서 사역을 감당하기 위해 어쩔 수 없이 존속시켜야 한다면, 십일조를 폐지하고 신약시대의 정신에 부합하는 자발적 '구제헌금'으로 대체하는 것이 성경적 접근이다. 아니면 신약시대의 '새 부대'에 맞는 성경적 용어로 '연보'를 사용해야 하며, 지금처럼 강제적인 십일조는 결코 정당하지 않다.

나는 십일조를 폐지하되 "가난한 이웃을 사랑하라"는 예수 그리스도의 계명에 따라 소득의 일정분을 연보로 내는 것이 바람직하다고 생각한다. 또한 한국의 대형교회는 십일조를 강조하기 전에 곳간에 쌓아둔 '은과 금'을 어떻게 사용할지 고민해야 한다.

'십분의 일'이라는 획일적 잣대 역시 적절하지 않다. 소득에 따라 비율이 달라져야 하며, 소득이 많은 사람은 가난한 사람들에게 '빚진 자'라는 사실을 인정해야 한다. 소폭의 성장이 있을망정 경제규모는 나라마다 거의 일정하다. 따라서 누군가 많이 가졌기 때문에 누군가는 그만큼 덜 가지며, 누군가 호사를 누리는 만큼 누군가는 고통을 겪는다. 따라서 많이 가진 자는 가난한 이에게 '빚진 자'일 수밖에 없다.

베드로가 "내게 은과 금은 없다"고 했던 말을 성찰해야 한다. 오늘날 한국 교회에서 흔히 보듯이, 교회에 은과 금이 넘치면 그리스도의 거룩한 영성은 사라지고 탐욕과 부패가 만연해진다. 십일조가 한국 교회를 타락시킨 요인 가운데 하나라는 생각을 떨치기 어렵다.

'나눔'의 정신이 없다면 십일조는 사실상 의미가 없다. 설령 십일조를 폐지하고 자발적 헌금으로 대체하더라도, '가난한 자를 구원하기 위해' 세상에 오신 예수 그리스도의 복음시대에 걸맞게 신약시대의 헌금은 사랑을 실천하는 '행함'의 도구가 되어야 한다.

"내 형제들아 만일 사람이 믿음이 있노라 하고 행함이 없으면 무슨 유익이 있으리요 그 믿음이 능히 자기를 구원하겠느냐 만일 형제나 자매가 헐벗고 일용할 양식이 없는데 너희 중에 누구든지 그에게 이르되 평안히 가라, 덥게 하라, 배부르게 하라 하며 그 몸에 쓸 것을 주지 아니하

면 무슨 유익이 있으리요 이와 같이 행함이 없는 믿음은 그 자체가 죽은 것이라" 야고보서 2:14-17

예수 그리스도의 제자인 그리스도인들은 죽은 믿음, 이를테면 구원의 결실이 없는 허튼 신앙이 되지 않도록 주의 말씀을 기억하며 자신의 신앙을 채찍질해야 한다.

가난한 과부의 두 렙돈

■ '헌금'을 칭찬하신 것인가

한국 교회에서 헌금을 독려하기 위해 자주 인용하는 성경 구절이 '가난한 과부의 두 렙돈'과 '향유옥합을 깨뜨린 마리아'이다. '가난한 과부의 두 렙돈'을 이용함으로써 가난한 교인들에게조차 '가진 전부'를 요구하고, '마리아의 향유'를 이야기함으로써 '가장 귀한 것'을 요구한다. 결국 소유가 많든 적든 가지고 있는 전부와 소중한 것들을 헌금으로 바치라는 뜻이다. 그러나 두 성경 구절이 과연 그런 빌미로 사용될 수 있을까?

"예수께서 헌금함을 대하여 앉으사 무리가 어떻게 헌금함에 돈 넣는가를 보실새 여러 부자는 많이 넣는데 한 가난한 과부는 와서 두 렙돈 곧 한 고드란트를 넣는지라 예수께서 제자들을 불러다가 이르시되 내가 진실로 너희에게 이르노니 이 가난한 과부는 헌금함에 넣는 모든 사람

보다 많이 넣었도다" 마가복음 12:41-43

'렙돈'은 당시 유대 노동자의 하루 품삯인 1데나리온의 128분의 1에 해당한다. 우리 돈으로 환산하면 대략 500원 정도의 보잘것없는 금액이다. 따라서 '두 렙돈'이래야 한 끼니를 해결하기도 버거운 돈으로, 결코 '많이 넣었다'고 말하기는 어렵다. 하지만 예수는 "이 가난한 과부가 헌금함에 넣는 모든 사람보다 많이 넣었다"고 말씀하셨다.

부자들은 "나는 소득의 십일조를 드리나이다"라며 자기 의를 드러내고 신앙을 과시한다(누가복음 18:12). 하지만 가난한 과부는 하찮은 돈일망정 "자기의 모든 소유, 곧 생활비 전부를 넣었기" 때문에 예수께서 "부자보다 많이 넣었다"고 말씀하신 것이다.

"가난하지만 생활비 전부를 헌금한 과부를 예수께서 칭찬하신 것이다" 또는 "헌금이 아니라 그녀의 순전한 마음을 칭찬하신 것이다" 등 본문에 대한 해석은 분분하다. 나아가 '가난한 과부의 가산을 탕진하는' 바리새인들의 외식과 탐욕을 비난하며 생활비 전부를 바치는 가난한 과부를 보고 탄식한 것이라는 주장도 있다.

만약 헌금을 칭찬하셨다면, 그리스도인들은 예수의 뜻에 따라 가난한 사람이라도 '생활비 전부'를 헌금하는 것이 계명을 바르게 지키는 것이다. 그러나 그런 주장은 성경의 문자적 해석에 따른 오류에 지나지 않는다. 비록 끼니를 걱정해야 하는 처지지만, 작은 금액이나마 바치며 마음을 다해 하나님을 사랑하는 믿음에 대한 칭찬이다. 부자들처럼 돈을 바친 것이 아니라 자신을 온전히 '산 제물'로 바쳤다고 해석할 수 있을 것이다.

어쨌든 과부에 대한 칭찬은 온전한 헌금에서 비롯되었으니, 가난할망정 생활비 전부를 바치는 것이 바른 신앙일까? 위의 내용을 헌금을 독려하는 빌미로 사용해도 무방한가? 과연 그것이 율법주의를 비판하며 제자들에게 '사랑하라'는 새 계명을 주신 예수의 진정한 가르침일까?

예수는 가난한 사람들이 비참한 삶을 살지 않도록 부자들에게 가진 것을 나눠 주라고 명령하셨다. '영생'을 원하며 예수를 따르려는 부자청년에게 "열심히 율법의 의를 지키며, 제사장들에게 많이 바치라"고 말씀하신 것이 아니라, "네 소유를 팔아 가난한 자들에게 나눠 주라"고 말씀하셨다. 유대인이었던 부자청년은 율법의 계명들을 '어릴 때부터' 어김없이 지켰다. 그러나 예수는 의식적인 종교행위가 아니라 가난한 사람들에게 베푸는 진정한 사랑을 그에게 명령하셨다.

> "예수께서 이 말을 들으시고 이르시되 네게 아직도 한 가지 부족한 것이 있으니 네게 있는 것을 다 팔아 가난한 자들에게 나눠 주라 그리하면 하늘에서 네게 보화가 있으리라 그리고 와서 나를 따르라 하시니"
> 누가복음 18:22

"가난한 자를 섬기는 것이 바로 나를 섬기는 것이다"라고 말씀하신 예수가 끼니를 거르면서까지 헌금을 바치도록 요구했다는 주장은, 예수의 본성과 교훈을 조금이라도 이해한다면 받아들이기 어렵다. 만약 헌금 자체가 그토록 중요했다면 과부를 칭찬하실망정, 많은 돈을 헌금한 부자들을 비난할 이유는 없었을 것이다.

"그들은 다 그 풍족한 중에서 넣었거니와 이 과부는 그 가난한 중에서

자기의 모든 소유 곧 생활비 전부를 넣었느니라 하시니라" 마가복음 12:44

"생활비 전부를 넣었다"는 말씀이 가난한 자에게도 헌금을 요구한 것이라면, 예수는 '율법의 의'를 지키기 위해 과부가 헐벗거나 추위에 떨더라도 헌금을 해야 한다고 가르치신 셈이다. 이는 제자들에게 말씀하신 모든 교훈을 스스로 뒤집는 상황 아닌가? 예수는 비유를 통해 굶주리고 헐벗은 자가 '임금'이라며 그들을 '섬기라'고 말씀하셨기 때문이다.

"내가 주릴 때에 너희가 먹을 것을 주었고 목마를 때에 마시게 하였고 나그네 되었을 때에 영접하였고 헐벗었을 때에 옷을 입혔고 병들었을 때에 돌보았고 옥에 갇혔을 때에 와서 보았느니라 이에 의인들이 대답하여 이르되 주여 우리가 어느 때에 주께서 주리신 것을 보고 음식을 대접하였으며 목마르신 것을 보고 마시게 하였나이까…임금이 대답하여 이르시되 내가 진실로 너희에게 이르노니 너희가 여기 내 형제 중에 지극히 작은 자 하나에게 한 것이 곧 내게 한 것이니라 하시고" 마태복음 25:35-37, 40

만약 가난한 과부에게 생활비 전부를 넣으라고 말씀하신 것이라면 '지극히 작은 자'를 섬기라는 본문의 말씀과 전적으로 배치된다.
'과부의 두 렙돈'을 제대로 해석하기 위해서는 본문을 감싸는 전후 문맥을 주의깊게 살펴봐야 한다.

"예수께서 가르치실 때에 이르시되 긴 옷을 입고 다니는 것과 시장에서 문안 받는 것과 회당의 높은 자리와 잔치의 윗자리를 원하는 서기관들을 삼가라 그들은 과부의 가산을 삼키며 외식으로 길게 기도하는 자니 그 받는 판결이 더욱 중하리라 하시니라" 마가복음 12:38-40

전후 문맥이 '가난한 과부의 두 렙돈'과 합쳐져 하나의 대문맥을 이룬다. 즉, 문단이 결합해 새로운 문맥을 이루며, 문맥은 해석의 지표가 되고 문단의 메시지는 서로 소통한다. 예수는 과부에게 생활비 전부를 헌금하라고 요구한 것이 아니라, 헌금을 빌미로 "과부의 가산을 삼키지 말라"며 오히려 유대 종교지도자들을 질책하셨다. 결국 예수는 가난한 과부의 두 렙돈을 빗대어 헌금을 강요한 것이 아니라 유대 종교지도자들의 탐욕과 외식을 거세게 비판하신 것이다.

두 렙돈은 과부의 전 재산이다. 헌금을 내라며 생활비 전부를 요구하는 것은 종교의 의가 아니라 '과부의 가산을 삼키는' 폭력에 지나지 않는다. 이처럼 성경 해석의 오류는 신앙의 왜곡을 낳는다. 성경은 하나님의 뜻을 기록한 거룩한 책이며, 성경을 왜곡하는 것은 결국 하나님을 배역하는 것이다. 분명히 성경에는 과부와 고아에게 해를 끼치지 말 것이며, 그들을 해치는 자는 준엄한 심판을 받는다고 명시되어 있다.

"너는 과부나 고아를 해롭게 하지 말라 네가 만일 그들을 해롭게 하므로 그들이 내게 부르짖으면 내가 반드시 그 부르짖음을 들으리라 나의 노가 맹렬하므로 내가 칼로 너희를 죽이리니 너희의 아내는 과부가 되고 너희 자녀는 고아가 되리라" 출애굽기 22:22-24

곤궁에 처한 과부에게 먹을 것을 주지 않는 것이 결국 '과부를 해롭게' 하는 것이다. 가난한 자들의 고통이 전적으로 그들의 책임인 양 내버려두는 것은 결코 예수의 가르침이 아니다. 오히려 부유한 이들이 먹을 것, 입을 것, 쓸 것을 나눠 줌으로써 고통에서 벗어나게 돕는 것이 예수의 분명한 계명이다. 예수와 동고동락했던 초대교회의 사도들은 이 같은 가르침을 잘 알고 있었다.

"믿는 무리가 한마음과 한 뜻이 되어 모든 물건을 서로 통용하고 자기 재물을 조금이라도 자기 것이라 하는 이가 하나도 없더라 사도들이 큰 권능으로 주 예수의 부활을 증언하니 무리가 큰 은혜를 받아 그 중에 가난한 사람이 없으니 이는 밭과 집 있는 자는 팔아 그 판 것의 값을 가져다가 사도들의 발 앞에 두매 그들이 각 사람의 필요를 따라 나누어 줌이라" 사도행전 4:32-35

결국 본문은 가난한 과부의 헌금을 칭찬하신 표면적 의미를 넘어, 부유한 바리새인들의 외식과 탐욕을 질타하신 것으로 해석할 수 있다. 또한 생활비 전부를 바친 가난한 과부의 고통에 대한 탄식이 메시지의 핵심이다.

■ 십일조로 교회의 곳간을 채우지 마라

강남의 어떤 교회 게시판에 '가난한 과부의 두 렙돈'에 대한 글이 올라왔다는 기사를 읽었다. 초현대식 호화 예배당을 짓기 위해 교인들에게 건축헌금을 독려하고 거액의 은행대출까지 마다 않더니, 그래도 건축비가 부족했던가 보다. 드러내지는 않았지만 속내야 뻔하지 않은가?

이런 생각이 지나친 과장일까? 한국의 대표적 부촌인 강남의 대형교회에서 그까짓 두 렙돈, 다시 말해 동전 두 닢 받으려고 그랬겠느냐고 반문하는 이가 있을지도 모르겠다. 하지만 그들이 원하는 것은 '가난한 과부'의 '두 렙돈'이 아니라 '생활비 전부'이다. 돈이 많든 적든 가진 것을 모두 바치라는 말이다.

교회 게시판에 올라온 글에는 "간신히 끼니를 때울 수 있는 두 렙돈까지 아낌없이 바친 가난한 과부가 있는데, …예수는 그녀의 헌신을 크게 칭찬하셨다. 그런데 당신들은 지금 어떤가. 가진 것을 모두 바친 그녀를 본받아 당신도 교회에 아낌없이 헌금하라. 그러면 가난한 과부에게 그러셨던 것처럼 주님이 당신을 크게 칭찬하실 것이다"라는 선동적인 메시지가 담겨 있다.

비단 그곳만의 문제가 아니다. 교회나 기도원에서 부흥회가 열릴 때마다 이른바 인기 강사들이 선택하는 단골 메뉴가 '과부의 두 렙돈'과 '향유옥합을 깨뜨린 마리아'이다. 장황하게 설교를 늘어놓지만, 요점은 간단한다. "부자든 가난하든 가진 것 모두를 교회에 바쳐라. 당신이 지닌 전부와 가장 귀한 것을 아낌없이 바쳐라. 그러면 차고 넘치는 큰 복을 받을 것이다!"

가난한 과부가 바친 두 렙돈은 분명 감동적인 사건이다. 그러나 그녀가 바친 두 렙돈에는 헌금이라는 미명으로 악용해서는 안 되는, 매우 곤혹스런 비밀이 숨어 있다. 당시 과부들은 특별한 경우를 제외하고는 경제력이 전혀 없는 빈민에 속했다. 육체노동으로 먹고살아야 하는 농경 · 목축시대에, 게다가 철저히 남성중심 사회에서 남편이 없다는 건 경제력을 완전히 상실했다는 말과 다르지 않다. 그들에게 주어진 선택지는 매우 제한적이었는데, 부유한 노인의 첩으로 들어가거나 몸을 파는 창녀로 전락하는 경우가 대부분이었다.

성경에서 가난한 자를 도우라고 말할 때 대표적인 세 가지 신분이 있다. 과부, 고아, 나그네이다. 이들의 공통점은 무엇인가? 그들은 모두 '없는 자'의 대명사이다. 과부는 남편이 없고, 고아는 부모가 없으며, 나그네는 고향을 떠난 자이다. 그리고 없는 자로서 그들은 모두 가난하다.

그럼에도 불구하고, 초대교회 안에서 그들은 끼니를 연명할 수 있었다. 초대교회의 핵심 사역인 '가난한 자를 위한 구제' 덕분이다. 초대교회의 사도들이 '형제들의 뜻에 따라' 일곱 집사를 세우면서, "우리는 오로지 기도하는 일과 말씀에 전념하리라"라며 재정 사용에 관여치 않겠다고 선언한 배경에는 과부의 구제에 따른 교회 안의 갈등이 직접적인 원인으로 작용했다.

"그때에 제자가 더 많아졌는데 헬라파 유대인들이 자기의 과부들이 매일의 구제에 빠지므로 히브리파 사람을 원망하니" 사도행전 6:1

초대교회는 재정의 대부분을 교회 내 가난한 '형제자매'들을 구제하기 위해 사용했다. 헌금이 들어오면 가난한 과부나 교인들에게 생활비를 제공하며 물심양면으로 도왔다.

물론 사람이 하는 일이라 허물이 있고, 구제 또한 공평하게 이루어지지 못한 측면도 있다. 하지만 하나님께 드린다는 그럴듯한 구실을 내세워 가난한 과부들에게 헌금을 요구하지 않았다. 또한 무작위로 헌금을 거둬들여 '하나님의 영광을 위해서'라며 호화로운 건물을 짓지도 않았다.

시간이 지나면 '돌 하나도 돌 위에 남지 않고' 흔적없이 사라질 예배당 건물을 짓기 위한 '건축헌금'의 빌미로 '과부의 두 렙돈'이 악용되어서는 안 된다. 물론 가난한 사람도 자신의 신앙고백을 위해 기꺼이 헌금하고 싶어할 수 있다. 이는 매우 자연스럽고 정당한 마음이다. 가난하다고 하나님을 향한 사랑까지 가난하지 않으며, 비록 지닌 것이 없더라도 하나님을 향한 감사의 열정이 사그라드는 것은 아니다. 오히려 탐욕이 사라진 정결한 마음에 하나님을 향한 갈망이 뜨겁게 불타오를 수 있다.

그러나 '과부의 두 렙돈'은 어떤 경우에도 헌금을 강요하는 빌미가 되어서는 안 된다. 오히려 교회는 가난한 과부가 정성스런 헌금을 드릴 수 있도록 재정의 우선순위를 '나눔', 즉 가난한 자들을 위한 구제에 두어야 한다.

십일조는 구약시대 유대인들에게 주신 율법의 한정적 계명일 뿐이지만, 한국 교회는 오늘날에도 그것을 여지없이 요구하고 있다. 심지어 십일조를 내지 않으면 교인들의 자격을 제한하겠다고 위협하기도 한다. 물론 십일조는 종교적·사회적으로 특별한 배경을 지니지만, 성전의 붕괴 이후 율법시대의 희생제사와 레위 지파가 존재하지 않으므로 존재의 명분이 없다. 따라서 '영과 진리로 예배드리는' 신약시대에 십일조는 성경의 왜곡이며, 자발적인 헌금으로서 더 이상 존재이유가 없다고 할 것이다. 그럼에도 불구하고, 오늘날 한국 교회에서 십일조는 헌금의 가장 중요한 부분을 차지하고 있다. 십일조를 언급하지 않고는 헌금에 대해 말하기조차 어렵다.

교회에 따라 수십 종의 헌금목록이 있지만, 전체 헌금수입에서 십일조가 차지하는 비율은 70~80퍼센트에 이를 정도로 압도적이다. 이처럼 한국 교회는 십일조를 통해 상당한 재물을 축적할 수 있었다. 순복음교회의 부자父子 횡령 사건과 명성교회의 비자금 사건, 제자교회를 비롯한 수많은 교회의 비리에서 알 수 있듯이, 수백억에서 수천억, 심지어 교회의 부속 재산을 고려할 때 수조원에 이르는 곳도 있다. 하지만 십일조의 정신에 부합되도록 구제에 사용하는 비율은 평균 1퍼센트에도 미치지 못한다고 한다. 십일조의 존재 자체도 문제지만, 십일조의 그릇된 사용이 더 큰 문제이다.

'가난한 과부의 두 렙돈'이라는 주제에 맞춰 다시 정리하면, 십일조는 분깃을 받지 못한 레위 지파나(신명기 14:23-27) 유대인들 가운데 가난한 과부와 고아와 나그네를 구제하기 위해서(신명기 14:28-29, 26:12-13), 그리고 성전의 유지와 보수를 위해(출애굽기 36장, 역대하 35장, 에스라 1:4) 특정한 용도로 사용해야 한다. 특히 가난한 레위인이나 과부, 고아와 나그네를 구제하기 위한 십일조는 3년에 한 번 거두며 남김없이 써야 했다.

"매 삼 년 끝에 그 해 소산의 십분의 일을 다 내어 네 성읍에 저축하여 너희 중에 분깃이나 기업이 없는 레위인과 네 성중에 거류하는 객과 및 고아와 과부들이 와서 먹고 배부르게 하라…" 신명기 14:28-29

신정국가인 고대 이스라엘은 분깃이 없는 레위인이나 가난한 과부와 고아, 나그네가 '먹고 배부르게' 하기 위해 이처럼 세금으로 십일조를 거두었다. 그렇다면 오늘날에는 십일조의 명분으로 헌금을 거둬 어디에 사용해야 할까? 성전을 건축한다면서 호화 예배당을 짓는 것이 과연 타당한가? 목사들의 배를 불리기 위해 비밀곳간을 채우는 것이 과연 정당한가?

교회는 가난한 과부에게 '생활비의 전부'인 두 렙돈을 바치라고 말하기 전에, 곳간을 열어 가난한 형제들에게 나눔을 베풀어야 한다. 헌금은 목사를 비롯한 소수의 교회지도자들이 멋대로 사용할 수 있는 '눈먼 돈'이 아니다. 하나님의 뜻대로 사용되어 복음의 '밀알'이 되고 '겨자씨'가 되어야 한다. 말라기에서 하나님이 엄히 문책한 '도둑질'은, 십일조를 내지 못한 가난한 자의 잘못이 아니라 하나님께 바친 십일조를 그릇되게 사용하는 자가 저지르는 가증한 악행이다.

"사람이 어찌 하나님의 것을 도둑질하겠느냐 그러나 너희는 나의 것을 도둑질하고도 말하기를 우리가 어떻게 주의 것을 도둑질하였나이까 하는도다 이는 곧 십일조와 봉헌물이라" 말라기 3:8

마리아의 향유옥합

다음은 내가 오래전에 들은 설교를 정리한 것이다.

"마리아는 부모를 일찍 여의고 오빠 나사로, 언니 마르다와 함께 베다니에서 가난하게 살고 있었다. 비록 가난한 살림이었지만 시집갈 때 지참금으로 사용하기 위해 마리아는 귀한 향유 한 옥합을 고이 간직하고 있었다.

성경에 기록된 향유의 가치는 무려 300데나리온이다. 이는 당시 유대인 노동자가 1년 동안 쉬지 않고 일한 품삯에 해당하는 가치였다. 하지만 마리아는 '주께' 온전히 순종하기 위해 옥합을 깨뜨리고 예수의 머리에 기꺼이 향유를 부었다. 가난한 마리아의 헌신과 그에 대한 주님의 칭찬을 본받아, 오늘날 교인들도 자신의 처지와 형편을 따지지 말고 가장 소중한 재물을 주저없이 하나님께 바쳐야 한다. 말라기에서 하나님이 친히 약속하신 것처럼, 아낌없이 바치는 자에게 '차고 넘치는 복'을 주시기 때문이다."

목사들이 '마리아의 향유옥합'을 들먹이며 헌금을 요구하는 것을 보고 나는 성경의 어딘가에 해당 근거가 있을 거라고 생각했다. 하지만 어디에서도 그것을 찾지 못했다. 과연 마리아가 가난한 신분이었으며, 차고 넘치는 복을 받기 위해 전 재산인 향유를 주께 바친 것일까?

결코 그렇지 않다. 그런 주장은 말씀을 있는 그대로 인용한 진실한 설교가 아니다. 목사의 자의적 해석이나 사사로운 생각을 말씀처럼 둔갑시킨 거짓인용일 뿐이다.

우선, 가난한 마리아가 지참금을 털어 하나님께 예물을 바치듯 예수께 향유를 부은 것이 아니다. 마리아는 그 전에도 예수의 머리에 향유를 부은 적이 있었다. 분명하게 논증하기 위해 마리아가 예수의 '장례할 날을 위하여' 향유를 부은 구절을 먼저 살펴보도록 하겠다.

"유월절 엿새 전에 예수께서 베다니에 이르시니 이 곳은 예수께서 죽은 자 가운데서 살리신 나사로가 있는 곳이라 거기서 예수를 위하여 잔

치할새 마르다는 일을 하고 나사로는 예수와 함께 앉은 자 중에 있더라
마리아는 지극히 비싼 향유 곧 순전한 나드 한 근을 가져다가 예수의
발에 붓고 자기 머리털로 그의 발을 닦으니 향유 냄새가 집에 가득하더
라.” 요한복음 12:1-3

비싼 향유를 헛되이 사용한다면서 가룟 유다가 마리아의 행동을 비난
하자, 예수께서 이를 나무라시며 곧 있을 자신의 ‘장례’를 위한 준비라고
말씀하셨다. “그를 가만 두어 나의 장례할 날을 위하여 그것을 간직하게
하라(요한복음 12:7).” 본문에서 제시하는 것처럼 장례를 위한 향유 부음, 다
시 말해 마지막 향유 사건이 요한복음 12장에 기록되었다는 사실을 반드
시 기억해야 한다. 이미 11장에서 마리아의 향유가 언급되었기 때문이다.
예수가 십자가의 수난을 받으시려고 예루살렘에 들어가기 직전, 즉 베다
니의 집에서 마리아가 예수의 발에 향유를 붓기 전에 이미 같은 경험을
한 적이 있다는 명백한 지표가 있다.

“이 마리아는 향유를 주께 붓고 머리털로 주의 발을 닦던 자요 병든 나
사로는 그의 오라버니더라” 요한복음 11:2

마리아는 오래전 예수의 발에 향유를 붓고 자신의 긴 머리털로 정성스레
발을 닦은 여자로, 복음서에 ‘마을의 죄 지은 여인’으로 등장했던 인물이
다! 자신의 죄를 용서하신 주를 다시 만난 마리아는 ‘기쁨의 눈물’을 흘리
며 예수의 발을 흥건히 적셨다. 그렇다면 가난한 마리아가 자신의 전 재산
이자 결혼 지참금인 향유옥합을 깨뜨려, 장례를 위해 예수의 발에 부었다

는 주장은 처음부터 성경적 근거가 없는 낭설이다.

　마리아가 예수의 길지 않은 공생애 동안 300데나리온이나 되는 향유를
두 번이나 부었다면, 그리고 마을 사람들을 불러 집에서 잔치를 베풀 정
도였다면 사실상 '부자'였다는 말이다. 이는 "부모를 일찍 여의고 가난하
게 살던 여자가 결혼 지참금으로 간직했던 향유를 기꺼이 주께 바쳤다"는
설교 내용과 크게 어긋난다. 따라서 마리아를 본받아 소중한 재산을 기꺼
이 교회에 바치라는 설교는 헌금을 걷기 위해 성서를 자의적·의도적으로
해석한 매우 중대한 오류이다.

　"이 마리아는 향유를 주께 붓고 머리털로 주의 발을 닦던 자요"라는 구
절은 분명히 성경에 명시된 '사실'이지만, 그것이 함축하고 있는 중요한 사
실을 모르는 채 지나치는 독자가 많다. 성서 원문을 한글로 번역하면서 동
사를 과거시제 선어말 어미 'ㅆ'을 사용해 보다 분명히 '닦았던 자요'라고
번역했다면 '가난한 마리아의 향유옥합'에 대한 해석은 달라졌을 것이다.
즉, 영역본처럼 동사의 시제를 뚜렷이 밝혀 "This Mary…was the same
one Who poured perfume on the Lord and wiped his feet with her
hair(이 마리아는 향유를 주께 부었고…머리털로 예수의 발을 닦았던 자요)"라고 번
역했다면, 앞서 말한 자의적 해석에 따른 오류는 없지 않았을까?

　'성경 해석의 오류'를 지적하는 작업은 결코 '말씀'을 부정하려는 것이
아니다. 때로 의도적인 왜곡이 없지 않지만, 무심히 지나친 사소한 오류들
이 종종 해석의 오류와 더불어 신앙의 일탈 및 왜곡을 일으킨다. 따라서
'화자가 기록한 대로' 원래의 '말씀을 순전하게' 해석하자고 주장하는 것
일 뿐이다.

　'성경 해석의 오류'는 '성경 번역의 오류'가 아니다. 물론 잘못된 번역은

해석의 오류로 이어지므로 반드시 수정해야 할 중요한 문제지만, 그 일은 히브리어와 헬라어에 능통한 성경학자에게 맡기는 것이 바람직하다. 그에 비해 '해석의 오류'는 전문적인 성경학자가 옮긴 공인된 역본을 바탕으로 성경 저자(화자)의 본래 의도를 밝히면서 '말씀'의 메시지를 정확하게 파악하려는 것이 주된 목적이다.

독자의 입장일 수밖에 없는 신학자나 목회자 또는 교인이 '자신의 방식대로' 성경을 읽고 해석하면서 발생하는 오류를 비판하는 작업은, 번역의 오류를 지적하는 학문적 접근을 넘어 신앙적 접근이 전제되어야 한다.

성경을 읽다 보면 원문의 단어에서, 문법에서, 저자의 의도에 대한 해석에서 적잖이 오류가 발견된다. 번역의 오류는 지속적인 개정을 통해 꾸준히 줄어들고 있다. 반면, 해석의 오류는 주장하는 사람에 따라 모양만 달라질 뿐 좀처럼 사라지지 않고 있다.

강단에서 목사들은 마리아의 향유를 종종 소중한 재물과 일치시킨다. 향유를 바친 마리아의 행동은 주를 향한 물질적 헌신과 희생으로 해석한다. 그리하여 교인들에게 재물을 통한 희생과 헌신을 부추긴다.

그러나 그 부분의 핵심적인 메시지는 가난한 마리아가 자신을 희생하며 예수께 바친 '값비싼 예물'에 있지 않다. 마리아의 순결한 믿음이 하나님의 뜻에 합당하게 사용되었다는 사실에 초점을 맞추어야 한다.

마리아가 주께 바친 물질적 가치는 사실상 부수적인 내용이다. 마리아의 향유는 믿음의 상징이며, 그녀의 믿음이 순종의 도구라는 사실에 본문의 핵심이 있다. 즉, 마리아가 바친 '값비싼 향유'가 아닌 '예수의 장례'를 위해 거룩하게 사용되는 '마리아의 향유'가 중요할 뿐이다.

따라서 마리아의 향유옥합을 읽으며 ① 가난한 마리아, ② 결혼지참금,

③ 향유의 금전적 가치 등을 허투루 주장해서는 안 된다. 이는 성경 해석의 타성적인 오류에 불과하다. 우리는 마리아의 향유옥합을 통해 ① 예수를 사랑하는 마리아의 온전한 믿음, ② 자신의 죄를 용서하신 주께 드리는 진정한 감사, ③ 예물의 적절한 사용에 대해 자신있게 말할 수 있을 뿐이다.

그리스도인이라면 성경을 바르게 해석하고 적용하는 일에 결코 소홀해서는 안 된다. 성경은 하나님의 '온전한' 계시다. 성경을 모르는 자는 하나님의 계시를 모르는 자이며, 하나님의 뜻을 모르는 자가 진정한 그리스도인이 될 수는 없는 법이다. 말씀을 제대로 이해하고 적용할 때 우리는 비로소 한국 교회에 만연해 있는 영적 일탈, 즉 '다른 예수', '다른 복음', '다른 영'을 헛되이 추종하는 신앙의 오류에서 벗어날 수 있을 것이다.

'은과 금'이 넘치는 교회

물이 고이면 언젠가는 썩게 마련이다. 그렇게 썩은 물은 악취를 풍겨 주변 사람들에게 고통을 준다. 물은 계속 흘러야 한다. 높은 곳에서 낮은 곳으로 흐르며 마른 대지를 적시고 곳곳에 생명을 전해야 한다. 그것이 생명력을 지닌 물의 존재이유다.

이는 비단 물에만 해당되지 않는다. 세상의 재물도 한 곳에 모여 있으면 썩을 수밖에 없다. 탐욕으로 썩고, 방탕으로 썩고, 교만으로 썩고, 갈등으로 썩는다. 물이 썩어 악취를 풍기듯, 재물 역시 더러운 냄새를 풍긴다. 재물을 향한 탐욕이 사람을 타락과 부패로 뒤덮기 때문이다.

오늘날 한국 교회가 이토록 타락하고 목회자들의 부패와 비리가 악취를 뿜어내는 이유는 무엇일까? 흔히 지적하듯, 공부를 제대로 안 한 목사들의 허술한 자질 때문일까? 물론 학문의 깊이가 여러 이유 가운데 하나일 수 있다. 그러나 본질적인 문제라고는 할 수 없다. 제대로 된 신학교가 없던 시절에 목사들은 오히려 깨끗했다.

교회가 타락하는 근본적인 원인 가운데 하나는 교회에 재물이 넘쳐나기 때문이다. 교회 곳간에 '은과 금'이 차고 넘치면 고인 물이 썩듯이 마침내 타락의 길로 접어들게 된다. 교회는 훗날을 기약하며 재물을 쌓아두는 닫힌 곳간이 아니라, 가난한 이웃을 위해 수시로 재물을 나눠주는 열린 곳간이 되어야 한다.

성전 미문에서 구걸하는 앉은뱅이 걸인에게 베드로가 외쳤다.

"은과 금은 내게 없거니와 내게 있는 이것을 네게 주노니 나사렛 예수 그리스도의 이름으로 일어나 걸으라" 사도행전 3:6

영역본 성경을 보면, 본 구절은 복문으로 구성된 한 문장이 아니라 분리된 두 문장으로 이루어졌다. 즉, "…없거니와…걸으라"가 아니라 "…없다. 그러나…걸으라"로 엄연히 다른 형식이다.

이는 은과 금이 '없을망정' 다른 것이 있다는 애매한 뜻이 아니라, 은과 금이 없기 때문에 다른 소중한 것, 즉 예수 그리스도의 능력이 드러난다는 의미이다. 교회의 곳간에 재물이 넘치면 그와 반비례해 예수 그리스도의 영성은 초라하게 사그라든다. 재물을 지니면 재물의 능력에 의존하게 되기 때문이다.

만약 베드로에게 은과 금이 넘쳤다면 그에게서 과연 예수 그리스도의 능력이 나타날 수 있었을까? 예수께서 제자들을 파송하며 '돈주머니'를 차지 말라고 말씀하신 것은, 돈에 의존하지 말고 온전히 주님의 능력에 의지하라는 준엄한 명령이다. 곳간에 은과 금을 쌓아둔 교회는 이미 예수 그리스도의 영성을 상실했다고 할 수 있다.

주께서 도우라고 명령하신 세상에는 먹을 빵이 없어 굶는 자, 마실 물이 없어 목마른 자, 돈이 없어 병든 채 죽어가는 자가 여전히 넘쳐나고 있다. 그런 와중에 재물을 쌓아두고 예배당을 지을까, 선교센터를 지을까, 교육관을 지을까 고민하는 교회에 과연 예수 그리스도의 영성이 존재하겠는가? 목사에게 전별금으로 수십억을 줄까(삼일교회), 쓰는 김에 수백억을 줄까(순복음교회) 고민하는 교회, 예배당을 지으려고 수천억을 쏟아붓는 교회 (사랑의교회)에 과연 '가난한 자를 섬기기 위해 세상에 오셨던' 그리스도의 거룩한 영이 존재한다고 보는가?

예수 그리스도의 '특별한 영성'은 신비한 표적을 드러내는 초월적 능력이 아니다. 인간의 몸을 입고 세상에 오신 예수는 온유와 겸손의 멍에를 메시고, 가난의 영성을 세상에 전하셨다. 교회는 주저없이 곳간을 비워야 한다. 성경적 근거도 없는 십일조를 거둬들여 화려한 건물을 짓는 등 겉멋에 빠진 종교인들이 이제라도 가진 것들을 나눠야 한다. 돌보고 섬기는 이웃 사랑을 통해 예수 그리스도의 복음을 실천하고 전파하는 것, 그것이 그리스도께서 세상에 교회를 세우신 명백한 이유 아닌가?

04

방언과 은사에 대하여

———— 예언도 폐하고 방언도 그치고 지식도 폐하리라

방언이 과연 '성령세례'의 증거인가

다음은 오순절주의 순복음교단에서 흔히 듣는 말이다.

"방언의 은사를 사모하십시오. 방언을 할 수 있는 신자라야 비로소 성
령세례를 받은 그리스도인입니다. 예수를 영접함으로써 1차 세례를 받
았지만, 그것으로는 턱없이 부족합니다. 2차 세례, 즉 성령세례를 받아
야 능력의 영이 임해서 그때부터 하나님의 일을 제대로 할 수 있고, 차
고 넘치는 충만한 은혜를 받을 수 있습니다. 구원을 확신하려면 먼저 성
령세례를 받아야 합니다. …성령세례를 받은 자는 반드시 방언의 은사
를 받습니다."

이는 방언하는 자만이 은혜받은 신자로서 진정한 그리스도인의 자격을 부여받는다는 말이다. 과연 방언은 하나님이 주시는 신령한 은사이며, 성령세례를 받은 자는 반드시 방언을 할까? 한마디로 터무니없는 소리가 아닐 수 없다.

구약시대 유대인들은 남자라면 누구든 태어난 지 8일째 되는 날 할례를 받았다. 이와 마찬가지로 신약시대의 그리스도인은 누구든지 때가 되면 세례를 받는다. '아버지와 아들과 성령의 이름으로' 세례를 받으므로 세례를 받는 자는 모두 성령의 은사를 받는다는 것이 성령세례의 기본적인 원리이다.

잘난 유대인들만 골라서 할례를 받지 않듯이, 예수를 주로 영접하는 그리스도인은 누구든지 '아버지와 아들과 성령의 이름으로' 세례를 받는다. 그리고 예수가 베푸시는 세례는 물로 의식을 갖추되 우리에게 주시는 것은 성령과 불이다. 이는 성경에 기록된 명백한 사실이며, 누구도 부정할 수 없는 세례의 진실이다. 따라서 예수를 영접한 그리스도인은 모두, 그리고 이미 성령세례를 받았다고 할 수 있다.

세례가 사실이라면 성령의 이름으로 세례를 받은 자는 응당 성령의 은사를 받은 것이다. 성령의 세례를 받았으면서 성령의 은사가 없다는 말은 모순 아닐까? 내 안에 내주하시는 그리스도의 성령 없이 어떻게 예수를 주라 부르고, 보지도 못한 예수를 믿고 따르겠는가?

"성령세례를 받은 자는 반드시 방언의 은사를 받습니다"라는 말은, 세례를 받고도 방언을 하지 못하면 그가 받은 세례가 '거짓세례'라는 의미인가? 하지만 그럴 수는 없는 일이다. 할례에 거짓할례가 없듯이 세례도 거짓이 있을 수 없다. 세례를 받고도 뚜렷한 내적 변화가 없다면 그것은 미숙한 신앙 때문일 뿐, 예수가 성령으로 베푸신 세례 자체가 거짓일 수는 없다. 그렇다면 순복음교단에서 성령세례의 증거라고 주장하는 방언은 대체 무엇인가?

오늘날 방언이라고 하는 것은 사도시대에 있었던 '은사적 방언'이 아니라, 외형이 유사한 '모방적 방언'에 지나지 않는다. 방언이 성령의 특별한 은사가 되기 위해서는 몇 가지 조건을 충족해야 한다. 하지만 오늘날 우리가 보고 듣는 방언은 은사의 조건에 전혀 부합하지 않는다.

"그런즉 형제들아 어찌할까 너희가 모일 때에 각각 찬송시도 있으며 가르치는 말씀도 있으며 계시도 있으며 방언도 있으며 통역함도 있나니 모든 것을 덕을 세우기 위하여 하라" 고린도전서 14:26

영적인 은사는 '교회에 덕을 끼치기 위해' 부여받은 은혜의 선물로, 교회의 영적 공익을 이루기 위한 도구다. 신유가 다른 사람의 병을 고치기 위한 은사인 것처럼, 예언이 자신의 생각을 전하기 위한 은사가 아닌 것처럼, 방언이 진정한 은사가 되기 위해서는 교회를 위해, 그리고 교회 안의 다른 형제들을 위해 공적 유익이 있어야 한다. 이를테면, 초대교회의 방언은 '상호소통'을 전제로 전도에 유익한 예언의 기능과 능력을 지니고 있었다.

방언이 언어를 통한 은사가 되려면 무엇보다 그것이 무슨 뜻인지를 깨달을 수 있는 '의사소통'이 전제되어야 한다. 오순절의 방언은 화자가 다른 언어로 말하더라도 청자는 자기 언어로 알아들으면서 방언의 의미를 이해할 수 있었다. 고린도교회의 방언은 통역 가능한 '다른 언어'로 소통할 수 있었고 의미 전달이 분명했다. 통역할 수 없는 방언은 교회에 유용한 은사가 아니기 때문에 공적으로 사용할 수 없었다.

"만일 통역하는 자가 없으면 교회에서는 잠잠하고 자기와 하나님께 말할 것이요" 고린도전서 14:28

통역하지 못하는 방언은 교회에서 사용하지 말라고 한 바울의 의도를 우리는 이해해야 한다. 즉, 통역이 불가능한 방언은 성령의 은사로서 가치 있는 방언이 아니라 자기만족을 위해 사사로이 사용하는, 영적으로 무의미한 방언이라는 말이다.

"이와 같이 너희도 혀로써 알아 듣기 쉬운 말을 하지 아니하면 그 말하는 것을 어찌 알리요 이는 허공에다 말하는 것이라" 고린도전서 14:9

오늘날 소위 방언하는 사람의 이상한 언어를 청자가 제대로 이해할 수 있는가? 말하는 사람조차 무슨 말인지 모르면서 무슨 영적 유익을 기대하는가? 언어를 통한 영적 유익은 소통과 깨달음을 전제로 하고, 깨달음은 의미의 정확한 전달을 전제로 한다. 의미가 없는 '이상한 언어'로는 어떤 영적 유익도 기대할 수 없다는 말이다.

오늘날 방언은 영적 유익을 끼치는 은사가 아니라, 방언하는 자의 자기 위로와 만족을 위해 사사로이 만들어진 '특이현상'에 지나지 않는다. 심지어 돈을 내고 훈련을 받아 애써 입에 붙인 사이비 방언을 예수가 주신 소중한 은사라고 할 수 있을까? 물론 방언으로 기도하면서 심적 위로를 받는다면, 나아가 방언하는 사람들이 즐겨 말하듯 '보다 깊은 차원의 기쁨'

이 있다면 그 자체만으로도 효용성을 부정할 수 없을 것이다.

그러나 방언을 통해 이른바 '엑스터시'를 느끼고 남다른 정신적 체험이 가능하다고 주장하는 것은 다른 문제이다. 그런 종류의 경험은 성령의 특별한 은혜가 아니다. 명상을 통해서도 얻을 수 있고, 최면이나 마인드컨트롤을 통해서도 가능하다.

성경에서 말하는 방언의 목적은 자기유익에 따른 심리적 만족이나 쾌락이 아니다. 영적이든 육적이든 상관없이, 자기만족과 쾌감을 느끼기 위한 방언은 초대교회의 방언, 다시 말해 성경적 관점에서 말하는 거룩한 은사로서의 '방언'이 아니다. 방언이 은사라면 하나님이 주신 은혜와 능력에 부합하는 분명한 목적이 있어야 한다. 하지만 초대교회의 방언과 달리 오늘날 방언이라고 말하는 '현상'은 심리적 위안과 쾌락만 있을 뿐이며, 교회나 자신에게 내면의 변화와 영적 성장·성숙처럼 뚜렷한 유익이 없다.

주변에 방언한다는 사람이 많지만, 나는 그들의 방언에서 어떤 종류의 은사적 특징도 발견하지 못했다. 또한 통변한다는 이들에게서 그들의 주관적 해석은 보았을망정, '방언'의 단어와 구절을 정확히 자기 언어로 옮기는 통역은 보지 못했다. 통변하는 사람이 두 명이면 각각 다르게 통역한다고 하지 않는가?

그렇다고 모든 방언을 '거짓'이라거나 '무익하다'고 단정짓고 싶지는 않다. 방언을 함으로써 신앙생활에 보다 열심인 사람도 있고, 반신반의했던 '구원'에 대해 분명한 '자기확신'을 갖게 된 사람도 적지 않다. 이는 방언의 긍정적 기능이라고 할 수 있겠다. 하지만 어떤 경우에도 방언은 오순절주의에서 말하는 것처럼 성령세례의 가시적 증거가 아니며, 영적 우월감을 과시하는 빌미가 되어서는 안 된다는 걸 말하고 싶다. 덧붙여, 자기 유익을 위한 도구로서 오늘날의 방언은 성경적 관점에서 말하는 방언의 공적인 목적에 부합하지 않는다. 또한 사도시대의 성경적 방언과도 일치하지 않는다. 따라서 지금의 방언을 차라리 다른 용어로 구별해 사용하는 것이 바람직하다고 생각한다.

성경에 기록된 원래의 방언은 '방언'으로 남겨두고, 오늘날 즐겨 사용하는 방언이라는 단어는 다른 말로 대체하면 어떨까? 방언local language이라는 단어 자체가 오늘날의 '도무지 알아들을 수 없는 말'과 달리, '외국어' 또는 '다른 지역의 언어'로서 통역이 가능하다는 의미를 내포하고 있지 않은가?

'자기만족'을 위해, 또는 신앙의 열등감을 외적으로 해결하거나 구원에 대한 자기확신을 얻기 위해 방언을 탐해서는 안 된다. 당신이 구하는 방언은 그리스도의 복음을 위해 반드시 필요한 '영적 은사'가 아니라 '심리적 특이현상'에 지나지 않는다. 진실로 예수 그리스도를 주로 영접하는 순간, 우리는 이미 성령세례를 받은 그리스도인이다. 처음에는 미약할망정 성령이 내주하는 그리스도인은 교회의 몸을 이루는 소중한 지체이기 때문에, 몸의 지체마다 고유한 기능을 지닌 것처럼 자신에게 합당한 은사를 갖고 있다는 믿음을 가져야 한다. 그러한 믿음을 갖는 순간부터 그리스도인으로서 성령충만의 은혜를 받고 구원의 확신을 가질 수 있다.

표적신앙의 오류

초능력을 과시하는 은사집회가 성황을 이루고 있으며, 이른바 은사주의

자들이 당당히 '신사도new-disciple'를 자처하면서 교인들로부터 폭발적인 인기를 끌고 있다. '성령체험'이라는 솔깃한 명분을 내걸고 온갖 질병을 고치거나 입신·방언은 기본이고, 임파테이션impatation에 '금이빨' 소동까지 벌이는 등 신사도 운동은 신기한 요술을 보는 것처럼 현란하기 그지없다.

그들은 은사라는 이름으로 괴상한 초능력(?)을 선보이면서 초대교회 이후 기독교 역사의 뒤안길로 사라진 '사도'라는 이름을 '신사도'로 대체했다. 그리고 새로운 성령시대의 주역인 양 자신들의 은사를 과장하고 있다. 그러나 성령집회에서 선보이는 숱한 '은사 쇼'를 통해 우리는 그리스도의 거룩한 영성을 체험하지도, 그리스도의 진정한 사랑을 느낄 수도 없다. 신기한 현상에 순간적으로 사로잡힐 뿐이다.

은사집회마다 열기가 뜨겁지만, 진실로 그곳에서 영적 감동을 느끼는 사람은 거의 없다. 단지 심리적 흥분을 느낄 뿐이다. 왜 그럴까? 성령집회를 통해 교인들이 그리스도인으로서 영적 변화를 경험하지 못하고 심리적 자극과 소용돌이에 휘말리는 이유가 무엇일까? 그것은 그리스도 신앙의 본질이 초능력의 기사奇事가 아니기 때문이다.

당연한 말이지만, 예수 영성의 근본은 초능력이 아니라 자신의 생명을 바쳐 타인을 구원한 거룩한 사랑이다. 예수 그리스도의 영성을 드러내지 못하는 초능력은 뛰어난 '마술'일 수는 있어도 그리스도의 성령이 역사하는 진정한 은사라고는 할 수 없다.

이해를 돕기 위해 성경을 인용하자면, 초능력과 신비는 결코 그리스도 신앙의 전유물이 아니다. 다른 종교, 심지어 무속신앙에서도 초능력을 흔히 목격할 수 있으며, 이른바 '때가 되면' 사탄의 종들에게서도 나타나는 세상 종교의 '일반적인 현상'에 지나지 않는다.

"그 때에 사람이 너희에게 말하되 보라 그리스도가 여기 있다 혹은 저기 있다 하여도 믿지 말라 거짓 그리스도들과 거짓 선지자들이 일어나 큰 표적과 기사를 보여 할 수만 있으면 택하신 자들도 미혹하리라" 마태복음 24:23-24

이는 매우 충격적인 말씀이 아닐 수 없다. 신사도를 자처하는 사람들이 사실은 '거짓 사도'로서, 그리스도의 은사를 가장해 이단의 표적과 기사를 보일 수 있다는 무서운 경고 아닌가?

그렇다면 자극적인 은사 쇼에 열광하는 기독교인들의 내면적 동기는 무엇일까? 자기 신앙에 대한 확신이 없는 교인들이 육신의 눈을 통해 믿음의 증거를 잡으려는 타락한 의도이며, 불신앙의 증거 아닐까? 요컨대 '보기 때문에 믿는' 표적신앙에 사로잡힌 것이다.

"…너는 나를 본 고로 믿느냐 보지 못하고 믿는 자들은 복되도다 하시니라" 요한복음 20:29

표적신앙이란 대체 무엇인가? 예수께서는 표적신앙의 의미와 동기에 대해 이렇게 정리하셨다.

"악하고 음란한 세대가 표적을 구하나…" 마태복음 16:4

예수가 말씀하시는 '악하고 음란한 세대'는 무엇을 의미할까? 죄의 본뜻이 하나님의 의도에서 벗어나는 것을 말하듯이, 성경에서 말하는 악하고 음란한 세대는 하나님을 믿지 않는 불신자거나, 이방신이나 우상을 숭배하는 이교도를 가리킨다. 즉, 불신앙이나 이교 또는 이단의 일탈된 신앙에 빠진 자들이 해당된다. 그렇다면 예수 그리스도는 공생애 동안 전혀 표적을 보이지 않았다는 말인가?

물론 예수는 공생애 동안 쉴새없이 병을 고치고, 귀신을 내쫓고, 죽은 자를 살리는 기적을 행사하셨다. 그러나 그런 행위들, 이를테면 신사도 운동을 주장하는 자들이 사도성을 입증하는 표적인 양 내세우는 신기한 현상들에 대해 결코 그리스도 신앙의 진정한 표적이라고 말씀하지 않으셨다.

예수는 사람들을 현혹하고 능력을 과시하기 위해서가 아니라 가난하고 병든 자를 '불쌍히 여겨' 기적을 베푸셨다. 또한 표적을 보지 않고는 도무지 믿지 않는 완악한 유대인들에게 그리스도이심을 증거하기 위해 기적을 행사하셨다.

그런데 신사도가 그리스도인가? 그래서 그리스도처럼 세상에 표적을 보여야 하는가? 신사도주의자들을 성경적 관점에서 보면 실로 교만하고 악하기 이를 데 없는 참람한 자들이다. 예수께서 그리스도이심을 증거하는 유일한 표적은 하나뿐이다. 기독교가 시작된 이래로 자칭 그리스도라 주장하는 숱한 '마술사'들이 등장해 신기한 능력을 선보였다. 하지만 어떤 자도 예수의 특별한 표적을 모방할 수는 없었다. 예수 그리스도의 유일무이한 표적으로, 기독교 신앙의 독보적 우월성은 '초능력'이 아니라 부활의 능력이다.

"…요나의 표적밖에는 보여 줄 표적이 없느니라…" 마태복음 16:4

큰 물고기의 배에서 사흘 밤낮을 갇혀 있다 은혜로 다시 살아난 요나의 표적은 예수의 죽으심과 부활의 상징이다. 예수 그리스도를 온전히 믿는 자에게 필요한 표적은 사람들의 눈길을 끄는 초자연적 현상이 아니다. 세상의 죄인들을 구원하기 위해 십자가에서 죽으시고, 다시 부활하신 예수 그리스도의 신성을 제대로 믿는 것이다. 예수의 부활을 믿는 자는 '믿음으로 말미암아 구원을 받아' 부활의 영원한 생명을 누리기 때문이다.

그리스도의 사랑은 전혀 드러내지 못하면서 현란한 눈요기에 몰입하는 자들, 자칭 신사도주의자들의 사사로운 집회는 그리스도의 성령이 임재하는 거룩한 모임(성회)이 될 수 없다. 부활을 믿는 그리스도인에게 신사도주의자들의 요란한 성령체험은, 예수 그리스도의 신앙에 근거한 성령의 은사가 아니라 사이비 종교의 허튼 '요술'에 지나지 않는다.

영적 열등의식이 불러온 방언열풍

자신의 신앙에 확신이 없거나 열등감을 느끼는 사람들이 의외로 많다. 물론 사람은 누구나 하나님 앞에서 무능하고 무지한 존재다. 상대적으로 좀더 배우고 좀더 실력 있는 사람이 있을 수 있겠지만, 그것이 하나님 앞에서 무슨 의미가 있을까? 만약 신앙의 성장과 성숙에 인간의 알량한 지식과 능력이 그토록 중요하다면, 하나님은 사역자(종)를 선택하실 때 처음부터 유식하고 유능한 자를 골랐을 것이다.

그러나 창세기부터 요한계시록에 이르기까지 성경 전체를 통틀어 보건대, 남달리 유식해서 하나님의 종으로 선택받았다거나 특별히 탁월한 영성을 지녔기 때문에 부름받은 자는 없다. 하나님이 '종'을 선택하는 기준은 본래 '약한 자', '가난한 자', '죄인'이다. 불쌍해서 그들을 쓰시는 것이 아니다. 하나님 앞에서 쓰임받는 자는 무엇보다 겸손해야 하며, 겸손한 자는 보란 듯이 갖춘 게 없는 '작은 자'로서 하나님의 은혜가 없다면 뜻을 이룰 수 없음을 숨김없이 인정하면서, 결국 모든 영광을 하나님께 오롯이 돌리기 때문이다.

교만한 자는 자신의 사사로운 영광을 드러내기 위해 하나님을 이용하지만, 겸손한 자는 자신을 낮추며 오직 하나님의 영광을 드러낸다. 대형교회 목사들이 자신의 이름을 높이기 위해 발버둥치는 모습을 흔하게 보고 있지 않은가? 겸손하지 않은 자의 영성은 인간의 일탈된 교만을 자랑할 뿐, 온유와 겸손을 강조하는 그리스도인의 영성이 아니다! 그리스도인은 하나님 앞에서 자신의 나약함을 인정하고, 내가 약할 때 강하게 역사하시는 주의 도우심을 간구해야 한다.

이처럼 겸손을 스스로 낮아지는 것이라 정의한다 해도, 그것은 절대로 열등감과 동의어가 아니다. 겸손은 자신이 나약한 존재임을 숨김없이 인정하는 동시에, 자유의지로 기꺼이 '낮아짐'을 의미한다. 반면에 열등감은 다른 사람들과 비교해 부족해 보이는 자신의 처지를 한탄하고 불평하며, 심지어 원망하는 영혼의 병적인 상태를 의미한다. 겸손은 사랑과 은혜를 간구하는 그리스도인의 진실한 영이지만, 열등감은 다른 사람들을 배척하고 미워하고 질투하는 사탄의 파괴적인 영일 뿐이다.

언젠가 '입신의식'에 대해 글을 쓴 적이 있는데, 그에 대한 댓글을 읽으면서 교인들의 영적 열등의식을 발견하고는 상당히 놀랐다. 어떤 사람은 방언에 대해, 어떤 사람은 다른 은사들에 대해 자신의 영적 무능을 토로했다. 많은 사람들이 은혜, 또는 은사의 증거라고 생각하는 방언에 대해 간단히 살펴보도록 하자.

숱한 은사들 가운데 방언은 뚜렷이, 그리고 가시적으로 드러나기 때문에 조급한 교인들이 많은 관심을 갖는다. 그러나 '가시적'이라는 말의 함정에 빠지지 않도록 주의해야 한다. '가시적'이라는 말은 결국 '본 고로 믿는', 악한 세대의 표적신앙이기 때문이다. 재차 강조하지만, 표적을 구하는 자들에게 예수는 "악하고 음란한 세대가 표적을 구한다"며 엄히 꾸짖으셨다. 방언이 진정한 의미에서 그리스도인의 사역을 위한 은사인지, 나약한 신앙을 돋보이게 하려는 의도인지 진지하게 고민해야 한다.

은사의 어원적 의미는 은혜와 동일하지만 실제적 용례에서는 다르게 사용된다. 은혜가 보편적이며 영적 의미를 지니는 반면, 은사는 개별적이며 실제적 능력을 일컫는 경우가 많다. 어쨌든 사람들은 은사에 대해 '하나님이 개인에게 주시는 특별한 능력'과 동일한 의미로 받아들인다.

용어의 정의에 대한 논쟁은 뒤로하고, 은사의 기본적인 성격에 대해 간단히 정리해 보자. 은사는 하나님이 주시는 특별한 능력인 동시에, 사역자로서 '주와 주의 복음을 세상에 전하기 위해' 다른 사람들에게 베푸는 능력을 의미한다. 예컨대, 바울은 숱한 기적을 행사하고 죽은 자를 살리기까지 했지만, 어떤 능력과 탁월한 은사로도 자신의 몸에 있는 '육체의 가시'를 제거하지 못했다. 은사는 자기 자신을 위한 영적 도구도, 신앙을 과시하는 증거도 아니라는 말이다.

방언에 제한해서 말한다면, 원래 초대교회의 방언은 요즘처럼 '도무지 알아들을 수 없는 이상한 소리'가 아니었다. 말 그대로 외국어로서, 말하는 사람이 '다른 언어들(글로사)'로 말하되 그 말을 듣는 사람들이 자기가 태어난 '지방의 언어(디알렉토)로 알아듣는다. 따라서 방언은 소통이 가능하며, '알아들을 수 있는 신비한 언어능력'을 의미한다.

"그들이 다 성령의 충만함을 받고 성령이 말하게 하심을 따라 다른 언어들로 말하기를 시작하니라…보라 이 말하는 사람들이 다 갈릴리 사람이 아니냐 우리가 우리 각 사람이 난 곳 방언으로 듣게 되는 것이 어찌 됨이냐…우리가 다 우리의 각 언어로 하나님의 큰 일을 말함을 듣는도다 하고 다 놀라며 당황하여 서로 이르되 이 어찌 된 일이냐 하며 또 어떤 이들은 조롱하여 이르되 그들이 새 술에 취하였다 하더라" 사도행전 2:4, 7-8, 11-13

외국어를 모르는 갈릴리 사람들이 성령에 이끌려 방언으로 말하자, 예루살렘에 모였던 디아스포라 유대인들이 자신들의 언어로 알아들었다는 내용이다. 갈릴리 언어가 수십 개의 이방언어들로 동시에 통역되는, 이른바 지금의 방언과는 근본적으로 다른 신비한 성령의 능력이다.

물론 지금도 드물기는 하지만 방언을 하는 동시에 통변하는 사람들이 있다고 한다. 그러나 그런 주장의 진위를 떠나, 요즘 방언과 초대교회의 방언은 성격 자체가 다르다는 사실에 주목해야 한다.

더욱이 초대교회의 방언은 은사의 본질적 성격에 합당한 '다른 사람들에게 전하기 위한' 것이었다. 즉, 이스라엘 언어를 모르는 이방인들이 자기 언어로 알아들을 수 있는 특별한 은사로, 신비할 뿐만 아니라 실제적인 능력임에 틀림없다. 반면에 요즘의 방언은 처음부터 끝까지 개인적 '기이현상'에 지나지 않는다. 따라서 지금의 방언을 두고 신비한 능력, 또는 특별한 은사의 증거인 양 과장하는 것은 성경적 근거도 없거니와 그만한 의미와 가치도 갖지 못한다고 할 수 있겠다.

물론, 같은 초대교회라도 바울의 서신을 보면 방언에 대해 달리 표현한다. 바울은 사도행전의 방언과 달리 즉각 소통되지 않고, 청자가 '알아들을 수 없는 소리'도 방언이라고 표현한다. 그러나 소통이 없는 방언은 성령의 은사로서 방언의 본래 의미와 근본적으로 다르다. 따라서 바울은 "통변할 수 없거든 다른 사람들을 방해하지 말고 혼자 있는 곳에서 따로 방언으로 기도하라"고 명령한다. 오늘날 방언을 성령의 특별한 은사로 강조하는 사람들은 이 말의 의미를 깊이 새겨야 할 것이다.

간절한 기도를 통해 자신의 병을 고쳤다면 이는 기도의 능력이자 은혜라고 말할 수 있지만, 은사라고는 할 수 없다. 은사는 본질적으로 다른 사람을 돕기 위한 섬김의 도구이기 때문이다. 요즘 방언의 은사를 전수한다면서 '방언집회'가 도처에서 열리고 있다. 어떤 곳에서는 '할렐루야'를 계속 빨리 반복하라고 가르친다. 심지어 할렐루야를 거꾸로 발음한 '야루렐할'을 쉬지 말고 외치라고 주문하기도 한다. 이때 수십만 원의 수강료는 기본이다.

실제로 그렇게 하다보면 혀가 꼬이면서 '랄랄라' 방언이 터진다. 혼자 기도하면서 '랄랄랄랄라~'를 반복하면 자연스레 방언(?)이 입에 붙는다. 이것이 조작된 은사 아니고 무엇이겠는가? 그리스도인으로서 부끄러운 짓이 아닐 수 없다! 자신의 신앙을 스스로 확증하지 못하면서 외적 현상으로 자위하려는 것은 정당한 그리스도 신앙이 아니라 저급한 '자기최면'

일 뿐이다.

방언 자체를 부정하는 것은 결코 아니다. 여러 형제들이 새벽과 밤늦게 방언으로 기도하면서 일과를 시작하고 마치는 것을 종종 목격한다. 그들의 방언이 거짓이라거나 무의미하다고는 생각하지 않는다. 오랫동안 방언으로 기도하고 나면 주께 할 말을 다한 것처럼 마음이 후련해지니, 그것만으로도 소홀히 볼 일이 아니다. 하지만 그것이 성령의 특별한 은사일까?

방언을 성령받은 증거라고 주장하며 영적 교만에 빠지거나, 방언을 하지 않으면 신앙심이 부족하다고 판단해 스스로를 신앙의 열등생으로 여기는 어리석음은 버려야 한다. 오늘날의 방언이 엄밀한 의미에서 은사인가 하는 민감한 문제는 제쳐두자. 하지만 바울이 말한 것처럼, 여러 은사들 가운데 하나일 수는 있어도 마치 성령의 은사를 입증하는 특별한 은사는 아니며, 신앙인의 상징적인 표적이 아니라는 사실은 분명히 알아야 한다. 방언이 다른 사람이나 자신의 신앙을 판단하는 잣대는 될 수 없다. 또 방언을 하지 않더라도 자신에게 알맞은 다른 은사가 분명히 존재한다는 사실을 알아야 한다.

영적 둔감함으로 자신에게 주어진 고유한 은사를 깨닫지 못할 수는 있다. 하지만 '만인제사장' 시대에 각각의 그리스도인은 '왕 같은 제사장'으로서 영적 권위를 지니며, 그리스도의 몸된 교회를 섬기는 지체로서 각각의 지체에 합당한 기능, 즉 은사를 가지고 있다는 사실을 분명히 깨달아야 한다. 신앙이 부족해서 방언을 못하는 것이 아니라, 자신에게 주어진 귀중한 은사를 발견하지 못했기 때문에 신앙의 갈등을 느끼는 것이다.

방언은 자신이나 남에게 '자기 의'를 과시하기 위한 은사가 아니다. 심리적 효과가 있다는 구실로 방언의 은사를 구할 것이 아니라, 자신에게 주신 은사를 알아차려 아름답게 사용하는 지혜가 필요하다.

구원받은 신앙의 증거는 '알아들을 수 없는' 방언이 아니라 성령의 열매이며, 성령의 열매는 사랑, 희락, 화평, 오래 참음, 자비, 양선, 온유, 충성, 절제로서 자신의 온전한 변화다. 성령의 열매를 맺기 위해 '탐심과 정욕'을 버려야 한다면, 특별한 은사를 탐하는 이기적인 욕망도 결코 예외일 수 없다. 은사는 합당한 자에게 주시는 선물이며 은혜일 뿐, 욕망의 대상이 아니다.

05

기복신앙에 대하여

_____ 세상의 복을 구하기 전에 하나님의 뜻을 먼저 구하라

세속적 성공주의를 부추기는 바라봄의 법칙

이른바 '바라봄의 법칙'을 성경의 진리나 기독교의 교리로 내세우는 사람들은, "하나님을 믿는 자는 누구든지 마음속에 큰 뜻, 이른바 욕망을 가득 품고 원하는 대상을 '바라보면' 마침내 하나님의 크신 은혜로 말미암아 자신의 뜻을 이룰 수 있다"고 주장한다. 그리고 '바라봄의 법칙'에 따라 성공을 이룬 대표적 인물로 아브라함을 꼽으면서, 성경의 근거로 다음 구절을 제시한다.

"롯이 아브람을 떠난 후에 여호와께서 아브람에게 이르시되 너는 눈을 들어 너 있는 곳에서 북쪽과 남쪽 그리고 동쪽과 서쪽을 바라보라 보이

는 땅을 내가 너와 네 자손에게 주리니 영원히 이르리라 내가 네 자손이 땅의 티끌 같게 하리니 사람이 땅의 티끌을 능히 셀 수 있을진대 네 자손도 세리라 너는 일어나 그 땅을 종과 횡으로 두루 다녀 보라 내가 그것을 네게 주리라" 창세기 13:14-17

조엘 오스틴의 베스트셀러『긍정의 힘』과 조용기 목사가 말하는 바라봄의 법칙은 오늘날 그리스도인들의 영성을 호도하며 탐욕의 '기복신앙'으로 이끄는 대표적인 역할을 하고 있다. 물론 거친 인생을 살아가면서 절망하지 않고 시련 앞에서 굴복하지 않는 '긍정적인 삶'에 대해, 험한 인생길에서 늘 희망을 '바라보며' 살아가는 적극적인 삶의 자세에 대해 세속적 욕망으로 몰아붙이는 건 분명히 문제가 있다.

그러나 '바라봄의 법칙'은 결코 성경 본래의 메시지가 아니다.『긍정의 힘』이 오롯한 영성서가 아니라 심리적 자극과 처세, 그리고 성공을 위한 자기계발서인 것처럼, 바라봄의 법칙은 그리스도인의 영성과 상관없이 세속적 성공주의를 한껏 부추기고 있을 뿐이다.

바라봄의 법칙을 '전가의 보도'로 내세우는 자들의 섣부른 주장에서 우리는 성경 메시지의 심각한 일탈을 발견할 수 있다. '바라봄'이라는 말이 그리스도인의 '소망'을 말한다면, '바라봄의 법칙'은 모름지기 성경의 진리라고 할 수 있다. 그리스도인은 하나님을 믿는 자이며, 소망을 품은 자이며, '사랑하는 자'라고 정의할 수 있기 때문이다. 그래서 바울 사도는 "그런즉 믿음, 소망, 사랑, 이 세 가지는 항상 있을 것인데…(고린도전서 13:13)"고 말하지 않았던가? 문제는 '바라봄의 법칙'에서 우리가 그리스도인의 진정한 소망, 이를테면 '천국소망'이나 '영생구원' 같은 영적 복음을 듣는 것이 아니라, 번영신학의 변질된 복음으로써 세상의 탐욕을 부추기는 '다른 복음'을 듣는다는 것이다.

순복음교단에서 흔히 듣는 '삼중축복', 즉 '영혼의 잘됨, 범사의 형통, 육신의 강건'이라는 속된 주문처럼, 바라봄의 법칙은 개인적이며 물질적인 축복을 위한 주문이며 성경 메시지의 엄연한 왜곡이다. 순복음교회에서 금과옥조로 여기는 "사랑하는 자여 네 영혼이 잘됨 같이 네가 범사에 잘되고 강건하기를 내가 간구하노라(요한삼서 1:2)"라는 구절이 사실상 바울의 신령한 메시지가 아니라 당시 유행하던 관용적 인사말로, 여기에서 '잘되다'는 본래 '잘 지내다' 또는 '잘 보내다'의 오역이라는 것은 이미 알려진 사실이다.

'바라봄의 법칙'과 유사한 제목의 책들 및 설교, 그리고 수많은 강연에서 '그리스도인의 거룩한 영성'에 대해 진지하게 말하는 것을 보거나 들은 적이 있는가? '바라봄의 법칙'을 신주처럼 받들면서 기도하고 기대하고 기다리면, 언젠가 물질이 넘치고 건강은 증진되며 특별한 지위와 명예를 누릴 수 있다는 속된 욕망 아니던가? 이렇듯 '차고 넘치는 축복'을 제시하는 바라봄의 법칙은 결국 기도와 기대, 그리고 소망을 통해 개인적이며 물질적인 욕망을 충족시키라는 허튼 주문에 지나지 않는다.

어떤 대상을 바라보며 긍정의 욕망을 품으라는 것은 당연한 주장이며 성경의 메시지에 부합하는 내용처럼 보일 수도 있다. 예수도 분명히 "구하라. 그리하면 모든 것을 주시리라" 하고 말씀하셨기 때문이다. "간절히 구하면 주신다"는 말씀은 오늘날 수많은 신자들에게 기도응답의 인과율처럼 받아들여지고 있다.

그러나 우리가 '축복의 메시지'로 단정짓는 성서 구절을 해석하며 줄곧

놓치는 중요한 전제가 있다. 세상의 복을 구하기 전에 '먼저' 하나님의 뜻을 구해야 하며, 하나님의 뜻을 제대로 아는 것이 성경 해석의 핵심이라는 사실이다.

> "그런즉 너희는 먼저 그의 나라와 그의 의를 구하라 그리하면 이 모든 것을 너희에게 더하시리라" 마태복음 6:33

'먼저'라는 말은 축복(강복)의 전제로써, 하나님이 주시는 복을 얻기 위해 반드시 필요한 조건을 의미한다. 요컨대 하나님의 뜻을 '먼저' 구한 다음 그 뜻에 합당하게 자신의 '필요'를 구하라는 것이 성경의 가르침이다. 그런데 여기에 중대한 반전이 있다. 하나님의 뜻을 구하고 그 뜻을 바르게 깨달을 경우 바라는 대상이 달라지기 때문이다. 하나님의 뜻대로 살아가는 자는 삶의 가치관과 더불어 신앙의 목적도 근본적으로 변화한다. 육적인 존재와 영적인 존재를 구별한 바울의 가르침을 살펴보자.

> "육신을 따르는 자는 육신의 일을, 영을 따르는 자는 영의 일을 생각하나니 육신의 일은 사망이요 영의 생각은 생명과 평안이니라 육신의 생각은 하나님과 원수가 되나니 이는 하나님의 법에 굴복하지 아니할 뿐 아니라 할 수도 없음이라 육신에 있는 자들은 하나님을 기쁘시게 할 수 없느니라" 로마서 8:5-8

'바라봄의 법칙'은 그리스도인의 본질적 가치인 '거룩한 영성'에서 벗어나 소위 '고지론', '청부론', '성부론'과 함께 인간의 세속적 탐욕을 부추기는 '번영신학'일 뿐이다.

성경이 실제로 '바라봄의 법칙'을 지지하는 것이라면, 그리스도인은 이성의 거센 반론을 뒤로한 채 '바라봄의 법칙'을 따르는 것이 올바른 순종일 것이다. 그리스도 신앙의 본질은 이성의 신념 이전에 성경의 가르침을 온전히 따르는 순종이기 때문이다.

"…너는 너의 고향과 친척과 아버지의 집을 떠나 내가 네게 보여 줄 땅으로 가라" 창세기 12:1

그러나 바라봄의 법칙을 지지하는 구절의 배경과 문맥을 자세히 살펴보면, 하나님이 말씀하신 '본래의 의도'를 분명히 알 수 있다. 하나님이 아브라함을 부르고 축복하신 이유는 사사로운 욕망을 들어주기 위한 '특별한 은혜'가 아니다. 아브라함 또한 자신이 살던 하란 땅보다 더 넓고 기름진 땅을 '바라보면서' 기나긴 욕망의 여행을 떠난 것이 아니다.

유프라테스 강 북쪽 지류에 위치한 하란은 비옥할 뿐만 아니라, 메소포타미아의 여러 도시들과 소아시아를 잇는 당대 교통의 요지로서 무역이 성행했던 풍요로운 지역이다. 세상의 재물과 사회적 자산을 넉넉히 소유한 아브라함이 기득권과 개인적 욕망을 버리고, 기꺼이 하나님의 명령에 순종하며 믿음의 선구자로서 험난한 길을 선택한 것이다.

성경의 메시지를 제대로 파악하려면 무엇보다 동사의 시제에 주목해야 한다. 즉, 아브라함은 하나님이 '지금' 보여주신 땅을 바라보며 욕망을 좇아 떠난 것이 아니다. 앞으로 '보여줄' 땅을 향해 '갈 길을 알지 못하고' 말씀에 의지해 떠났을 뿐이다. 다시 말해, 아무것도 제시되지 않았기 때문에 사실상 아무것도 바라보지 않은 시점에 아브라함은 하란을 떠났다.

창세기 13장 14절 '롯이 아브람을 떠난 후에'라는 구절에서 우리는 전후 문맥, 즉 바른 성경 해석을 위한 상황적 배경에 주목해야 한다. 아브라함이 "눈을 들어 북쪽과 남쪽 그리고 동쪽과 서쪽을 바라보라"는 하나님의 특별한 부르심을 받은 시점은 마음속에 넓고 기름진 토지를 열망했던 때가 아니다. 조카 롯에게 비옥한 땅의 선택권을 넘겨주고 척박한 땅에 홀로 남아 있던 때로, 오히려 재물에 대한 욕심을 모두 버린 시점이었다. 만약 아브라함에게 개인적 욕망이 있었다면 조카 롯에게 비옥한 땅의 선택권을 넘기지 않았을 것이다.

바라봄의 법칙에서 주장하는 것처럼 하나님은 아브라함의 불 같은 '욕망'에 응답하신 것이 아니다. 오히려 재물의 욕망을 버린 아브라함의 순전한 희생과 깨끗한 재물관을 보신 후 그를 부르셨다. 또한 다른 곳에 가서 부자로 살라고 '새로운 땅'을 주신 것이 아니다. 거룩한 백성을 세우기 위한 '믿음의 조상'으로서 '새로운 사명'을 주신 것이다.

이처럼 성경의 메시지는 바라봄의 법칙에서 주장하는 축복과 전후관계가 다르다. 개인적 욕망이나 '축복기도'와 상관없이, 하나님이 동서남북을 바라보라고 명령하자 아브라함은 오롯이 그 '말씀'에 순종했다. 그리고 하나님은 그에게 기름진 땅이 아니라 '새로운 언약'을 주셨다. 결국 하나님은 아브라함에게 세상의 부귀영화가 아니라 '천하만민'을 위한 복의 근원으로서 소중한 사역을 맡기신 것이다.

심층적인 의미에서 땅은 상징이며 축복의 실체가 아니다. 하나님이 말씀하신 대로 가나안에 들어갔지만 아브라함을 기다리는 건 '젖과 꿀이 흐르는' 기름진 땅이 아니라 계속된 가뭄으로 척박해진 땅이었다. 죽을 때까지 가나안에서 그는 이방의 땅에 잠시 머무는 나그네에 지나지 않았으며, 훗날 가족의 무덤으로 쓰기 위해 '막벨라 굴'을 얻었을 뿐이다. '바라봄의 법칙'을 통한 물질의 축복은 애초 아브라함에게 존재하지 않았다.

조용기 목사가 저술한 『4차원의 영성』을 보면, 한 개의 장을 할애해 '바라봄의 법칙'이 지향하는 본질적인 내용에 대해 언급하고 있다. 바라봄의 법칙은 인간의 단순한 육적 욕심이 아니라 성경의 검증을 거쳐 하나님 뜻에 합당하도록 영적으로 조정되고 일치돼야 한다고 주장한다.

일면 그럴듯해 보인다. 하지만 문제의 핵심은 바라봄의 법칙이 추구하는 대상과 적용이 하나님께서 자녀에게 주시는 진정한 축복으로서 영적 가치에 있지 않고, 세상에서 출세하고 성공하려는 기복주의와 성공주의에 천착한다는 것이다. 바라봄의 법칙 또는 유사한 제목의 간증서들을 통해 우리가 만나는 가치관은 『긍정의 힘』과 마찬가지로 출세를 위한 심리적 자극과 동기부여에 지나지 않는다.

"마음속에 비전을 품고 믿음으로 바라보며 내가 할 수 있는 한 최선을 다하면 하나님께서 반드시 이루어주신다."

위 내용은 『바라봄의 법칙』을 쓴 주대준 박사의 글이다. "오직 주의 은혜를 바라봄으로 나는 마침내 청와대 경호실 차장까지 올라갈 수 있었다"는 자랑스런(?) 간증에서 과연 그리스도인의 영적 사명감과 거룩한 가치관을 읽을 수 있는가? '공학박사로서 사상 최초로 청와대 경호실 차장까지 올라간 것'이 과연 하나님의 특별한 은혜로 바라봄의 법칙이 지니는 가치를 증거한다는 말인가?

물론 하나님의 은혜로 말미암아 다른 사람들보다 출세할 수 있고, 보란 듯이 성공할 수도 있다. 그러나 바라봄의 법칙을 마음에 새기고 성공의 욕망을 품은 자에게 주시는 물질적 보상이 성경적 관점에서 말하는 '하나님 은혜'라고 할 수 있을까? 하나님의 진정한 은혜는 세상에서의 출세가 아니라, 천국시민으로서 기쁨과 평화를 누리는 영원한 영적 승리 아니던가?

만약 세속적 성공이 '은혜'의 명백한 증거라면, "부자가 천국에 가는 것이 낙타가 바늘귀로 들어가는 것보다 힘들다", "재물과 하나님을 동시에 섬길 수 없으며, 종은 결코 두 주인을 섬길 수 없다"는 말씀을 어떻게 받아들여야 하는가? 바라봄의 법칙은 천국구원을 포기한 채 단지 세상의 부귀영화를 누리려는 '지상복음'인가?

하나님은 어떤 자에게는 많은 재물을 주시지만, 어떤 자에게는 '의도적으로' 힘든 고난을 주신다. '때로는 고난이 유익'이기 때문이며, 결국 '하나님을 믿는 자에게는 모든 것이 합력하여 선을 이루기' 때문이다. 믿음을 도구 삼아 출세를 꿈꾸는 자는 세상의 성공이 신앙의 목적이며, 하나님의 은혜마저 성공을 위한 수단으로 이용될 뿐이다.

성공이 삶의 목적이며 자신이 축복의 중심에 있는 '바라봄의 법칙'은, 우리에게 '구원의 복음'을 전하는 온전한 그리스도 신앙이라고 할 수 없다. 세상의 복을 구하는 교인들에게 헛된 성공주의를 부추기며 결국 타락과 멸망의 길로 이끄는 '탐욕의 복음'에 지나지 않는다. '바라봄의 법칙'의 주창자인 조용기 목사는 다음과 같은 설교로 그러한 견해를 뒷받침한다.

"세상의 욕망을 품고 살아가는 자라야 하나님의 은혜로 말미암아 큰 뜻을 이룰 수 있습니다. 부자를 꿈꾸는 자라야 부자가 될 수 있고, 대형목회를 꿈꾸는 목사라야 목회가 크게 성공할 수 있습니다. 작은 교회의 목사들은 사실상 은혜를 받지 못하고 실패한 목사들로서, 그들은 열등감 때문에 대형교회 목사들을 비판하는 것입니다. 바라봄의 법칙에 따라 부자를 꿈꾸는 사람은 부자가 될 수 있지만, 거지 밥통이나 바라보며 늘 상 초라하게 사는 자는 끝내 거지가 될 수밖에 없습니다."

이건 차라리 저주 아닌가? 이러한 주장은 '가난한 자에게 복음을 전하기 위해', 그리고 '가난한 자들을 구원하기 위해 세상에 오신' 예수의 거룩한 뜻을 송두리째 부정하는 이단의 타락한 사설邪說에 지나지 않는다.

예수는 '그리스도'임을 증명하기 위해 숱한 표적을 보여주시면서도 항상 '엄격한 기준'이 있었다. 바로 가난한 자에 대한 뜨거운 사랑이다. 유대인의 정결법을 무시한 채 세리나 창녀 같은 죄인들과 밥을 먹고 포도주를 마시는 예수를 의심하던 세례 요한의 제자들에게, 예수는 자신이 메시아라는 사실을 이렇게 설명했다.

"예수께 여짜오되 오실 그이가 당신이오니이까 우리가 다른 이를 기다리오리이까 예수께서 대답하여 이르시되 너희가 가서 듣고 보는 것을 요한에게 알리되 맹인이 보며 못 걷는 사람이 걸으며 나병환자가 깨끗함을 받으며 못 듣는 자가 들으며 죽은 자가 살아나며 가난한 자에게 복음이 전파된다 하라" 마태복음 11:3-5

"가난한 자에게 복음이 전파된다"는 말씀은, 세상에서 가난한 삶을 살고 있을지언정 가난이 하나님의 저주가 아니라 오히려 축복의 조건이 될 수 있다는 뜻이다. 물론 가난하기 때문에 축복을 받는 것은 아니다. 가난하지만 절망하지 않고 천국의 소망을 품고 사는 자를 하나님은 결코 외면하시지 않는다는 것은 성경, 특히 신약성경의 일관된 가르침이다.

성경을 인용해 의미를 강조하려 할 때는 반드시 '본래 말씀하신 대로' '순전하게' 해석해야 한다. 일부 단어나 구절을 임의로 발췌해 의미를 단정하는 것은 자의적 해석이며, 결국 하나님의 성경God's Bible이 아니라 '자신의 성경'일 뿐이다.

"우리는 수많은 사람들처럼 하나님의 말씀을 혼잡하게 하지 아니하고 곧 순전함으로 하나님께 받은 것 같이 하나님 앞에서와 그리스도 안에서 말하노라" 고린도후서 2:17

사실 성경을 읽다보면, 특히 복음서의 경우 독자의 관점에 따라 다양하게 해석할 수 있는 구절이 많다. 예수께서 "나는 비유가 아니면 말하지 않는다"고 하신 것처럼, 예수 그리스도의 말씀은 종종 심층에 가려진 의미를 담고 있기 때문이다. 그러나 성경은 관점에 따라 해석이 달라지거나 달라져야 하는 문학작품이 아니다.

화자(저자)이신 하나님의 말씀을 기록한 성경은 하나님의 뜻과 다른 해석을 절대로 인정하지 않는다. 물론 하나님은 아브라함을 불러 "…바라보라, 그리하면 …주리라"라고 말씀하셨다. 이는 하나님이 "눈을 들어 바라보라"고 명령하셨고, 그의 믿음으로 순종했기 때문에 주신 것이다.

하나님은 당신의 자녀를 축복하신다. 우주와 만물을 지으시고 사람에게 다스리라고 말씀하신 하나님은 손수 지으신 자녀들이 세상에서 복받기를 원하신다. 그러나 세상의 복은 하나님이 주시는 수많은 은혜의 일부일 수는 있어도 결코 전체가 될 수 없다. 세상에서 끊임없이 고난당하는 자가 사실은 진정으로 은혜받은 자일 수 있다. 하나님의 큰 종들 가운데 부귀영화를 누린 자가 과연 몇이나 있는가?

세상의 축복을 무턱대고 부정할 이유도 없지만, 지나치게 탐닉할 가치 또한 없다. "믿는 자는 세상이 보기에 아무것도 없는 자 같으나 사실은 모든 것을 가진 자"라는 바울의 가르침에 주목해야 한다. 하나님을 사랑하는 자는 영혼 깊은 곳에 하나님을 품은 자로서, 이미 모든 것을 가졌기 때문이다. 단언컨대, 탐욕의 주술에 불과한 '바라봄의 법칙'은 애초 성경에 존재하지 않았다. 그리스도인의 진정한 승리를 위해 오직 '순종의 법칙'이 존재하며, 성경에 존재하는 유일한 바라봄의 법칙은 "믿음의 주요, 온전케 하시는 예수를 바라보자"는 '예수 바라봄의 법칙'으로, 이른바 구원의 소망이 있을 뿐이다.

탐욕의 복음은 축복이 아니라 기복이다

하나님을 바라보고 하나님께 전적으로 의뢰하는 사람을 축복하신다는 주장은 성경의 진리다. 그러나 왜곡된 축복신앙을 주장하며 '탐욕의 복음'을 내세우는 교회가 과연 진정한 신앙을 전파하고 있는지, 하나님의 능력을 속된 도구로 이용해 개인의 탐욕을 추구하는 것은 아닌지 생각해 봐야 한다.

긍정의 힘과 바라봄의 법칙은 거룩한 하나님을 바라보는 것인가? 아니면 하나님의 손에 있는 '보암직도 하고 먹음직도 한 탐스런' 떡을 바라보는 것인가?

'축복신앙'을 내세우며 순복음교회 조용기 목사는 가난한 자들을 혹독하게 질책했다. "부자를 바라보면 부자가 되고, 거지 밥통을 바라보면 거지가 된다"면서 "하나님이 원하시는 것은 청빈한 신앙이 아니라, 많은 복을 받아 가난한 사람을 도와주는 축복신앙"이라고 강조했다. 또한 하나님을 잘 믿음으로써 십일조를 잘하고 주일성수를 잘하는 교인들은 가난하고 싶어도 가난할 수 없다고 소리 높여 외친다. 더 이상 쌓을 곳이 없도록 차고 넘치는 복을 주시는 것이 성경의 명백한 가르침이라는 것이다. 그 설교를 듣고 세상의 축복을 갈망하는 교인들은 한 목소리로 '아멘!'을 합창한다. 축복신앙은 오늘날 한국 교회의 정점에서 교인들의 신앙을 지배하고 성경을 입맛대로 해석하는 빌미가 되고 말았다.

아프리카는 예수를 믿지 않기 때문에 기아와 질병에 허덕이는 저주를 받았으며, 세계 최빈국의 하나였던 한국이 이처럼 발전할 수 있었던 것은 어떤 나라보다 열정적으로 예수를 믿었기 때문이라고 말한다. 과연 그럴까? 한국의 기독교인 비율이 전체 국민의 20퍼센트 미만인 데 비해, 그 배수 또는 삼배수에 이르는 가난한 아프리카 국가가 허다하다. 일본의 경우 기독교인 숫자가 1퍼센트 정도에 불과한데, 경제규모는 세계 2-3위에 달한다. 중국은 또 어떤가?

외형적인 경제규모가 축복의 정도를 가늠하는 정당한 기준이 될 수 있을까? 한국은 세계 10위에 이르는 경제대국이다. 하지만 OECD 국가들 가운데 행복지수 꼴찌, 자살률 1위이며, 부패지수는 최상위권에 속한다. 그럼에도 경제규모를 잣대로 하나님의 특별한 축복을 받았다고 주장할 수 있는가?

세계 10대 대형교회 가운데 무려 4개가 한국에 있다. 놀라운 수치이며, 특별한 의미를 지닌 지수임에 틀림없다. 그러나 그런 외형을 토대로 과연 한국 교회의 영성을 자랑할 수 있는가? 오히려 타락에 찌든 모습이 참담할 뿐이다. 한국 교회의 성장은 그리스도의 영성이 아니라, 종교권력자들에 의해 외형과 형식, 의식儀式의 종교성이 팽배해진 것에 불과하다.

'탐욕의 복음'을 강조하는 교회에서 말하는 것은 축복이 아니라 기복祈福, 즉 종교의 옷을 그럴듯하게 차려입은 타락한 미신과 다르지 않다. 축복신앙과 고지론? 언뜻 보면 그럴듯한 주장이다. 하나님의 축복을 받은 자가 가난한 사람에게 나눠 주는 것은 정당한 '행함'이며, 성경의 중요한 교훈이기도 하다.

그러나 거기에는 중요한 오류가 있다. 하나님을 믿는 자는 축복을 받아 부유해지고 믿지 않는 자는 심판을 받아 가난하다는, 그래서 축복을 받은 자라야 가난한 자를 도울 수 있다는 말에는 섬뜩한 교만과 거짓이 담겨 있다. 이는 결국 하나님을 믿는 자는 부유하고 믿지 않는 자는 가난하다는 의미 아닌가? 즉, 부유한 자는 구원을 받고 가난한 자는 저주를 받으며, 세상의 축복은 하나님의 구원을 받은 자와 저주받은 자를 구별하는 뚜렷한 징표라는 선언이다. 그렇다면 구원의 증거는 세상의 부요이며, 부유한 자가 높은 위치(고지)에서 낮고 비천한 자에게 재물을 나눠 주라는 말이다. 그럴듯하게 들리지만, 여기에는 무서운 영적 함정이 도사리고 있다. 축복받은 자의 교만과, 가난한 이는 하나님의 버림을 받은 자라는 멸시가 고스란히 담겨 있는 것이다.

그들의 주장에는 가난한 형제들을 동등한 인격체로 바라보는 겸손이 없고, 가난한 자와 더불어 애통해하는 진정한 사랑이 없다. 물질을 주면서 상대의 자존감을 해친다면 주지 않는 것이 차라리 낫다. 하나님은 재물을 도구로 진정한 사랑을 나누라고 하셨지, 낮은 자를 굽어보며 적선하라고 말씀하신 것이 아니다.

엄밀한 의미에서 '축복신앙'은 기독교의 핵심이다. 그러나 그리스도인으로서 진정한 축복은 온전한 순종이라는 전제가 있을 때 가능하다. 앞에서 살펴본 것처럼, 하나님은 구하면 무엇이든 주시는 것이 아니라 하나님의 뜻을 '먼저' 구하는 자에게 주신다. 그리고 하나님의 뜻을 '먼저' 구하다 보면 삶의 우선순위가 변하면서, 세상의 재물을 탐하지 않게 된다. 축복은 인간의 타락한 욕망을 충족시키기 위해서가 아니라 하나님의 거룩한 뜻을 이루기 위해, 순종하는 자에게 사명의 도구로 주시는 것이다.

진정한 형통은 하나님과 동행하는 삶

"요셉은 무성한 가지 곧 샘 곁의 무성한 가지라 그 가지가 담을 넘었도다." 창세기 49:22

샘 곁에 위치한 나무는 무성하게 자랄 수밖에 없다. 그래서 성경은 샘 곁에 심어 무성하게 자라는 나무를 빗대어 "그 가지가 담을 넘었다"고 기록한다. 샘 곁에 심은 나무는 처음부터 '형통의 복'을 받았다고 할 수 있다. 애써 물을 찾을 필요도, 누군가 때 맞춰 물을 공급해 줄 필요도 없다. 저절로 잘 자랄 수 있는 나무, 철따라 풍요로운 열매를 맺을 수 있는 나무는 분명히 복이 많은 나무이다. 부럽지 않은가?

'샘 곁에 심은 나무'는 요셉의 상징이다. 실제로 요셉은 성경의 위인들을 통틀어 형통의 가장 대표적인 인물이다. 이방의 종이라는 비천한 신분을 깨고 애굽의 총리가 되었으며, 하나님이 예정하신 선민 히브리 민족이 역사적인 대국 애굽(이집트)의 고센 땅에서 무리지어 살 수 있는 여건을 만들었다. 요셉은 이처럼 세상에서 성공했고, 하나님의 일을 이루기 위한 소중한 도구로 선택받았다. 흔히 말하듯이, 그는 '영육 간에' 형통의 복을 누렸다.

그래서 성경은 요셉을 형통의 인물로 묘사한다. 하지만 요셉의 형통은 '샘 곁에 심은 나무'처럼 저절로 얻어진 행운이 아니며, 좋은 여건을 배경으로 노력해서 얻은 의지의 산물도 아니다. 요셉의 형통은 세상의 형통, 즉 '만사형통'의 주술적인 복을 의미하지 않는다. 그의 형통은 하나님과 동행하는 삶을 통해 얻은 믿음의 결실이다. 그러나 흔히 생각하는 것처럼 굽은 길이 곧아지고, 마른 땅이 촉촉해지는 좋은 여건 때문은 아니다. 고난의 길을 걸으면서도 오직 하나님을 의지하는 자에게 주시는 특별한 형통이다.

요셉의 형통에 대해 성경이 기록한 시점에 주목할 필요가 있다. 그 시점은 애굽의 총리가 된 때도 아니고, 귀족과 결혼해 왕실의 자녀를 낳은 때도 아니며, 애굽의 실권자로서 부귀영화를 누린 '화려한 때'도 아니다. 가장 초라하고, 가장 비참하고, 세상에서 가장 외로이 버림받은 고난의 때였다.

"요셉이 이끌려 애굽에 내려가매 바로의 신하 친위대장 애굽 사람 보디발이 그를 그리로 데려간 이스마엘 사람의 손에서 요셉을 사니라 여호와께서 요셉과 함께 하시므로 그가 형통한 자가 되어 그의 주인 애굽 사람의 집에 있으니 그의 주인이 여호와께서 그와 함께 하심을 보며 또 여호와께서 그의 범사에 형통하게 하심을 보았더라" 창세기 39:1-3

"그의 주인이 자기 아내가 자기에게 이르기를 당신의 종이 내게 이같이 행하였다 하는 말을 듣고 심히 노한지라 이에 요셉의 주인이 그를 잡아 옥에 가두니 그 옥은 왕의 죄수를 가두는 곳이었더라 요셉이 옥에 갇혔으나 여호와께서 요셉과 함께 하시고 그에게 인자를 더하사 간수장에게 은혜를 받게 하시매 간수장이 옥중 죄수를 다 요셉의 손에 맡기므로 그 제반 사무를 요셉이 처리하고 간수장은 그의 손에 맡긴 것을 무엇이든지 살펴보지 아니하였으니 이는 여호와께서 요셉과 함께 하심이라 여호와께서 그를 범사에 형통하게 하셨더라" 창세기 39:19-23

위 내용 중 처음은 요셉이 형들의 시기로 도단의 구덩이에 버려졌다가 이스마엘 상인들의 손을 거쳐 바로의 친위대장인 보디발의 집에 종으로 팔렸을 때이다. 그리고 두 번째는 보디발의 아내가 넌지시 던진 성적 유혹을 뿌리친 괘씸죄(?)로 감옥에 갇혔을 때이다. 이삭의 총애를 받던 귀공자 요셉이 이방의 비천한 종이 되고, 마침내 죄수가 되어 감옥에 갇힌 고난의 시점을 성경은 이처럼 '형통'이라고 말한다.

하나님의 백성이 누리는 거룩한 형통은 세상의 고난에서 벗어날 수 없다는 뜻일까? 그렇지 않다. 고난이 축복과 형통을 위한 통로가 될 수는 있겠지만, 엄연히 형통은 형통이고 고난은 고난이다. 고난 자체가 가치롭고 아름다운 것이 아니라 고난을 이겨낸 승리가 가치롭고 아름다운 것이다.

가장 고통스러운 순간에 성경이 요셉을 형통하다고 한 데는 이유가 있다. 그 순간에도 하나님이 함께 계시기 때문이었다. 그리스도인의 형통은

"영혼이 잘되고, 범사가 잘되고, 강건하고…"처럼 세상의 온갖 복을 얻기 위한 '만사형통'이 아니라, 하나님과 동행하면서 자신을 통해 하나님의 뜻을 이루는 것이다. 요셉이 형들의 시기를 받지 않았다면, 애굽에 종으로 팔려가지 않았다면, 누명을 뒤집어쓰고 감옥에 갇히지 않았다면, 일찍이 고난을 겪지 않아도 되었으되 애굽 왕 바로와 만날 기회는 없었을 것이다. 따라서 애굽의 총리가 되어 고센 땅에 히브리 민족을 세우고, 마침내 선민 이스라엘의 기초를 세우는 위대한 역사를 이루지 못했을 것이다. 육신의 눈으로는 고난의 때가 암흑기지만, 영의 눈으로는 찬란한 승리를 위한 태동의 시기일 수 있다.

성경에서 일컫는 형통은 이처럼 세상의 주술적 성공이 아니라 자신을 도구 삼아 하나님의 위대한 뜻을 이루는 것이다. 따라서 믿는 자에게 고난은 진정한 형통을 위한 시험의 때이며, 연단의 때이며, 준비의 때이다. 지금 고난의 시간을 보내고 있는가? 주의 손을 꼭 붙드시길 바란다. 주의 손을 붙잡고 동행하는 순간, 당신이 겪고 있는 고난은 하나님의 뜻을 이루는 형통의 아름다운 전주일 수 있다.

기복신앙의 허구

■ 한 사람이 두 주인을 섬기지 못한다

기복신앙은 엄밀한 의미에서 '축복신앙'이 아니라 기독교를 가장한 샤머니즘으로, 그리스도 신앙의 명백한 왜곡이며 뿌리 깊은 이단이다.

"구하라 그리하면 너희에게 주실 것이요 찾으라 그리하면 찾아낼 것이요 문을 두드리라 그리하면 너희에게 열릴 것이니 구하는 이마다 받을 것이요 찾는 이는 찾아낼 것이요 두드리는 이에게는 열릴 것이니라"

마태복음 7:7

간절하게 구하면 가난한 자가 부유해지고, 아픈 자가 낫고, 약한 자가 강하게 된다는 믿음은, 세상을 힘겹게 살아가는 수많은 사람들에게 그야말로 희망의 복음이 아닐 수 없다. 정말로 견디기 힘든 것은 고통 그 자체가 아니라 고통에서 끝내 벗어날 수 없다는 절망이다. 자신의 힘으로는 결코 빠져나오기 힘든 고통의 수렁에서 신음하는 사람에게 "구하면 얻는다"는 메시지는 희망을 부추기고 삶의 새로운 의지를 북돋운다.

그래서 많은 기독교인들이 기도를 전가의 보도로 생각한다. 고통에 빠지면 열심히 기도하고, 해결되지 않으면 금식과 철야를 하며 더욱 간절히 기도한다. 기도는 행복의 문을 여는 만능열쇠이며, 기독교인의 신앙을 가름하는 뚜렷한 잣대가 된다.

『응답받는 기도의 비밀』은 마치 신비한 비전秘典처럼 기독교인들에게 최고의 책으로 꼽힌다. 열심히 기도하는 교인은 영성을 지닌 진정한 그리스도인이고, 기도가 약한 사람은 아직 믿음으로 거듭나지 못한 애송이라고 생각한다.

물론 긍정을 바라보면 긍정적인 인간이 되고 부정을 바라보면 부정적인 인간이 된다. 이런 주장은 종교적 가르침을 떠나 이미 세상에서 유행하는 '자기계발'의 핵심이다. 즉, 희망을 꿈꾸면 적극적인 사람이 되고, 그만큼 성공에 가까워진다. 더욱 노력하고 열망하며 스스로를 채찍질하기 때문이다. 반면, 절망감과 부정적 사고에 사로잡히면 자신도 모르는 사이 실패의 수렁에 스스로를 가두게 된다. 실패와 절망의 사슬에 묶여 좀처럼 움직이려 하지 않기 때문이다.

그러나 희망을 바라보되 어떤 희망을 바라보는가에 따라 그리스도인과 하나님을 믿지 않는 사람으로 구별할 수 있다. 서로 가치관이 다르기 때문이다. 세상의 가치관으로 욕망을 품은 사람, 즉 성공을 꿈꾸는 사람에게 세상은 우상이 되고 세속의 천국을 향해 탐욕의 발걸음을 내딛게 된다. 그러나 하나님을 바라보고 영원한 천국을 꿈꾸는 자, 즉 진정한 그리스도인의 소망은 세상의 부요와 성공이 아니다. 왜곡된 희망, 궤도를 일탈한 욕망은 절망일 뿐이다. 세상의 어떤 성공도 완전한 승리가 아니며, 새로운 욕망의 시작에 불과하다. 인간의 욕망은 게걸스런 야수 같아서 자기 자리에 결코 만족하지 못하기 때문이다.

진정한 소망은 열심히 바라보는 것이 아니라 덧없는 탐욕을 버려야 얻을 수 있다. 다시 말해 그리스도인의 소망은 세상을 바라보는 눈과 마음이 변할 때 성취할 수 있다. '입을 크게 열고' 눈을 들어 희망을 바라보면 승리할 수 있다는 주장이 그리스도인의 정당한 신앙이 되기 위해서는 한 가지 조건이 있다. 바로 무엇을 바라볼 것인가에 대한 분명한 대답이 선행되어야 한다.

세상의 복을 바라보며 탐욕을 부추기는 신앙은 물질만능의 기복신앙이며 기독교적 미신일 뿐이다. 하나님을 바라보는 자에게 주시는 '재물'은 축복의 선물이며 구원을 위한 선한 도구지만, 세상을 바라보며 재물을 탐하는 자가 누리는 복은 탐욕의 제물로 재앙의 악한 도구이다.

정말 기도하면 모든 소원을 이룰 수 있을까? 아픈 몸이 낫고, 지긋지긋한 가난에서 벗어나고, 오랫동안 건강하게 살 수 있을까? 물론 성경에는 기도의 응답에 대한 신비로운 증거가 많이 나온다. 죽은 나사로를 위한 예수의 기도는 죽은 지 4일이 지나 악취가 진동하는 그의 생명을 살렸고, 각색 병든 자들이 나았으며, 귀신들린 자가 고침을 받았다. '통곡하며 울부짖는' 히스기야의 기도는 죽음을 선언했던 하나님의 뜻을 돌이켜 그의 목숨을 15년 연장시켰다.

이처럼 성경의 명백한 기록을 통해 증거를 받은 기독교인들은 축복의 주인공이 되기 위해 누구나 기적의 응답을 구한다. 그래서 대부분의 기도가 "…주시옵소서!"로 끝나곤 한다. 예수를 믿고 그의 가르침을 따르는 그리스도인으로 자처하지만 우리는 예수의 기도를 따라하지 않는다.

겟세마네에서 '땀이 핏방울 같이 되도록' 간절하게 기도하면서도 마침내 "나의 원대로 마시옵고 아버지의 원대로 하옵소서"라는 예수의 기도는 단지 '그'의 기도, 곧 다른 이의 기도일 뿐 나의 기도가 될 수 없다. 결국 우리는 하나님을 위해 기도하지 않으며, 기도는 개인의 욕망을 이루는 효과적인 수단이라 생각한다.

실제로 구하면 얻을 수 있고, 찾으면 찾을 수 있고, 열심히 두드리면 문이 열린다고 할 때, 기독교인은 성경적 의미에서 오히려 저주받은 존재가 될 것이다. 그리스도인에게 진정한 축복은 세상의 재물과 부요에 있는 것이 아니라 하나님 나라의 기쁨과 평안에 있기 때문이다.

세상의 축복을 마음껏 누리는 자가 진정 천국의 소망을 품을 수 있을까? "부자가 천국에 가는 것이 낙타가 바늘귀로 들어가는 것보다 힘들다"는 말씀은 허튼 수사가 아니다. 세상의 재물을 섬기는 자는 하나님을 섬길 수 없기 때문이다.

"한 사람이 두 주인을 섬기지 못할 것이니 혹 이를 미워하고 저를 사랑하거나 혹 이를 중히 여기고 저를 경히 여김이라 너희가 하나님과 재물을 겸하여 섬기지 못하느니라" 마태복음 6:24

세상의 복을 구하는 자는 '마음과 뜻과 힘을 다해' 하나님을 사랑하는 것이 아니라 세상의 재물과 육신의 쾌락을 소망하는 것이다. 그에게 세상의 축복은 '보물'이며 세상은 이미 아름다운 천국이기 때문에, 새로운 천국을 소망하지도, 그리스도의 가르침을 따르려고도 하지 않는다. 비록 꿈같은 허상의 천국이고 모래성처럼 부서지는 세상의 천국일망정 이미 천국을 소유한 것이다.

"네 보물 있는 그 곳에는 네 마음도 있느니라(마태복음 6:21)"라는 그리스도의 말씀은, 세상의 재물을 구하는 자에게는 세상이 곧 천국이며 하나님의 뜻을 구하는 자에게는 하늘나라가 천국이라는 의미를 담고 있다. 다시 강조하지만, 그리스도인으로서 올바른 신앙을 지니기 위해서는 "너희가 하나님과 재물을 겸하여 섬기지 못한다"는 말씀의 의미를 깊이 새겨야 한다.

눈에 보이는 세상이, 마음의 쾌락을 안겨주는 세상이 천국이 되는 순간, 진정한 의미의 천국은 더 이상 갈망하지 않게 된다. 세상을 섬기는 자에게 죽음의 의미는 아름다운 하나님 나라에서 누리는 새로운 삶, 영원한 생명의 시작이 아니라 끝없는 절망이며 견딜 수 없는 고통이다. 따라서 어떻게든 삶의 끈을 놓지 않으려 발버둥친다. 하지만 육신의 생명은 지극히 짧다.

"구하면 얻는다"는 섣부른 믿음은 축복신앙을 가장한 기복신앙의 핵심 교리이다. 가난하고 아파서 고통스러운 것은 인지상정이다. 한편, 그리스도인에게 고통이 없다는 말은 하나님의 뜻을 왜곡하는 거짓이며, '말씀'의 진정한 의미를 숨긴 채 하나님이 아니라 '사람을 기쁘게 하는' 거짓선전이다. 그리스도인에게도 분명히 고통이 있다.

예수는 십자가의 고통을 겪었고, 스데반은 순교의 고통을 겪었으며, 바울은 '육체의 가시'로 고통받았다. 요셉은 억울한 누명을 쓰고 감옥에 갇혔으며, 출애굽의 영웅 모세는 40년 동안 거친 광야의 고난을 겪었지만 끝내 가나안에 들어가지 못한 채 하나님께 버림받았다. 성경의 위대한 인물들이 지니는 일관된 특징은, 남다른 의인이거나 만사형통의 복을 누린 것이 아니라 모두 고난을 당했다는 사실이다.

그러나 그들에게 고난은 저주나 심판이 아니라 위대한 축복을 얻는 연단의 순간이었다. 그리스도인은 고난이 없는 하늘의 천사가 아니라 고난과 더불어 살아가는 세상의 인간이다. 따라서 그리스도인이 겪는 고난은 삶의 일부가 된다.

그리스도인은 고난 때문에 절망하고 쓰러지지 않는다. 그 고난은 저주나 심판의 부정否定이 아니라 참된 축복을 위한 긍정이기 때문이다. 진정한 그리스도인은 고난 중에 세상의 절망적인 상황을 보지 않고 하나님을 바라보며 천국을 소망한다. 고난의 순간에 하나님을 떠나면 저주가 되지만, 하나님을 붙들면 소중한 축복으로 다가온다. 고난 속에서 하나님이 주시려는 본래의 아름다운 모습이 드러나기 때문이다. 그리스도인의 진정한 행복은 세상을 섬기며 애써 복을 구하는 사람에게 주어지는 것이 아니라, 고난 가운데 함께 동행하시는 하나님의 손길을 느끼는 자에게 주어진다.

■ 하나님의 축복(강복)과 인간의 기복

그리스도인은 인간의 죄성을 오롯이 인정한다. 육신을 지닌 인간은 처음부터 '원죄'를 상속한 존재로, 죄성을 지닌 채 태어난다고 믿기 때문이다. 반면, 거룩하신 하나님은 죄를 미워하시며, 세상을 구원하기 위해 죄가 없는 예수를 여자의 후손으로 세상에 보내셨다. 그렇다면 육신을 지닌 인간이 하나님께 원하는 신앙은 그리스도인의 참된 신앙이라고 할 수 없을 것이다. '탐심과 정욕'에 찌든 자아가 요구하는 가치는 하나님의 뜻이 아니기 때문이다.

예수가 그랬듯이 그리스도인은 기도하는 사람이고, 하나님의 의를 구하는 사람이며, 말씀에 순종하는 사람이다. 따라서 그리스도인의 기도는 '자신의 욕망'을 위한 것이 아니라, 자기를 죽이고 하나님의 뜻을 살리는 '온전한' 기도여야 한다. "내가 그리스도와 함께 십자가에 못 박혔나니 그런즉 이제는 내가 사는 것이 아니요 오직 내 안에 그리스도께서 사시는 것이라(갈라디아서 2:20)"라는 말씀은 그리스도인을 위한 신앙의 본질이며, 축복의 근원이다.

육신의 정욕을 위한 기도는 타락한 기도다. 주변의 모든 대상이 자신을 위한 수단이며 도구가 될 뿐이다. 따라서 진정으로 하나님을 사랑하지도, 다른 사람을 사랑하지도 못한다. 요컨대 "사랑하라"는 그리스도의 절대계명을 지키지 못하는 것이다.

하나님은 사람의 중심을 보기 때문에 그에게 정말로 필요한 것이 무엇인지 알고 계신다. 따라서 간절히 구한다고 해서 주시지 않는다. 하나님이 보기에 합당한 것, 꼭 필요한 것을 주신다.

"너희는 욕심을 내어도 얻지 못하여 살인하며 시기하여도 능히 취하지 못하므로 다투고 싸우는도다 너희가 얻지 못함은 구하지 아니하기 때문이요 구하여도 받지 못함은 정욕으로 쓰려고 잘못 구하기 때문이라"

야고보서 4:2-3

다시 강조하지만, 하나님은 우리가 간절히 구해서가 아니라 하나님의 뜻에 합당하기 때문에 주신다. 의사에게 칼을 주면 생명을 살리는 의로운 도구가 되지만, 분노에 찬 사람에게는 생명을 다치게 하는 악한 도구가 될 수 있다. 재물 또한 바르게 사용하면 축복이 되지만, '잘못' 사용하면 죄악의 도구이자 무서운 심판의 빌미가 된다.

그리스도인은 반드시 기도하는 사람이 되어야 한다. 하지만 간절히 바라기 전에 '바르게' 구하는 사람이 되어야 한다. 하나님은 우리가 무엇을 요구하는지, 우리에게 무엇이 필요한지 알고 계신다. 다만, 하나님의 뜻에 합당할 때 비로소 그리스도인의 올바른 기도가 되며, 하나님이 응답하시는 기도가 된다.

기복은 욕망이 수단이고, 축복은 순종이 도구다. 기복신앙에 빠지는 순간 나의 탐욕스러운 자아는 보란 듯이 살아나며, 내 안에서 그리스도는 죽게 된다. 기복과 축복은 하나의 다른 모습이 아니라 세상과 천국, 탐욕과 순종, '영벌'과 영생, 진정한 행복과 거짓행복이 극단으로 대립되는 이질적인 가치다. 그리스도인이라면 마땅히 '진정한 축복'을 추구해야 한다. 그러려면 무엇보다도 기복신앙의 사악한 유혹에서 단호히 벗어나야 할 것이다.

비판에 대하여

_____ 온순한 교인이 아닌, 온유한 그리스도인으로 거듭나라

정당한 비판은 하나님의 의를 이루기 위한 영적 규범

"비판하지 말라"는 구절은 한국 그리스도인들의 정당한 비판의식을 가로막는 대표적인 인용문으로, 성경 해석의 오류 가운데 가장 전형적인 경우다.

"비판을 받지 아니하려거든 비판하지 말라 너희가 비판하는 그 비판으로 너희가 비판을 받을 것이요 너희가 헤아리는 그 헤아림으로 너희가 헤아림을 받을 것이니라 어찌하여 형제의 눈 속에 있는 티는 보고 네 눈 속에 있는 들보는 깨닫지 못하느냐 보라 네 눈 속에 들보가 있는데 어찌하여 형제에게 말하기를 나로 네 눈 속에 있는 티를 빼게 하라 하

겠느냐 외식하는 자여 먼저 네 눈 속에서 들보를 빼어라 그 후에야 밝히 보고 형제의 눈 속에서 티를 빼리라" 마태복음 7:1-5

그동안 설교를 통해 귀에 못이 박히도록 들었을 테고, 지금도 변함없이 듣고 있는 성경 구절일 것이다. 성경에 기록된 말씀이기 때문에 교인들은 별생각 없이 '반드시 지켜야 하는 계명'으로 받아들인다.

그러나 "비판하지 말라"는 말씀은 교회에 대적하는 부정적인 의미가 아니다. 그럼에도 대부분의 교인들은 전능하신 하나님이 알아서 하시니 감히 입을 열지 말라는 뜻으로 받아들인다. 마치 불의에 대해서도 침묵하는 것이 깊은 영성에서 비롯된 의로운 신앙처럼 여긴다.

교인들의 입에 재갈을 물리고 귀를 막기에 이보다 좋은 구절은 없을 것이다. 비판의 사전적 정의는 '대상의 옳고 그름을 밝히는 정당한 능력'으로, 그리스도인이 '바른 신앙'을 알고 지키기 위해 반드시 필요한 전제조건이다. 그러나 한국 교회는 "비판하지 말라"는 성경 구절을 들이대며, 내부에 문제가 있고 척결해야 할 비리가 있더라도 하나님의 판단을 '가만히' 기다려야 한다고 이야기한다.

"비판하지 말라"는 구절은 본래 '송사하다', '판결하다', '심판하다', '비판하다' 등의 다양한 의미를 지닌 헬라어 동사 '크리노krino'에서 파생된 부정명령형 '메 크리네테me krinete를 한글 성경에서 잘못 번역한 경우다. 한글로 정확하게 옮기기 위해서는 단어가 사용된 문맥을 주의깊게 살피고 의미를 파악해야 한다. 전후 문맥을 보면 정당한 비판을 금지한 것이 아니라, 자기 기준에 따른 개인적 판단으로 상대방을 함부로 비방, 정죄하지 말라는 의미를 담고 있다.

비판은 비방이나 비난과 달리 정의를 분별하기 위한 도구이며 긍정적 의미로 사용하는 단어이다. 올곧게 비판하지 않으면서 정의와 불의를 어떻게 판단하며, 무슨 근거로 진실과 거짓을 구별할 수 있겠는가? 또한 신앙생활을 열심히 하더라도 비판하지 않으면 어떻게 하나님의 성령과 사탄의 악한 영을 분별할 수 있을까? 아니, 정당한 비판능력을 갖추지 못한 자가 어떻게 '정의와 평화'가 이 땅에 실현되는 '하나님 나라'를 꿈꿀 수 있는가?

만약 "비판하지 말라"는 번역이 정당하다면, 비판의 사전적 정의에 따른 해석도 정당해야 한다. 예를 들어, "비판하지 말라"는 본문을 재구성해 "옳고 그름을 판단하는 능력을 갖추지 말라. 너희가 옳고 그름을 판단하면 다른 사람도 옳고 그름을 판단할 것이요"라고 해석할 수 있는가? 원래의 의도에 어긋나는 모순된 문장 아닌가?

같은 문맥 안에 있는 "어찌하여 형제의 눈 속에 있는 티는 보고 네 눈 속에 있는 들보는 깨닫지 못하느냐"라는 구절과 연결지어 의미를 파악하자면, "(다른 사람을) 헐뜯지 말라"로 옮기는 것이 가장 정확한 '의미론적 번역'일 것이다.

한국 교회에서는 모름지기 '조용한 침묵'이 교인들의 미덕이다. 세상 속에서는 그릇된 일을 바로잡는 행동이 의로울지 모르지만, 한국 교회에서는 주의 '거룩한 성전'인 교회를 소란케 만든 불의로 정죄될 뿐이다. 목사를 비판하는 것 자체가 하나님을 향한 불순한 대적이라고 생각하기 때문이다.

목회에 관한 중요한 사항뿐만 아니라 교회 재정이나 일반 행정에 관해 시시비비를 가리려는 순간, 불경不敬 또는 심한 경우 이단으로 매도당한다. 그리스도의 거룩한 몸인 교회를 시끄럽게 만드는 행위는 틀림없이 사탄의 역사役事라는 허튼 선입견 때문이다.

다시 강조하지만, 한글 성경의 "비판하지 말라"는 명백한 오역이다. 화자, 즉 '말씀하시는 하나님'의 뜻이 철저히 왜곡된 대표적인 문장 가운데 하나이다. 원래 성경에서는 영역본에서 정확히 번역한 것처럼 심판(정죄)하지 말라는 의미의 "Do not judge"로 표현했음에 주목해야 한다. 스스로 재판관이 되어 다른 사람을 함부로 정죄하고 심판하지 말라는 뜻일 뿐, 교회의 악행에 수수방관하라는 뜻이 결코 아니다. 악에 대한 방관은 곧 악에 대한 동조라는 사실을 명심해야 한다.

그렇다. 의인과 악인을 단정짓는 일은 인간이 선불리 판단할 문제가 아니다. 그러나 죄악에 대한 바른 비판, 즉 정당한 비판은 하나님의 의를 알고 따르기 위한 전제조건이다. 따라서 바른 신앙을 가진 그리스도인은 교회의 부정과 부패에 대해 분명히 말해야 한다.

다만, 죄가 아닌 사람을 정죄할 수 없듯이 그리스도의 몸인 교회에 대해 함부로 정죄하고 심판할 수는 없다. 결정적인 심판은 하나님의 주권이기 때문이다. 누구나 죄성을 지닌 불완전한 존재면서 죄와 허물이 있는 사람을 '돌이킬 수 없는 죄인'으로 단정짓고 심판하는 영적 교만과, 죄인의 악한 행위에 대한 정당한 비판은 반드시 구별되어야 한다. "죄는 미워하되, 원수까지도 사랑하라"는 말씀의 의미를 제대로 깨달아야 할 것이다.

예수는 하나님의 말씀으로서 거룩한 율법에 대해 결코 심판하신 적이 없지만, 유대인의 율법적인 맹종, 이른바 '율법주의'의 외식과 유대 종교 지도자들의 부패와 타락에 대해서는 거침없이 비판하셨다. 선지자 예레미야는 당대 궁중 선지자들의 교만과 위선에 대해 목숨을 걸고 비판했다.

그것이 하나님의 의를 지키는 행동이며, 선지자의 올곧은 사명이기 때문이다.

오늘날의 그리스도인들 역시 주의 뜻을 마땅히 따라야 한다. 우리에게 '본'을 보이기 위해 세상에 오신 예수는 타락한 종교인들의 위선을 보고 "화 있을진저"라며 저주를 서슴지 않으셨다. 하나님의 준엄하신 뜻에 따라 종교지도자들의 행위를 비판하신 것이다. 이처럼 정당한 비판은 하나님의 뜻을 거스르는 악한 배역이 아니라 바르고 의로운 순종이다. 비판을 통해 옳고 그름을 판단하지 못한다면 하나님의 의와 율법주의의 종교적인 의, 그리고 세상의 의를 어떻게 분별하겠는가?

"비판하지 말라"는 주의 말씀은 불의에 입을 닫으라는 뜻이 아니라, 입을 바르게 사용하라는 준엄한 명령이다. 비판을 위한 비판이나 맹목적 비판, 거짓된 비방과 다른 사람에 대한 험담은 분명히 죄악이다. 정당하게 비판한다면서 은연중에 자기 의를 드러내는 행동 또한 비판을 가장한 거짓이며 교만이다.

반면, 사실과 정의에 바탕을 둔 정당한 비판은 하나님의 의를 이루기 위해 반드시 지켜야 할 영적 규범이다. 그리스도인들은 날선 비판을 마다해서는 안 된다. 또한 교회지도자들은 "비판하지 말라"는 성경 구절을 들먹이며 교인들의 입에 재갈을 물려서는 안 된다. 정당한 비판을 기꺼이 수용하며 주의 뜻에 합당한 교회가 되도록 노력해야 한다.

교회는 교권을 장악한 일부 종교지도자들의 전유물이 아니며, 교회를 사랑하는 것 또한 그들만의 특권이 아니다. 외형적으로 교회는 '만민의 기도하는 집'이며, 원형적인 의미로는 하나님의 부르심을 받은 거룩한 무리로 이른바 '성도'이다. 한국 교회의 새로운 성장과 부흥을 위해 그리스도인들은 영적 무지에서 벗어나 주의 가르침을 오롯이 깨달아야 한다. 예수가 맡기신 거룩한 사명을 지키고 행하기 위해, 교회의 타락과 불의를 당당히 비판하고 건강한 교회를 만드는 일에 앞장서야 한다.

한국 교회의 타락을 불러온 교인들의 비판의식 결여

교인들의 정당한 비판의식을 '훼방'하기 위해 한국 교회에서 즐겨 인용하는 또다른 예로 "너희 가운데 죄 없는 자가 먼저 돌로 치라"는 부분을 들 수 있다. '간음한 여인'의 한 구절인데, 주제가 주제인 만큼 문학작품이나 성화, 연극이나 오페라를 통해 널리 알려진 성경의 일화이기도 하다.

간음하다 현장에서 붙잡힌 여자를 유대인들이 예수께 데려온다. 그리고 "간음한 이 여자를 율법에 따라서 돌로 쳐야 하느냐?"고 넌지시 묻는다. 그러자 예수는 "너희 가운데 죄 없는 자가 먼저 돌로 치라"고 말씀하신다.

간음한 여자는 율법에 따라 응당 돌로 쳐서 죽이도록 정해져 있었다. 따라서 유대인인 예수가 율법을 범하지 않으려면 "간음한 여자를 즉각 돌로 쳐서 죽이라"고 대답해야 했다. 그러나 예수는 유대인과 제자들에게 끊임없이 용서를 가르쳤다. 심지어 율법의 '보응'과 달리 예수는 "원수까지 사랑하라"고 말씀하셨다. 따라서 "여자를 돌로 치라"고 말하는 것은 "준엄한 율법에 의거해 가차없이 죽이라"는 말과 다르지 않았다. 무한의 용서를 가르친 예수로서는 꼼짝 없이 자가당착에 빠질 수 있는 상황이었다.

유대인들의 질문은 결국 예수를 진퇴양난의 위기에 가두려는 간교한 함정이었다. 용서하라고 하면 율법을 어기는 것이 되고, 돌로 쳐서 죽이라고 하면 그동안 유대인들에게 가르쳐온 교훈에 모순이 발생하기 때문이다.

예수는 잠깐 생각하다 땅바닥에 '뜻을 알 수 없는' 글을 썼다. 그리고 대답을 기다리던 유대인들에게 "너희 가운데 죄 없는 자가 먼저 돌로 치라"고 조용히 말했다. 613개 조항의 율법을 온전히 지킬 수 있는 사람이 과연 있을까? 성경은 "하늘 아래 있는 자는 모두 죄인이다"라고 분명히 말하지 않았는가?

율법에 따라 상대의 죄를 물으려면 유대인들 자신부터 떳떳해야 했다. 자신의 숨겨진 죄에 가책을 느낀 유대인들은 모두 그 자리를 떠났다. 마침내 간음한 여자와 둘이 남자 예수는 "나도 너를 정죄하지 아니하노니 가서 다시는 죄를 짓지 말라"고 말한다.

이미 알고 있는 내용을 반복하는 이유가 있다. 대부분의 기독교인이 메시지의 초점을 '용서'에 맞추거나 "비판하지 말라"와 동의어로 인용하기 때문이다. 본문이 과연 "무조건 용서해야 한다"거나 "비판하지 말라"는 뜻일까?

만약 명백한 범죄인 간음에 대해 "비판하지 말라"고 했다면 예수는 율법, 즉 하나님의 말씀을 거역하는 죄를 범한 것이 된다. 유대인들에게 간음이 어떤 죄인가? 율법시대에는 말할 것도 없고, 초대교회에서도 살인, 우상 숭배와 더불어 회개해도 용서받지 못하는 3대 중죄였다.

모세의 율법에 따라 이혼증서를 써주고 여자를 내쫓는 장로들의 전통을 '외식'이라며 신랄히 비판한 예수는, 하나님의 뜻에 따라 절대로 이혼하지 말라고 명령한다. 하지만 '간음'은 예외로 인정하며, 정당한 이혼 사유로 제시했다. 용서받을 수 없는 중죄로 판단한 것이다. 그런데 간음하다

현장에서 붙잡힌 여자에 대해 "비판하지 말라"는 의미로 해석하고 "용서하라"는 뜻으로 받아들인다면, '간음'에 대한 예수의 일관된 가르침에서 명백히 일탈한 셈이다.

예수에게 모순과 왜곡이 있을 수 있는가? 예수가 아니라 본문의 메시지를 제대로 이해하지 못한 독자에게 오류가 있는 것이다. 예수는 간음에 대해 무조건 "용서하라"고 한 것이 아니라, 문자 그대로 "돌로 치지 말라"고 한 것이다. 이는 간음이 중한 죄지만 천하보다 소중한 생명을 빼앗아서는 안 된다는 준엄한 명령이다.

본문을 제대로 이해하기 위해서는 화자가 선택한 단어에 주목해야 한다. 예수는 여자에게 "내가 너를 용서하노니 가서 다시는 죄를 짓지 말라"고 한 것이 아니라 "나도 너를 정죄하지 않는다"고 말했다. 이는 여자가 저지른 죄를 무턱대고 용서한다는 말이 아니라 율법에 따른 정죄, 이를테면 "나도 너를 율법에 따라 돌로 쳐서 죽이지 않겠다"는 의미이다.

예수가 "가서 다시는 죄를 짓지 말라"고 한 것은 무조건적인 용서가 아니라 '다시는 죄를 짓지 않도록' 회개의 기회를 주신 것이다. 대부분의 한국 교회에서 이야기하는 것처럼 본문은 어떤 경우에도 "비판하지 말라"는 주장과 의미상 동의어가 될 수 없다. 한국 교회와 목회자들의 부정과 불의를 비판하는 교인들의 입을 틀어막기 위해 섣불리 성경을 인용해서는 안 된다. 비판은 '옳고 그름을 분별하는 정당한 능력'이다. 정의와 불의를 구별하는 지혜를 마치 '불순종'인 양 부정하는 것은 은연중에 불의를 부추기는 오류일 뿐이다. 한국 교회가 지금처럼 타락하게 된 데에는, 영적 무지에 빠진 교인들의 비판의식 결여에 많은 원인이 있음을 부인하기 어렵다.

온유한 그리스도인과 온순한 교인

예수는 자신을 일컬어 "나는 온유하고 겸손하다"고 말씀하셨다. 그리고 제자들 역시 온유와 겸손의 멍에를 메라고 명령하셨다. 따라서 '온유'는 '겸손'과 더불어 그리스도인의 종교적 미덕이며, 반드시 지켜야 할 준엄한 명령이기도 하다.

그렇다면 그리스도인에게 온유의 정확한 의미는 무엇일까? 국어사전에서는 "성격이나 태도 따위가 온화하고 부드럽다"로 간단히 정의한다. 즉, 불의를 보거나 부당한 일을 당해도 참고 침묵하는 온순한 성품을 가리킨다.

그러나 성경적 의미의 온유는 헬라어 프라우테스prautes의 한글 번역이며, 이는 사전적 정의와 완전히 다른 내용을 담고 있다. '프라우테스'는 히브리어 '아나와anawah'의 헬라어 번역이며, 아나와의 형용사형인 '아나브anab'에 가장 잘 대응하는 낱말이다. 아나브는 '보잘것없는(공동번역 시편 37:11)' 또는 '겸손한(시편 149:4)'이라는 뜻을 지니므로, 온화하고 부드러운 성품과는 상당한 거리가 있다.

아나브는 본래 야생마가 길들여져 주인에게 순순히 복종하는 상태를 말한다. 그 의미가 전이되어 성경에서는 '자기를 하나님의 비천한 종으로 여기고, 하나님의 뜻에 완전하게 복종하는 상태'를 가리킨다. 결국 성경적 의미에서 온유는 노예의 비천한 상태를 나타내는 겸손과 마찬가지로, 멀리 있던 '이방인'이 하나님 품으로 돌아와 온전히 순종하는 자녀가 되는 상태를 가리킨다.

사전은 단어의 '잠재적 의미'를 나타낸다. 이를테면 실제 사용되는 용례와 상관없이 사용 가능한 다양한 의미소들을 미리 제공하는 것이다. 따라서 '잠재하는' 사전적 정의가 구체적으로 실현되는 의미와 늘 일치하는 것은 아니며, 문맥에 따라 모든 단어의 의미가 결정된다. 같은 낱말로 번역되는 '사랑'이 문맥에 따라 에로스, 스트로게, 필리아, 아가페로 사용되는 것과 같은 이치다.

결론부터 말하면, 흔히 혼용되는 '온유한 그리스도인'과 '온순한 교인'은 의미가 서로 다르다. 종교생활을 성실히 수행하거나 목사나 중직들의 지시에 다소곳이 복종하는 사람들을 '온순한 교인'이라 말할 수 있다.

교회에서는 온순한 교인들을 온유한 그리스도인이라고 부르며, '하나님 말씀에 순종하는' 신실한 신앙의 모범으로 제시한다. 교회의 요구에 잘 따르고, 질서에 순응하며, 정해진 규범에 복종하는 '순둥이' 교인들이 주께 순종하는 온유한 신앙인이라는 것이다. 이처럼 '온유한 그리스도인'이라는 용어는 "비판하지 말라"는 구절의 왜곡된 해석과 더불어, 교인들을 '순한 양'처럼 길들이는 유용한 빌미가 되었다.

성경에서는 '세상에서 가장 온유한 자'로 누구를 지칭할까? '믿음의 조상' 아브라함도 아니고, '하나님의 마음에 합한 자'로 불린 다윗도 아니며, '하나님의 아들'이신 예수도 아니다. (그들이 온유하지 않다는 뜻은 결코 아니다. 성경적 관점에서 엄밀히 말하면, 온유하지 않은 '하나님의 사람'은 존재하지 않는다.)

'가장'이라는 최상급을 사용해 온유의 절정을 이룬 자는 뜻밖에도 모세이다. 동족을 괴롭혔다는 이유로 애굽 사람을 때려죽여 모래더미에 묻고 도망친 살인자 모세를 성경은 '세상에서 가장 온유한 자'라고 말한다.

"이 사람 모세는 온유함이 지면의 모든 사람보다 더하더라" 민수기 12:3

온유와 온순의 의미가 전적으로 일치하지는 않더라도 '부드럽고 온화하다'는 같은 의미소意味素를 지니고 있다. 그런데 살인까지 저지른 과격한 성품의 모세가 어떻게 온유할 수 있다는 말인가?

본문은 성경의 온유와 사전적 온유가 완전히 다르게 사용된 전형적 예라고 할 수 있다. '모세가 가장 온유하다'는 난해한 문장에 대해 성경은 문맥을 통해, 즉 민수기 12장에서 그 이유를 밝힌다.

"이르시되 내 말을 들으라 너희 중에 선지자가 있으면 나 여호와가 환상으로 나를 그에게 알리기도 하고 꿈으로 그와 말하기도 하거니와 내 종 모세와는 그렇지 아니하니 그는 내 온 집에 충성함이라 그와는 내가 대면하여 명백히 말하고 은밀한 말로 하지 아니하며…" 민수기 12:6-8

하나님이 모세를 세상에서 가장 온유한 자라고 말씀하신 근거는 다름 아닌 그의 '충성심'이다. 성경에서 말하는 온유한 자는 태어날 때부터 온순한 성품을 지닌 자를 의미하지 않는다. 세상의 불의에 침묵하는 자도 아니며, 종교적 관습에 순순히 따르는 자도 아니다. 전혀 다른 차원에서, 하나님의 뜻에 온전히 순종하는 사람을 성경에서는 이처럼 '온유한 자'라고 말한다.

온유와 겸손을 말하면서 '자기를 낮추고 죽기까지 복종하신' 예수를 빼놓을 수는 없다. 물론 예수는 부당한 재판을 받으면서 대제사장, 로마 총독, 헤롯 왕, 심지어 로마 군병들이나 대제사장의 종들에게도 끝내 들내지 않으셨다. 그리고 마지막 순간까지 불평과 원망을 한마디도 하지 않으셨다.

그렇다면 "나는 마음이 온유하고 겸손하니 나의 멍에를 메고 내게 배우라"고 가르친 예수의 온유는 불의에 저항하지 않는 온순한 성품을 의미할까? 그렇지 않다.

만약 그래서 예수를 '온유와 겸손의 종'이라고 불렀다면, 유대인들을 향해 "독사의 새끼들아" 하고 거친 독설을 내뱉지 말아야 했고, 바리새인들을 향해 "화 있을진저"라며 저주하지 말았어야 한다. 또한 성전의 장사꾼들을 내쫓으며 채찍을 휘두르고 상을 뒤엎는 거친 행동도 해서는 안 되었다.

예수는 유대교의 불의와 종교지도자들의 타락 및 외식에 대해 결코 침묵하지 않았다. 오히려 진리를 전하고 복음을 전파하기 위해 생명을 바쳤고, 부패한 유대 종교권력에 치열하게 맞섰다.

자기를 비우신 예수의 온유는 "세상을 구원하기 위해 십자가의 죽음을 감당하라"는 하나님의 뜻에 온전히 순종하신 것이다.

"그는 근본 하나님의 본체시나 하나님과 동등됨을 취할 것으로 여기지 아니하시고 오히려 자기를 비워 종의 형체를 가지사 사람들과 같이 되셨고 사람의 모양으로 나타나사 자기를 낮추시고 죽기까지 복종하셨으니 곧 십자가에 죽으심이라" 빌립보서 2:6-8

다시 말하지만, 그리스도인의 온유는 타고난 성품으로서 온순한 성격을 말하는 것이 아니다. 또한 관습에 길들여져 세상이나 교회의 그릇된 제도에 무턱대고 복종하는 것도 아니다. 물론 온유한 그리스도인이 되려면 완악한 '자기'를 비우고, 탐욕에 사로잡힌 육적 자아와 자기 의에 사로잡힌 아집과 교만을 버려야 한다. 그래야 비로소 온유한 그리스도인으로서 발걸음을 내딛을 수 있다.

그러나 자기를 비운 자리에 또다른 세상의 탐심과 정욕이 파고들면 아무 소용이 없다. 예수는 사람에게서 '더러운 귀신'이 나갔다가 일곱 귀신을 데리고 다시 돌아와 형편이 더욱 심하게 된다고 경고한다(마태복음 12:43-45). 온유와 겸손으로 자기를 비운 자리에 그리스도가 사실 때, 우리는 '탐심과 정욕'의 자아에 이끌리지 않고 진실한 믿음으로 마침내 '온유한 그리스도인'이 될 수 있다.

"내가 그리스도와 함께 십자가에 못 박혔나니 그런즉 이제는 내가 사는 것이 아니요 오직 내 안에 그리스도께서 사시는 것이라 이제 내가 육체 가운데 사는 것은 나를 사랑하사 나를 위하여 자기 자신을 버리신 하나님의 아들을 믿는 믿음 안에서 사는 것이라" 갈라디아서 2:20

그리스도인의 온유를 간단히 요약하면, 예수 그리스도의 뜻에 온전히 순종하는 적극적인 태도를 말한다.

"나는 마음이 온유하고 겸손하니 나의 멍에를 메고 내게 배우라 그리하면 너희 마음이 쉼을 얻으리니" 마태복음 11:29

'멍에를 메라'는 말씀은 예수의 계명을 오롯이 지키라는 명령이다. 따라서 온유한 그리스도인은 부패한 교권에 맹목적으로 복종하며 잠깐의 심리적 위로를 얻는 온순한 교인이 아니다.

그렇다면 온유와 겸손을 강조한 예수가 우리에게 말하는 바는 무엇인가? 교회의 불의에 침묵하거나 '하나님의 때'를 기다린다며 마냥 참는 것이 아니라, 하나님의 뜻을 거역하는 종교권력에 담대히 맞서야 한다는 것이다.

예수가 그러셨듯이, 우리 또한 타락한 종교권력자들에 맞서 투쟁하는 그리스도인이 되어야 한다. 예수의 뜻을 저버리고 세속의 탐욕에 찌든 교회권력에 담대히 맞서야 한다. 예수의 가르침에 온전히 순종하는 그리스도인은 불의에 맞서 싸우되 동요하거나 두려워하지 않는다. 온유한 그리스도인은 예수가 주시는 진정한 평안을 누릴 수 있기 때문이다.

"평안을 너희에게 끼치노니 곧 나의 평안을 너희에게 주노라 내가 너희에게 주는 것은 세상이 주는 것과 같지 아니하니라 너희는 마음에 근심하지도 말고 두려워하지도 말라" 요한복음 14:27

예수가 주장하는 온유한 그리스도인은 한국 교회가 원하는 온순한 교인을 가리키는 말이 결코 아니다. 오히려 '개신교 역사상 가장 타락한' 한국 교회의 불의에 맞서며, '성전 정화'로 우리에게 본을 보이신 예수의 뜻에 따라 맘몬의 신전으로 변질된 한국 교회의 타락에 거세게 저항해야 한다. 오늘날 그리스도인은 주께서 세우신 '교회'의 영성 회복을 위해 프로테스탄트의 저항정신을 가슴에 되새겨야 할 것이다.

회개와 용서에 대하여

———'죄 없는 의인'이 아니라 '회개한 죄인'이 구원받는다

진정한 회개를 찾아보기 힘든 한국 교회

전병욱 목사는 삼일교회에서 담임으로 재직하며 여신도들을 지속적으로 성추행한 '성범죄자'로 세상의 지탄을 받았다. 하지만 개신교 교단의 제재를 전혀 받지 않았고, 얼마 후 '홍대새교회'를 개척해 목회활동을 이어가고 있다.

유명 목사의 충격적인 성범죄, 그에 대한 교계의 일관된 침묵과 방임으로 한국 교회는 사람들의 거센 비난과 조롱을 받고 있다. 세상이 교회를 외면하고 손가락질하는 척박한 토양에서 한국 교회가 언감생심 '새로운 부흥'을 외친다는 게 차라리 놀라울 지경이다.

목사에게서 영적 성숙과 도덕적 정결이 느껴질 때 비로소 그가 전하는

'말씀'도 거룩하게 여겨지는 게 당연한 이치다. 그리하여 우리는 신앙의 깊은 영성 못지않게 인간적인 도덕성과 올곧은 윤리의식을 사역자들에게 강조하곤 한다. 간음에 표절, 횡령, 망언, 사기까지 서슴지 않는 목사들의 설교에서 과연 누가 '주의 거룩한 음성'을 들을 수 있겠는가?

율법이 '정결'을 극도로 강조하는 이유를 아는가? 성별聖別된 민족으로서 이스라엘의 종교의식적 구별을 넘어, 정결의 일반적인 당위성이 있기 때문이다. 인간은 본래 하나님이 만물 가운데 특별히 지으신 영적 존재이다. 따라서 몸과 마음이 더러워지면 하나님의 거룩한 음성은 들리지 않는다.

하나님의 말씀은 '마음이 깨끗하고 영이 정결'할 때 스스럼없이 들린다. 죄의 수렁에 빠져 허우적대는 망령된 목사들의 설교는, 하나님의 말씀을 '있는 그대로' 전하는 대언이 아니라 사사로운 생각들을 하나님의 말씀처럼 둔갑시킨 사설邪說에 지나지 않는다.

만약 그들이 진실한 마음으로, 그리고 진실한 행동으로 회개했다면 어떠했을까? 섣불리 단언할 수는 없지만, 아마도 나뿐만 아니라 대부분의 교인들이 그들을 용서하고 함께 마음 아파했을 것이다. 주의 일을 담당하는 사역자로서 그토록 부끄러운 죄를 짓고 얼마나 고통스러웠을까를 생각하면, 누구나 죄성을 지닌 인간으로서 자연스레 동정하지 않을 수 없기 때문이다.

하지만 죄를 범한 목사들의 공통된 특징은 절대로 회개하지 않는다는 것이다. 상습적인 성추행을 저지르고도 교인들 앞에서 "털어서 먼지 안 나는 사람이 어디 있습니까? 회개는 하나님 앞에서 하는 것이지 사람들 앞에서 한답니까?"라며 당당한 태도를 취하는 것이 엄연한 현실이다. 그는 지금까지 어떤 징계도 받지 않은 채 13억이 넘는 전별금을 받아 '홍대 새교회'를 개척했다. 그리고 그 교회는 성장일로를 달리고 있다. 이쯤 되면 한국 교회와 교인의 수준이 적나라하게 드러나지 않는가?

사랑의교회 오정현 목사는 복사에 가까운 논문 표절로 물의를 빚었다. 하지만 자신에 대한 모함일 뿐 결코 논문을 표절하지 않았다며 그는 줄곧 거짓말로 맞섰다. 그럼에도 불구하고 '조사위원회'의 면밀한 검토 끝에 논문 표절에 관한 의혹이 사실로 드러났다. 그러자 이번에는 강단에서 '눈물 쇼'를 하며 6개월 동안 자숙하겠노라 선언했다.

하지만 그 기간이 끝나기도 전에 참회한 죄인인 양 수염을 덥수룩하게 기르고는 전임목사를 추모하는 '시상식'에 모습을 드러냈다. 그리고 연단에 올라가 수많은 하객들 앞에서 고인의 사모를 불러 뜨겁게 포옹하더니, 보란 듯이 수상자들에게 상을 수여했다. 어떻게 하면 회개한 것처럼 보이는지 한수 가르쳐주기 위해 조명을 받아가며 '회개 쇼'를 펼친 것이다. 하얀 손수건으로 눈물을 닦고 광야의 현인인 양 수염을 기른 채 등장한 그를 보며 나는 문득 예수께서 말씀하신 '외식하는 자'의 모습이 떠올랐다.

"금식할 때에 너희는 외식하는 자들과 같이 슬픈 기색을 보이지 말라 그들은 금식하는 것을 사람에게 보이려고 얼굴을 흉하게 하느니라 내가 진실로 너희에게 이르노니 그들은 자기 상을 이미 받았느니라 너는 금식할 때에 머리에 기름을 바르고 얼굴을 씻으라 이는 금식하는 자로 사람에게 보이지 않고 오직 은밀한 중에 계신 네 아버지께 보이게 하려 함이라 은밀한 중에 보시는 네 아버지께서 갚으시리라" 마태복음 6:16-18

이처럼 어떤 목사는 자신의 죄에 대한 공적 고백과 참회의 과정 없이 다만 하나님과 둘이 만나 회개하고 용서받았다고 주장한다. 또 어떤 목사는 만인 앞에서 '눈물'과 '수염'으로 자신의 회개를 멋지게 증명한다.

하지만 많은 사람들이 영화 「밀양」에서 "하나님의 용서를 받았다"는 살인자의 당당한 고백에 분노와 허탈감을 느낀 것처럼, 회개는 하나님과 개인 사이에서 몰래 일어나는 밀약이 아니다. 성경은 하나님 앞에서 용서를 구하기 전에 상대방에게 먼저 용서를 구하라고 분명히 명령한다.

> "…예물을 제단에 드리려다가 거기서 네 형제에게 원망들을 만한 일이 있는 것이 생각나거든 예물을 제단 앞에 두고 먼저 가서 형제와 화목하고 그 후에 예물을 드리라" 마태복음 5:23-24

"형제와 화목하고 그 후에 예물을 드리라"는 말씀의 의미는 아주 간단하다. 잘못을 저질렀다면 상처를 입은 형제에게 먼저 용서를 구하고 화목해진 다음 하나님께 속죄하고 '죄사함'을 받으라는 준엄한 명령인 것이다.

하나님께서 '제사보다 자비를', 그리고 화목을 원하시는 이유를 모르겠는가? 나로 인해 상처를 입은 상대방의 아픔을 외면한 채 '나 홀로' 하나님께 나아가 용서를 구하는 것은 종교의식을 빙자한 책임회피일 뿐, 진정한 회개가 아니기 때문이다.

세례 요한의 무서운 독설을 기억하는가? 요한이 "독사의 새끼들아"라고 욕설을 퍼부은 대상은 회개를 거부한 자들이 아니다. 회개했다면서 요한의 세례를 받기 위해 요단강을 찾은 자들이다. 하지만 요한은 회개의 뚜렷한 증거를 먼저 보이라고 질책했다. 진정한 회개에는 반드시 변화의 열매가 나타나야 하기 때문이다. 회개를 빙자한 자들의 겉치레 행동에는 회개의 진정한 증거가 아니라 음험한 거짓이 있을 뿐이다.

"요한이 많은 바리새인들과 사두개인들이 세례 베푸는 데로 오는 것을 보고 이르되 독사의 자식들아 누가 너희를 가르쳐 임박한 진노를 피하라 하더냐 그러므로 회개에 합당한 열매를 맺고" 마태복음 3:7-8

회개는 말장난이 아니며, 사람들의 시선을 교묘히 가리려는 어설픈 술수가 되어서도 안 된다. 머리 숙여 기도하며 '회개합니다'라고 중얼거린다고 바로 회개가 이루어지는 것도 아니다. 진정한 회개는 타락한 자아를 깨뜨리고 철저히 부정하며, 자기를 낮춰 지극히 낮은 종의 자리까지 내려가, 마침내 내면의 진정한 변화에 이르는 단호한 결단이 필요하다. 즉, 혼자서 죄를 후회하거나 마음으로 통회하는 것에 머무르지 않는다.

"회개에 합당한 열매를 맺으라"는 세례 요한의 요구는 행동의 변화, 나아가 삶의 변화가 드러나야 한다는 의미를 담고 있다. '행함이 없는 믿음이 죽은 믿음'인 것처럼, 행동과 삶의 변화가 없는 회개는 진정한 회개라고 할 수 없다. 그리스도인이 세상의 빛이 되어야 한다는 말은, 삶과 행동을 통해 그리스도인의 모습을 오롯이 증명해야 함을 의미한다.

"너희는 세상의 빛이라 산 위에 있는 동네가 숨겨지지 못할 것이요 사람이 등불을 켜서 말 아래에 두지 아니하고 등경 위에 두나니 이러므로 집 안 모든 사람에게 비치느니라 이같이 너희 빛이 사람 앞에 비치게 하여 그들로 너희 착한 행실을 보고 하늘에 계신 너희 아버지께 영광을

돌리게 하라" 마태복음 5:14-16

회개의 바른 의미

구약에서 '회개'는 히브리어 동사 '슈브shuv'의 번역으로, '돌아가다'라는 의미에서 유래한다. 즉, 하나님을 떠난 백성이 죄를 뉘우치고 하나님께 다시 돌아가는 결단과 실천을 가리킨다. 구약시대에 회개의 일반적인 적용은 선민 이스라엘이 대상이었다. 개인적 관점에서 회개란 죄에서 돌이킨 자가 하나님께 복귀하는 행위로, 삶의 전면적인 전환을 의미한다고 생각한다.

그렇다면 하나님께 다시 돌아갔다는 의미에서 회개를 어떻게 증명할수 있을까? 회개의 증거는 시대에 따라, 그리고 종교적 기준에 따라 다르다. 하지만 어떤 경우에도 내면의 후회와 반성을 넘어 반드시 외적인 변화를 드러내야 한다. 초대교회에서는 교회의 형제들 앞에서 공개적으로 치러지는 '공고백'의 속죄의식을 강조했다.

"믿음의 기도는 병든 자를 구원하리니 주께서 그를 일으키시리라 혹시 죄를 범하였을지라도 사하심을 받으리라 그러므로 너희 죄를 서로 고백하며 병이 낫기를 위하여 서로 기도하라…" 야고보서 5:15-16

"만일 그들의 말도 듣지 않거든 교회에 말하고 교회의 말도 듣지 않거든 이방인과 세리와 같이 여기라 진실로 너희에게 이르노니 무엇이든지 너희가 땅에서 매면 하늘에서도 매일 것이요 무엇이든지 땅에서 풀

면 하늘에서도 풀리리라" 마태복음 18:17-18

이처럼 '공고백'을 통해 공적으로 인정받을 때 비로소 '회개한 죄인'으로서 죄를 용서받을 수 있었다. 나아가 초대교회에서 하나님께 다시 돌아오는 회개는 3B, 즉 믿음Belief, 소속Belonging, 행동Behavior의 변화로 입증했다. 결국 성경의 가르침에 입각한 초대교회의 회개는 개인적인 죄의 고백이나 반성이 아니라 공적인 고백을 통해, 심적인 후회가 아니라 삶과 행동의 분명한 변화를 통해 증명되었다.

물론 전병욱 목사의 말처럼, 털어서 먼지 안 나는 사람 없고 죄와 허물 없는 사람은 세상에 존재하지 않는다. 그러나 교회에서 엄히 죄를 다스려야 하는 '주의 종'이라면, 자신의 죄를 숨김없이 인정하고 즉각 죄에서 돌이키는 결단이 필요하지 않을까?

공동체가 신앙의 중심이었던 초대교회와 달리 사제가 중심인 중세 가톨릭 시대에는 사제에게 죄를 고백하는 고해성사로 대체되었다. 그리고 최종단계로 죄의 대가를 치르는 '보속補贖'이 회개를 입증하는 증거였다. 이처럼 중세 가톨릭 시대에는 마음의 통회contritio cordis, 입의 고백confessio oris, 선행의 보속satisfactio operis이라는, 이른바 '회개의 3단계'가 있었다.

초대교회에 비해 제도화되고 율법적 색채를 강하게 지닌 중세 가톨릭의 회개는 마지막 단계인 '보속'이 면죄부 판매의 빌미가 되었다. 하지만 '회개의 열매'가 개인적 후회나 반성이 아니라 실천적 행동의 변화를 제시하고 있음을 간과해서는 안 된다.

'개신교 역사 이래 가장 타락했다'는 오늘날의 한국 교회는 '값싼 복음'에 심취해 회개의 영적 의미를 제대로 깨닫지 못하고 있다. 교회에서 줄

곧 회개를 말하고 있지만 개인적인 죄의 고백이나 반성의 한계를 넘지 않는다.

구원에 이르지 못하는 '값싼 복음'은 사실상 결실이 없는 무능한 회개와 다르지 않다. 세례 요한의 "회개하라. 천국이 가까이 왔다"는 외침은 천국이 가까이 왔으니 회개하라는 선포인 동시에, 진정한 회개가 없으면 천국의 구원을 받을 수 없다는 의미 아니던가?

영적 관점에서 판단하면, 죄를 지은 목사가 아니라 죄를 짓고도 회개하지 않은 채 영적 무감각에 빠진 목사가 더 심각한 문제라고 할 수 있다. 의인을 흔히 '회개한 죄인'이라고 말하지 않는가? 회개하지 않은 타락한 영혼으로 주의 말씀을 입에 담는 자는 주의 이름을 '망령되이 일컫는' 가증스러운 죄인이다.

한국 교회가 그리스도인의 영성 회복과 새로운 영적 부흥을 이루기 위해서는 회개에 대한 올바른 깨달음이 선행되어야 한다. 어쨌든 목사는 교회의 영적 지도자의 자리에 있다. 따라서 죄를 저질렀다면 교인들 앞에서 공적으로 고백하고 진지하게 용서를 구하는 자세가 절실히 필요하다. 피해자가 있으면 찾아가 사죄하고, 진실한 마음으로 용서를 구함으로써 죄의 무거운 짐에서 벗어나야 한다. 본인이 회개하지 않으면서 어떻게 교인들에게 "회개하라"고 말하며, "회개하지 않는 죄는 절대로 용서받지 못한다"고 감히 말할 수 있는가?

성추행을 저지른 목사, 논문을 표절하고 학위를 위조하는 등 숱한 거짓말로 하나님의 영광을 가린 목사, 수백억의 비자금을 숨겨둔 목사, 간통과 횡령으로 언론의 지탄을 받은 목사, 개인사업체인 양 교회를 세습하는 목사가 끝내 회개하지 않는 이유는 무엇일까? 이는 한국 교회가 총체적으로 영적 무지에 빠져 있기 때문이다. 하나님을 무서워하지 않으므로 머리 숙여 참회하고 '초라하게' 회개할 필요를 못 느끼는 것이다.

그들에게는 이미 '내 교인'이라는 이름으로 수많은 추종자들이 버티고 있다. 잘못을 저질러도 "더욱 크게 쓰시려고 하나님이 시험하시는 것"이라며 마음을 다해 섬기고, 목사가 눈물이라도 흘리면 감동에 겨워 함께 울며 추종하는데, 구차하게 머리를 숙일 필요가 있겠는가?

목사를 왕처럼 떠받드는 개교회주의에서 벗어나지 않는다면, 한국 교회에서 그리스도의 '거룩한 영성'을 기대하기란 말 그대로 연목구어에 지나지 않을 것이다.

진정한 회개로 구원받은 탕자

'탕자의 비유'는 '간음한 여인'과 더불어 성경에서 가장 큰 반향을 불러일으킨 사건 가운데 하나이다.

"…어떤 사람에게 두 아들이 있는데 그 둘째가 아버지에게 말하되 아버지여 재산 중에서 내게 돌아올 분깃을 내게 주소서 하는지라 아버지가 그 살림을 각각 나눠 주었더니 그 후 며칠이 안 되어 둘째 아들이 재물을 다 모아 가지고 먼 나라에 가 거기서 허랑방탕하여 그 재산을 낭비하더니 다 없앤 후 그 나라에 크게 흉년이 들어 그가 비로소 궁핍한지라 가서 그 나라 백성 중 한 사람에게 붙여 사니 그가 그를 들로 보내어 돼지를 치게 하였는데 그가 돼지 먹는 쥐엄 열매로 배를 채우고자 하되

주는 자가 없는지라" 누가복음 15:11-16

탕자는 아버지가 살아계심에도 자신의 분깃을 미리 상속받아 허랑방탕
하게 살았다. 하지만 동서고금을 막론하고 방탕과 쾌락은 '몰락의 아비'이
다. 주지육림에 빠져 일순간 행복(?)했던 탕자는 얼마 지나지 않아 상속받
은 재산을 모두 탕진했다. 오갈 데 없는 거지신세가 된 그는 돼지우리에
서 쥐엄 열매를 주워 먹으며 비참하게 생활했다. 마음으로 '자유'를 외치
며 일신의 쾌락을 좇아 아버지의 품을 떠난 불순종은 탕자에게 이처럼 처
절한 고통을 안겨주었다.

탕자의 비유에서 아버지와 아들은 하나님과 인간의 관계라고 할 수 있
다. 하나님은 인간의 죄를 미워하시며, '죄의 삯은 사망'이라고 분명히 말
씀하셨다. 따라서 인간의 죄에는 준엄한 심판이 뒤따르며, 사망은 죄에 대
한 무서운 심판의 결과이다.

고대 이스라엘의 가부장사회에서 아버지가 돌아가시기 전에 상속을 요
구하는 것은, 부모를 공경하지 않는 죄로 죽어 마땅하다. 하지만 '탕자의
비유'는 심판의 메시지가 아니라 죄의 용서에 대한 심층적 메시지이다.
즉, 죄보다 크고 깊은 하나님의 은혜를 알리는 동시에 하나님의 신실하신
사랑을 전하고 있다. 따라서 탕자는 죄로 인해 심판받는 '악인의 저주'가
아니라 진정한 회개로 당당히 구원받는 의인을 상징한다.

'탕자의 비유'는 한마디로 자신의 죄를 깨닫고 죄에서 돌이켜 아버지께
돌아간 아들이 지난 죄를 모두 용서받는 감동적인 내용이다. 탕자가 구원
받을 수 있었던 유일한 근거는, 고통의 절정에서 절망하며 포기하지 않고
힘껏 일어난 '믿음과 의지'이며, 마침내 죄의 자리에서 벗어나 아버지께

돌아간 진정한 회개이다.

'탕자의 비유'는 어찌 보면 진부한 내용이지만, 결코 간단치 않은 의미를 담고 있다. 한 개인의 특별한 이야기가 아니라 죄인인 우리 모두가 용서받는 과정을 소상히 밝히고 있으며, 가증스런 죄를 지었음에도 하나님께 용서받을 수 있는 근거가 무엇인지 설명해 주기 때문이다.

성경에서 탕자의 비유처럼 용서의 진정한 의미를 밝혀 서술한 기록은 더 이상 나오지 않는다. 성경적 의미의 용서를 바르게 이해하는 데 '교과서' 같은 구실을 한다고 할 수 있다.

하나님의 사랑은 너무 크고 깊어 우리가 알거나 모르고 저지른 모든 죄를 용서하시기에 조금도 부족함이 없다. 그러나 하나님의 용서는 정당한 원인에 따른 결과이며, 결코 우연이나 무조건적인 특혜가 아니다. 다시 말해, 죄의 문제를 해결하지 않고 무조건 용서하는 것은 죄를 미워하는 하나님의 뜻에 부합하지 않으며, 공평하신 하나님의 정의가 될 수 없다.

탕자가 용서받을 수 있었던 비밀은 하나님의 차별적 은혜나 죄인의 특별한 행동 때문이 아니라, 용서를 위한 단순한 본질을 지킨 데 있다. 그것은 바로 아버지에게 돌아오는 온전한 회개이다. 이처럼 회개 없는 용서는 있을 수 없으므로 회개와 용서를 분리해서 생각하기는 어렵다.

그런데 많은 사람들이 회개의 의미를 제대로 모르는 듯하다. 흔히 생각하는 것처럼 잘못을 뉘우치는 반성이 아니며, 어떤 계기로 자신의 죄를 깨닫는 '죄의 각성'도 아니다. 물론 반성과 깨달음은 회개에 이르는 중요한 조건이지만, 그 자체가 회개는 아니다.

회개의 진정한 의미는 죄에서 '돌이킴'이다. 죄악의 자리에서 떠나 하나님께 돌아가는 것이다. 처절하게 후회하고 절실히 죄를 깨달은들, 그 자리에서 벗어나지 못한다면 진정한 회개가 될 수 없다. 감성적 변화를 넘어 자유의지에 따른 명백한 행동, 즉 회개의 본래 의미대로 '죄에서 돌이킴' 이라는 영적 결단과 행동이 뒤따라야 한다.

탕자가 용서받은 이유는 죄가 작아서도, 처절하게 뉘우쳤기 때문도 아니다. 절망의 순간에 자리에서 일어나 용서받을 수 있는 회개의 유일한 길을 따랐기 때문이다. 이는 "일어나서 아버지께로 돌아갔다"는 본문의 구절을 통해 한 문장으로 요약된다.

"이에 스스로 돌이켜 이르되 내 아버지에게는 양식이 풍족한 품꾼이 얼마나 많은가 나는 여기서 주려 죽는구나 내가 일어나 아버지께 가서 이르기를 아버지 내가 하늘과 아버지께 죄를 지었사오니 지금부터는 아버지의 아들이라 일컬음을 감당하지 못하겠나이다 나를 품꾼의 하나로 보소서 하리라 하고 이에 일어나서 아버지께로 돌아가니라…" 누가복음 15:17-20

이처럼 모든 죄를 용서받을 수 있는 유일한 방법은 회개이다. 간신히 생명을 유지하던 절망의 순간에 탕자는 자신의 잘못에서 '스스로 돌이켜' 아버지께 돌아간다. 그리고 과거의 죄를 용서받았다. 탕자는 사실상 우리 자신을 가리킨다. 쾌락을 좇던 탕자처럼 우리는 탐심과 욕망의 죄성을 지녔으며, 죄인일 수밖에 없는 나약한 존재이기 때문이다.

죄의 경중은 용서를 가름하는 절대적인 잣대가 아니다. 절대기준은 오직 한 가지, 회개하고 죄에서 돌이키느냐, 아니면 후회하면서도 끝내 죄의 자리에 머무르느냐에 달려 있다. 그러나 진정한 회개는 인간의 의지에 종속하는 육적·심적 결단으로 끝나지 않는다. 죄에서 돌이키려면 반드시 성령의 도우심을 간구해야 하며, 하나님의 은혜가 있어야 한다.

어떤 사람은 쾌락의 마성에 이끌려 죄의 수렁에 더 깊이 빠져드는가 하면, 병적인 죄의식에 사로잡혀 감당할 수 없는 무게에 짓눌린 채 일생을 마치는 이도 있다. '스스로 돌이켜' 자신의 죄를 깨닫는 시점, 이른바 '죄의 각성'은 성령이 주시는 특별한 은혜이며 영적 부르심이다. 죄를 깨닫지 못하는 자가 어떻게 죄에서 벗어날 수 있겠는가? 절실한 뉘우침이 없는 자가 어떻게 죄에서 돌이켜 회개할 수 있겠는가?

'죄의 각성'은 성령이 죄인을 부르시는 분명한 은혜지만, 그것만으로 회개가 이루어지는 것은 아니다. 죄의 자리에서 돌이키는 단호한 결단이 있어야 한다. 탕자의 비유를 읽은 많은 이들이 오직 하나님의 은혜와 '예정'으로 용서가 이루어졌다면서 자신의 신앙을 경건하게 고백한다. 하지만 본문에서 아버지가 아들을 찾아갔다거나, 사람을 시켜 아들을 불렀다는 구절이 존재하지 않는 점을 가볍게 여겨서는 안 된다.

용서는 일부 신학이나 종교에서 주장하는 것처럼 운명적으로 '예정된' 수순이 아니다. 또한 어떤 경우에도 자신의 의지로 '거절할 수 없는 절대적인 은혜'도 아니다. 탕자가 죄의 각성을 통해 반성하고 새로운 결단을 내릴 수 있도록 하나님이 은혜를 베풀었을망정, 아버지께 돌아가겠다는 결단과 실천은 온전히 아들의 몫이었다.

자신의 죄를 깨닫고 인정하고 고백하며, 죄의 유혹을 물리쳐 마침내 죄에서 돌이키는 회개는 마음먹기에 달린 듯 간단해 보인다. 하지만 영혼이 갈가리 찢기는 처절한 고통을 감당해야 한다. 죄의 두터운 타성에 갇힌 '자아'를 깨뜨리지 않으면 결코 이룰 수 없는 '내면의 변화'와 새로운 존재로

'거듭남'이라는 고통스러운 산고를 반드시 거쳐야 하기 때문이다.

새로운 생명이 탄생하는 거룩한 고통, 그것은 회개로 말미암아 '새 사람'으로 태어나는 순간이며, 구원의 영원한 축복을 위한 순간의 고통이다. 탕자를 맞이하며 뛸 듯이 기뻐하는 아버지의 모습은 회개한 죄인을 보고 자리에서 일어나 두 팔 벌리고 반기시는 하나님의 모습일 것이다.

"…아직도 거리가 먼데 아버지가 그를 보고 측은히 여겨 달려가 목을 안고 입을 맞추니 아들이 이르되 아버지 내가 하늘과 아버지께 죄를 지었사오니 지금부터는 아버지의 아들이라 일컬음을 감당하지 못하겠나이다 하나 아버지는 종들에게 이르되 제일 좋은 옷을 내어다가 입히고 손에 가락지를 끼우고 발에 신을 신기라 그리고 살진 송아지를 끌어다가 잡으라 우리가 먹고 즐기자 이 내 아들은 죽었다가 다시 살았으며 내가 잃었다가 다시 얻었노라 하니 그들이 즐거워하더라" 누가복음 15:20-24

탕자가 스스로 돌이켜 아버지에게 돌아가지 않았다면 비참한 생활에서 벗어나지 못했을 것이다. 어쩌면 쥐엄 열매마저 떨어져 '주려 죽었을지도' 모른다. 아버지가 돌아온 탕자의 죄를 묻지 않은 것처럼, 하나님은 회개한 죄인의 잘못을 다시 묻지 않는다. 분명한 것은 회개 없는 용서는 없으며, 용서 없는 구원 역시 있을 수 없다는 사실이다. 자신을 절망의 수렁에 빠뜨린 죄가 무엇인지 파헤치는 것은 중요하지 않다. 죄와 허물이 아무리 크고 깊더라도 죄에서 떠나면 된다.

회개는 자신의 죄를 용서받는 은혜이며 기쁨일 뿐만 아니라, 아버지를 기쁘게 하는 소중한 예물이다. '탕자의 비유'에서 죄 지은 아들이 회개를 통해 지난 죄를 용서받고 축복받은 것은 아버지를 기쁘게 했기 때문이다. 그리고 아버지가 기뻐한 유일한 이유는 탕자가 회개하고 돌아왔기 때문이다. 결국 그리스도인에게는 아버지를 기쁘게 하는 회개만이 유일한 살길이다.

자살은 용서받을 수 없는 죄인가

서머나교회 김성수 목사의 죽음이 자살로 밝혀지면서, 그를 따르던 많은 사람들이 혼란에 빠졌다. '자살은 절대로 용서받을 수 없는 중죄'라는 종교적 판단 때문인 듯하다. 어떤 사람은 그에 대해 "가라지 목사"라고 욕하고, 어떤 사람은 "지금까지 목회를 잘했지만, 결국 거짓을 숨긴 채 그리스도 신앙을 조롱했다가 저주받은 목사"라고 비방한다. 또 어떤 사람들은 여전히 그를 사랑하고 그리워하며 애도한다.

자살…, 흔히 말하듯 신앙인으로서 도저히 용서받을 수 없는 저주의 죽음인가? 하나님이 "천하보다 귀하다"시며 사람에게 주신 존귀한 생명을 스스로 끊는 것은, 생명의 주인이신 하나님에 대한 배역이며 '결코 용서받을 수 없는 절대죄악'이 확실한가?

예수를 배신한 가룟 유다는 회개하지 않은 채 자살해 영벌을 받았지만, 자신의 생명을 지키기 위해 세 번이나 예수를 부인한 베드로는 죄에서 돌이켰기 때문에 영생을 얻었다고 주장하며, 대부분의 기독교인들은 자살에 대해 용서받지 못한다고 단언한다.

자살이 결코 용서받을 수 없는 죄라면 우리는 성경을 통해, 그리고 성경 안에서 자살을 준엄하게 심판하는 명백한 근거를 찾을 수 있어야 한다. 하지만 저주받은 자가 자살을 선택한 경우나 자살하는 자를 통해 저주의 심판을 상징하는 경우는 있을망정, 자살 자체에 대한 처벌규정은 존재하지 않는다. 물론 하나님이 주신 생명을 자기 의지로 없애는 것이니 일종의 살인으로 볼 수 있다. 그리고 성경은 율법의 근간인 십계명의 제6계명을 통해 살인한 자는 반드시 죽이라고 명령했다.

"살인하지 말라" 출애굽기 20:13

"살인하지 말지니라" 신명기 5:17

"다른 사람의 피를 흘리면 그 사람의 피도 흘릴 것이니 이는 하나님이 자기 형상대로 사람을 지으셨음이니라" 창세기 9:6

"고의로 살인죄를 범한 살인자는 생명의 속전을 받지 말고 반드시 죽일 것이며" 민수기 35:31

생명은 무엇보다 소중하므로 자살이 절대죄악이라면, 다른 사람의 귀한 생명을 죽이는 살인은 어떤가? 다른 이의 생명을 없앴으니 더욱 중한 죄 아닌가? 그렇다면 살인은 결코 용서받을 수 없는 죄악으로, 영원한 저주에서 벗어날 수 없을까? 그러나 성경의 메시지는 분명히 다르다.

선민 이스라엘의 지도자 모세는 두 사람의 생명을 빼앗은 살인자 아니던가? 이스라엘의 대표적인 왕이며 하나님의 뜻에 가장 합당한 자로서 유대인의 위대한 영웅인 다윗은 '손에 너무 피를 묻혔기 때문에' 그토록 원하던 성전 건축의 꿈을 이룰 수 없었다. 또한 자신의 충성스러운 장수이

자 무고한 우리야를 사지로 내몬 추악한 살인자였다. 그럼에도 성경은 모세와 다윗을 영벌을 면치 못한 저주의 인물로 기록하지 않았다. 물론 혹독한 고통의 시기를 거쳐야 했지만, 그들은 엄연히 이스라엘을 대표하는 위대한 인물이다.

하지만 살인이 무엇보다 가증스런 죄라는 사실은 부정할 수 없다. 하나님의 율법뿐만 아니라 세상의 법에서도 가장 엄히 다루는 범행이다. 예수의 가르침에 충실했던 초대교회 역시 간음, 우상 숭배, 살인을 회개해도 결코 용서받지 못하는 '3대 중죄'로 규정했다. 따라서 살인과 자살을 동일하게 규정한다면 자살은 당연히 용서받을 수 없는 중죄에 해당한다. 그러나 예수의 가르침에 따라 용서를 강조하는 관용이 교회에 자리잡으면서, 살인조차 온전한 회개를 전제로 용서받을 수 있게 되었다.

한편, 자살과 살인을 다르게 보고, 회개하지 않은 상태에서 목숨을 잃는 자살은 결코 용서받을 수 없다는 주장도 있다. 그러나, 그렇기 때문에 살인보다 중한 죄라는 말에는 설득력이 없다. 구원을 얻기 위한 자신의 회개는 그렇게 중히 여기면서, 다른 사람을 구원받지 못한 채 죽게 만드는 살인은 용서할 수 있다는 말인가?

차라리 자살은 더 이상 죽음에서 돌이킬 수 없는 급박한 순간에 처절한 마음으로 회개할 수 있다. 하지만 급작스럽게 죽음을 맞이하는 피살자는 회개조차 할 수 없는 상태에서 목숨을 잃지 않는가? 자살이 살인과 마찬가지로 무서운 죄악이라는 주장은 분명히 일리가 있다. 그러나 회개를 빌미로 그것들을 자의적으로 구분하고, 자살이 살인보다 악하다는 주장은 영적·논리적으로 타당해 보이지 않는다.

예수는 분명히 이렇게 말씀하셨다. "성령을 훼방한 죄가 아니라면 용서받지 못할 죄가 없다." 이는 분명한 사실이고, 그 이유는 간단하다. "은혜가 죄보다 크기 때문이다."

자살이 죄가 아니라는 말은 결코 아니다. 자살의 부정적 의미를 과소평가하려는 의도도 아니다. 어쩌면 자살은 생명의 주인이신 하나님께서 결코 용서하실 수 없는 죄악일 수 있다. 다만, 하나님의 영적 심판을 사람의 종교적·이성적 판단으로 단정짓는 오류는 피해야 한다. 또한 심판자가 아닌 우리가 저주의 눈길로 바라보기 전에, 자살을 감행할 수밖에 없었던 영혼의 고통을 살펴야 한다.

워낙 민감한 주제여서 심리적 부담이 없지 않지만, 한 가지는 분명하다. 어떤 사람도 자신의 생명을 소홀히 생각해 목숨을 버린 것이 아니라는 사실이다. 견딜 수 없는 슬픔 앞에서, 더 이상 버틸 수 있는 고통 앞에서 그렇게 힘없이, 처절하게 무너져 내렸을 것이다.

자살을 '저주의 죽음'으로 받아들이는 사람들의 의식 속에는 그것을 의지적인 행동으로 보는 경향이 있다. 선택할 수 있는 수많은 길 가운데 가장 악한 길을 택했기 때문에 용서받을 수 없다고 생각하는 것이다. 그리고 인간의 죄성, 이른바 악한 자유의지에 대한 하나님의 정당한 심판으로 여긴다. 자살이 정말로 자신의 의지에 따른 결과일까? 섣불리 말하기는 어렵다.

많은 경우, 아니 어쩌면 대부분 자살은 자신의 의지에서 벗어난 무서운 질병의 결과이다. 과학이 아무리 발달했어도 현대의학이 어쩌지 못하는 질병들이 많다. 말기암이 그렇고, 수많은 불치병들이 그렇다. 자살에 이르는 영혼의 질병도 마찬가지 아닐까?

자살했거나 그것을 시도했던 사람들에게는 공통점이 있다. 일시적이고 충동적인 결정이 아니라 오랫동안 우울증을 앓다가 어느 순간 행동으로 옮긴다는 것이다. 우울증은 급작스레 이상행동을 일으키는 무서운 질병이다. 따라서 자살은 개인이 책임져야 할 의지적 행동이 아니라, 스스로 통제할 수 없는 질병의 결과일 수 있다.

안타까운 죽음 앞에서 마치 심판자인 양 저주를 퍼붓는 일부 종교인들을 보면 안타까운 생각이 든다. 고통 속에서 스스로 생명을 저버린 이를 비방하기 전에, 다른 사람의 고통에 무관심하다 때를 만난 듯 저주를 퍼붓는 자신의 잔인함을 먼저 돌아보기를 바란다.

자살에 대한 심판은 생명의 주인이신 하나님께서 하신다. 우리는 그저 그의 영혼이 주 안에서 새로운 안식을 얻을 수 있도록 애통한 심정으로 기도하면 된다.

죄의식으로 하나님과 멀어지는 건 영적 무지이자 패배

사탄은 사람을 유혹해서 죄를 짓게 만든다. 하지만 죄 자체가 사탄의 목적은 아니다. 사탄이 원하는 바를 이루기 위해 필요한 도구일 뿐이다.

만약 죄가 사탄의 목적이라면 사탄에게 무언가 유익이 있어야 한다. 그러나 죄는 사탄에게 아무런 유익도 주지 않는다. 살인이나 간음이나 폭행이 사탄에게 무슨 이익을 주겠는가?

"너희는 너희 아비 마귀에게서 났으니 너희 아비의 욕심대로 너희도 행하고자 하느니라 그는 처음부터 살인한 자요 진리가 그 속에 없으므로 진리에 서지 못하고 거짓을 말할 때마다 제 것으로 말하나니 이는 그가 거짓말쟁이요 거짓의 아비가 되었음이라" 요한복음 8:44

사탄의 다른 이름은 '거짓의 아비' 또는 '죄의 아비'이다. 거짓으로 사람을 유혹해 끝내 죄를 범하게 만든다. 사람이 저지르는 죄는 '죄의 아비'인 사탄에 속하므로 사람들은 곧장 죄인을 사탄의 자녀라고 단정한다. 실제로 사탄은 사람을 유혹해 죄를 짓게 하고, 그들을 사탄의 종으로 만든다.

그러나 이러한 섣부른 단정은 해석상 중대한 오류를 일으킬 수 있다. 만약 우리가 죄를 범했으므로, 즉 죄인이기 때문에 사탄에게 종속된다면 "죄인을 구원하기 위해 세상에 오셨다"는 예수의 복음이 지니는 본래의 의미와 가치를 잃을 만큼 심각한 문제가 발생한다. 성경은 죄인의 구원을 말하지만, 정작 죄인은 이미 '죄의 아비'인 사탄에 속한 자이기 때문이다. 사탄에 속한 자에게는 무서운 심판과 정죄가 있을 뿐이다. 따라서 천하만민을 위한 복음과 전적으로 배치된다.

성경은 "하늘 아래 의로운 자가 하나도 없다"고 말한다. '여자의 후손'인 예수를 제외하고 인간은 본래 죄성을 지닌 존재이다. ('여자의 후손'의 바른 의미는 사람(남자)의 씨를 받지 않고 태어난 존재로, 본래 죄성이 없는 자를 말한다.) 그 죄성은 목숨이 있는 한 없어지지 않으므로 사람은 죽을 때까지 본성상 죄인이다.

그렇다면 인간은 본질적으로 죄성을 지녔으니 누구든 사탄의 자녀이며, 끝내 구원받는 하나님의 자녀가 될 수 없다는 곤혹스런 결론에 이르게 된다. 설령 그리스도인이라 해도 죄성을 이길 수 있는 신적 존재가 아니므로 예외일 수 없다. 하지만 이런 결론이 과연 옳을까? 그렇지 않다. 인간의 편협한 이성에 따른 어리석은 해석일 뿐이다. 성경은 모름지기 죄인의 구원을 이야기하며, 그리스도인은 죄인일망정 회개하는 순간 이미 구원받은 자라고 분명히 밝히고 있다.

예수는 의인을 부르기 위해서가 아니라 죄인을 구원하기 위해 세상에 오셨다고 말씀하셨다. 그 말씀을 되새겨보면 죄를 범했다고 해서, 즉 죄인이기 때문에 반드시 사탄의 종이 되는 것은 아니라는 의미를 담고 있다. 그렇다면 죄를 짓게 만드는 것이 사탄의 궁극적 목적은 아니라는 추론이 가능하다. 대체 사탄과 죄의 관계는 무엇일까?

사탄의 구체적인 목적을 알려면 사탄의 존재를 먼저 파악해야 한다. 사탄은 결코 만만치 않다. 전능하신 하나님의 대적자이며, '공중 권세'를 장악한 사탄이 세상을 지배하고 있다고 성경은 말한다. 사탄은 이처럼 하나님을 이기려고 맞서는 가증한 존재이다. 설령 특별한 능력이 있다 해도 사람은 결코 사탄과 견줄 수 없다.

사탄은 히브리어로 적대자 또는 대항자를 뜻한다. 이름에서 알 수 있듯이 사탄은 하나님의 대적자이다. 그러나 하나님과 직접 싸우려 들지 않고, 하나님에게 속한 사람들을 유혹해 하나님과 인간의 관계를 영원히 단절시키려 한다.

사람을 유혹하기 위해 사탄은 교묘하게 '거짓'을 이용한다. 사탄을 '거짓의 아비'라고 부르는 뚜렷한 이유이다. 그렇다면 거짓의 진정한 의미는 무엇인가? 죄와 불가분의 관계에 있는 거짓의 의미를 바로 깨닫는 것이 죄의 의미를 제대로 아는 지름길일 것이다. 사람들은 때로는 의도적으로, 때로는 은연중에 거짓을 저지른다. 그런데 거기에는 비난받아 마땅한 악한 거짓이 있는가 하면, 이른바 '선의의 거짓'도 있다.

물론 '선의의 거짓'이라는 애매한 말이 과연 타당한가에 대해 논란의 여지가 있을 것이다. 하지만 거짓을 무조건 악으로 단정짓는 것은 무리가 있다. 곤경에 처한 사람을 구하기 위해 사실을 숨기거나 사실과 다르게 말하는 것을 악이라고 할 수 있을까? 자신의 말 한 마디에 누군가의 생명이 달렸는데, 사실대로 이야기한답시고 귀중한 생명을 잃게 하는 것이 과연 옳을까?

사실을 말한 것은 옳지만 생명을 죽게 한 것은 분명히 그릇된 행동이다. 이처럼 사실과 정의가 대립되는 경우 그리스도인은 어떤 것을 선택해야 할까? 생명이 사실보다 중요하고, 생명을 지키는 것이 무엇보다 소중하다고 생각한다면, 거짓이 선이 되고 사실이 악이 되는 반전이 필요하지 않을까?

의로운 자의 생명을 구하기 위해 부득이하게 거짓말을 해야 하는 경우가 있다. 예컨대, 여호수아가 보낸 이스라엘 정탐꾼들의 생명을 구하려고 자기 민족을 배신하며 거짓을 말한 여리고의 기생 라합에 대해, 성경은 악인이라 규정하지 않고 오히려 '의인 라합'이라 칭한다.

성경에서 말하는 거짓의 의미를 파악하기 위해서는 거짓의 이중적 의미를 제대로 이해해야 한다. 먼저 일반적 의미의 거짓과 성경적 의미의 거짓을 구별해야 한다. 일반적 의미의 거짓은 경우에 따라 괜찮고, 성경적 의미의 거짓은 언제나 악하다는 애매한 주장을 펼치려는 것이 아니다. 그런 허튼 상황논리는 거짓을 정당화시키는 궤변의 빌미가 될 수 있다.

다만 성경적 의미의 거짓, 즉 '거짓의 아비'라는 말을 사용할 때의 거짓은 분명히 잣대가 다르다. 일반적 의미의 거짓은 실제 사실을 기준으로 결정된다. 즉, 사실과 다를 때 거짓이라고 간단히 말한다. 그에 비해 성경적 의미의 거짓은 하나님의 말씀, 즉 진리를 기준으로 구별한다. 하나님의 뜻은 명백한 진리이며, 하나님의 뜻에 어긋나는 모든 언행은 명백한 거짓이다. 앞에서 예로 든 라합의 경우, 사실적 의미에서는 거짓이지만 하나님의 뜻인 진리에 따랐기 때문에 거짓이라고 말하지 않는 것이다.

사탄을 거짓의 아비나 죄의 아비라고 부르면서 두 단어를 혼용할 수 있는 근거는, 사탄에게 거짓과 죄가 동일한 의미를 지니기 때문이다. 즉, 사탄은 거짓말로 사람을 유혹해 죄를 짓게 만들고, 죄를 지은 인간이 하나님과 멀어지게 만든다. 따라서 성경을 기준으로 할 때 사탄의 거짓은 명백한 죄악이다.

하나님은 죄를 미워하시므로 인간은 태초의 원죄 때문에 하나님과 멀어질 수밖에 없었다. 그러나 구약과 신약의 모든 성경을 통해 일관되게 나타나는 하나님의 뜻은 명백하다. 죄는 미워하되 죄인은 사랑하기 때문에 그들이 죄에서 돌이켜 돌아오기를 기다리시는 것이다. 구약시대에 선지자들을 이스라엘에 보낸 것은 배역한 이스라엘을 심판하시려는 이유가 아니라, 그들이 회개하고 하나님 품으로 돌아오기를 기다리신 것이다.

죄인을 구원하려는 하나님의 뜻은 신약시대에 들어와 더욱 분명해진다. 독생자 예수를 세상에 보내고, 세상을 구원하기 위해 아들의 생명을 '희생양'으로 바치게 하시지 않았는가? 많은 사람들이 심판을 통해 하나님의 정의가 세상에 나타난다고 주장하지만, 흔히 생각하는 것처럼 심판은 징계가 아니라 구원의 수단이며 과정이다.

"하나님이 세상을 이처럼 사랑하사 독생자를 주셨으니 이는 그를 믿는 자마다 멸망하지 않고 영생을 얻게 하려 하심이라 하나님이 그 아들을 세상에 보내신 것은 세상을 심판하려 하심이 아니요 그로 말미암아 세상이 구원을 받게 하려 하심이라" 요한복음 3:16-17

죄인들이 죄에서 돌이켜 하나님께 돌아오고, 회개한 죄인에게 구원을 주시려는 것이 하나님의 목적이다. 반면에, 사탄은 인간이 죄를 짓고 그 속에 안주한 채 하나님께 나아가지 못하도록 '훼방'한다. 따라서 사람을 유혹해 죄를 짓게 하는 데서 그치지 않는다. 죄에서 돌이키지 못하도록 방해하고 하나님께 나아가는 구원의 길을 가로막는다.

공생애를 시작하기 전 예수가 겪은 광야의 시험에서 사탄의 목적은 분명히 드러난다. 예수의 능력을 시험하려 한 것이 아니라, 예수를 유혹해 하나님의 뜻에 따른 공생애를 시작하지 못하도록 훼방하려 했던 것이다.

예수는 생명을 바쳐 죄인을 구원하기 위해 세상에 오셨다. '어린 양'의 제물로 세상에 오신 예수가 희생을 마다하고 자신을 위해 '능력'을 행사한다면, 이는 하나님의 뜻을 거역하는 것이다. 그리고 세상을 구원하는 '어린 양 예수 그리스도'가 될 수 없었을 것이다. 사탄의 유일한 목적은 사람이 하나님께 나아가지 못하도록 훼방하는 것이다. 인간이 하나님께 나아갈 수 없는 결정적 이유는 죄인이어서가 아니다. 죄에서 돌이켜 하나님께 나아가려는 굳센 믿음이 없기 때문이다.

하나님은 세상의 어떤 죄도 용서하신다고 분명히 말씀하셨다. 다만, 성령을 훼방하면서 하나님께 나아가지 않는 죄는 결코 용서받을 수 없다. 죄로 말미암아 마음의 고통을 겪는 자가 그 사슬에서 벗어나는 유일한 길은, 사탄의 유혹을 뿌리치고 믿음으로 죄에서 돌이켜 하나님께 나아가는 회개이다. 죄책감이나 죄의식으로 하나님과 멀어지는 것은 도덕적 양심의 문제가 아니라 영적 무지이며, 사탄의 술수에 넘어가는 영적 패배라고 할 수 있다. 구원받을 수 있는 자는 '죄 없는 의인'이 아니라 '회개한 죄인'이라는 성경의 진리를 반드시 기억하자.

사랑에 대하여

_____사랑할 수 없는 자까지 기꺼이 사랑하라

예수의 절대계명은 사랑

율법 중 가장 큰 계명을 묻는 율법사의 질문에 예수는 신명기와 예레미야의 두 구절을 인용하며, '하나님 사랑'과 '이웃 사랑'을 말씀하셨다.

"그 중의 한 율법사가 예수를 시험하여 묻되 선생님 율법 중에서 어느 계명이 크니이까 예수께서 이르시되 네 마음을 다하고 목숨을 다하고 뜻을 다하여 주 너의 하나님을 사랑하라 하셨으니 이것이 크고 첫째 되는 계명이요 둘째도 그와 같으니 네 이웃을 네 자신 같이 사랑하라 하셨으니 이 두 계명이 온 율법과 선지자의 강령이니라" 마태복음 22:35-40

예수가 말씀하신 '율법과 선지자'는 구약성경의 주축을 이루는 모세오경과 선지서를 가리키며, 신약성경이 존재하지 않은 예수시대의 유일한 성경으로서 구약성경을 지칭한다. 결국 예수는 성경의 핵심을 '하나님 사랑'과 '이웃 사랑'으로 요약해 말씀의 본질을 가르치셨다.

그렇다면 613개에 이르는 율법의 조문들을 본질이 동일한 '사랑'으로 축약할 수 있는 근거는 무엇일까? 이 질문에 많은 사람이 대답을 주저하며, '본성이 사랑이신 하나님'과 더불어 사랑의 중요성을 강조하기 위해 예수께서 상징적으로 표현하신 것이라고 짐작하곤 한다. 수많은 율법 조문들 가운데 사랑과 거리가 있다고 느껴지는 계명들, 이를테면 죄에 대한 준엄한 심판과 징벌, 정결법처럼 고대 이스라엘의 특별한 생활관습과 전통에 관한 조항을 '사랑'으로 정리하기에는 무리가 있다는 판단 때문일 것이다.

그러나 구약에 계시된 하나님의 계명이 '하나님 사랑'과 '이웃 사랑'이며, 이것이 '율법의 강령'이라는 예수의 교훈은, 단지 사랑을 강조하기 위한 상징적 설명이 아니라 율법의 근본을 꿰뚫는 실제적 교훈이다. 율법의 조문들이 각각 특별한 의미와 역할을 지니지만, 율법 전체는 '십계명'이라는 하나의 근본에서 파생된 개념들이라는 데 주목해야 한다.

십계명의 제1계명부터 제4계명까지는 하나님과 인간의 수직적 관계를 가리키며, 제5계명부터 제10계명까지는 인간사회의 수평적 관계를 제시한다. 따라서 십계명은 수직·수평 관계의 총체로, 하나님 사랑과 이웃 사랑의 '큰 계명'으로 요약할 수 있다. 기억을 되살리기 위해 십계명을 나열하면 다음과 같다.

제일은, 너는 나 외에는 다른 신들을 네게 두지 말라.

제이는, 너를 위하여 새긴 우상을 만들지 말고, 또 위로 하늘에 있는 것이나, 아래로 땅에 있는 것이나, 땅 아래 물 속에 있는 것의 어떤 형상도 만들지 말며, 그것들에게 절하지 말며, 그것들을 섬기지 말라.

제삼은, 너는 네 하나님 여호와의 이름을 망령되게 부르지 말라.

제사는, 안식일을 기억하여 거룩하게 지키라.

제오는, 네 부모를 공경하라.

제육은, 살인하지 말라.

제칠은, 간음하지 말라.

제팔은, 도둑질하지 말라.

제구는, 네 이웃에 대하여 거짓 증거하지 말라.

제십은, 네 이웃의 집을 탐하지 말라.

십계명은 신정국가인 고대 이스라엘의 '성문법'으로, 지키지 않으면 그에 상응하는 징벌이 존재했다. 그런데도 십계명의 본질이 사랑이라는 말은 대체 무슨 의미일까?

여기에서 우리는 하나님의 계명을 온전히 지키는 순종은 법이나 제도의 제재 때문이 아니라, 최고의 율법인 '사랑'의 실천에서 비롯된다는 예수의 가르침에 주목해야 한다. 십계명의 법적 체계를 지키느라 하나님을 사랑하는 것이 아니라, 하나님을 온전히 사랑하는 자는 당연히 십계명을 준수한다. 즉, 타성적으로 생각하던 인과관계가 뒤바뀌는 것이다.

하나님을 사랑하기 때문에 ① 하나님 외에 다른 신을 섬기지 않고, ② 우상을 숭배하지 않으며, ③ 하나님의 이름을 망령되이 부르지 않고, ④

안식일을 거룩하게 지킨다.

또한, 이웃을 사랑하며 형제를 사랑하는 자는 ① 부모를 공경하고, ② 살인하지 않으며, ③ 간음하지 않고, ④ 도둑질하지 않으며, ⑤ 이웃에 대하여 거짓 증거하지 않고, ⑥ 이웃의 재산을 탐하지 않는다.

결국 율법의 중심인 십계명을 오롯이 지키는 순종은 법적 제재나 의무가 아니라 사랑을 통해서 이루어진다는 말씀으로, 야훼 신앙의 핵심을 지적하셨다고 할 수 있다.

"피차 사랑의 빚 외에는 아무에게든지 아무 빚도 지지 말라 남을 사랑하는 자는 율법을 다 이루었느니라 간음하지 말라, 살인하지 말라, 도둑질하지 말라, 탐내지 말라 한 것과 그 외에 다른 계명이 있을지라도 네 이웃을 네 자신과 같이 사랑하라 하신 그 말씀 가운데 다 들었느니라 사랑은 이웃에게 악을 행하지 아니하나니 그러므로 사랑은 율법의 완성이니라" 로마서 13:8-10

흥미로운 사실은, 신약시대가 시작되면서 예수는 율법의 핵심인 두 개의 큰 계명이 아니라, 하나의 '새 계명'을 제자들에게 제시했다는 점이다.

"새 계명을 너희에게 주노니 서로 사랑하라 내가 너희를 사랑한 것 같이 너희도 서로 사랑하라 너희가 서로 사랑하면 이로써 모든 사람이 너희가 내 제자인 줄 알리라" 요한복음 13:34-35

예수가 제자들에게 주신 '새 계명'은 다른 계명들에 덧붙인 추가적 내용이 아니라, 하나의 본질로서 전체를 이루는 절대계명이다. 여기에서 주목할 것은 "서로 사랑하라"는 주의 말씀이 외견상 '형제의 사랑'을 말할 뿐, 율법의 최고강령인 '하나님에 대한 사랑'을 명시하지 않는다는 사실이다.

요한복음 13장에 처음 명시된 예수 그리스도의 '새 계명'은 15장에서 '내 계명'으로 이름이 바뀌지만, 사실상 '서로 사랑하라'는 내용으로 토씨 하나 틀리지 않게 반복된다. 결국 예수의 계명은 하나님 사랑이라는 종교적 숭배에 중점을 둔 것이 아니라 '이웃 사랑', 다시 말해 '인간 사랑'이라는 인격적이며 실천적 관계에 방점이 있음을 알 수 있다.

"내 계명은 곧 내가 너희를 사랑한 것 같이 너희도 서로 사랑하라 하는 이것이니라" 요한복음 15:12

야훼 하나님을 믿는 신본주의 사회에서 신을 향한 거룩한 사랑을 배제한 채, '형제 사랑'이 최고계명으로 자리잡을 수 있을까? 그렇다면 구약시대에 신본(하나님 중심 사상)이던 근본적 가치관이 신약시대가 되자 인본 Humanism으로 변한 것일까?

그럴 수는 없다. 개신교든, 가톨릭이든, 유대교든, 심지어 이슬람이든 천지만물을 창조하고 인간의 생사화복을 주관하시는 '유일신', 즉 '하나님'을 믿는 종교에서 절대자를 향한 숭고한 사랑은 종교의 존재이유이며, 그 자체가 영원한 '절대계명'이기 때문이다.

하나님을 사랑하지 않는 자는 하나님을 믿지 않는 자이다. 따라서 이미 하나님의 자녀가 아니므로 그에게 '형제 사랑'은 하나님으로부터 흘러나온 그리스도인의 진정한 사랑이 아니다. 하나님 사랑을 배제한 어떤 사랑도 하나님을 믿는 종교의 최고계명이 될 수 없다.

"사랑하는 자들아 우리가 서로 사랑하자 사랑은 하나님께 속한 것이니
사랑하는 자마다 하나님으로부터 나서 하나님을 알고 사랑하지 아니하
는 자는 하나님을 알지 못하나니 이는 하나님은 사랑이심이라" 요한일서
4:7-8

서로 사랑하되, 그 사랑은 인간의 감정적인 사랑이 아니라 하나님께로
부터 흘러나온 사랑이다. 이처럼 하나님이 명령하시는 사랑은 인간의 의
지와 감정에 의존하는 이기적인 사랑이 아니라 하나님의 본성에서 부여
하는 영적·이타적 사랑이다.

예수가 "내가 너희를 사랑한 것 같이 너희도 서로 사랑하라"고 하시면
서 사랑의 구체적 지침을 밝힌 것은, 기독교 신앙에서 사랑의 본질은 육
적 관점에서 '인간적인 사랑'이 아니라 영적 관점에서 '형제의 사랑'을 가
리킨다는 분명한 설명이다. 사랑은 하나님의 본성이기 때문에 하나님의
사랑이 없다면 온전히 형제를 사랑할 수 없다.

그럼에도 불구하고, 예수가 "하나님을 사랑하라"는 구약시대의 절대계
명을 생략하고 새 계명을 제시하며 "너희도 서로 사랑하라"고 말씀하신
이유는 무엇일까? 율법의 가장 큰 계명을 뒤로하고, '새 계명'과 '내 계명'
을 다시 제시하며 '형제 사랑'을 유독 강조한 이유는 무엇일까? 시대와 세
태에 따라 사랑의 의미가 달라지기 때문인가? 그렇다면 구약은 영원한 하
나님의 말씀, 이른바 불변의 진리가 아니라는 말인가? 신약시대에 구약의
가르침은 더 이상 성경의 가치를 지니지 않는가?

결코 그렇지 않다. 예수는 하나님의 말씀으로서 율법의 영원한 가치에 대해 이렇게 말씀하셨다.

"내가 율법이나 선지자를 폐하러 온 줄로 생각하지 말라 폐하러 온 것이 아니요 완전하게 하려 함이라 진실로 너희에게 이르노니 천지가 없어지기 전에는 율법의 일점 일획도 결코 없어지지 아니하고 다 이루리라" 마태복음 5:17-18

"율법의 일점 일획도 결코 없어지지 아니하고 다 이루리라"는 주의 말씀을 문자적으로만 해석하면 본래의 메시지를 제대로 이해하기가 어렵다. "율법을 완전하게 하려 하신다"는 예수부터 율법시대의 계명들을 '문자적으로 실천하지 않았으며, 형식적 율법주의에 얽매이지 않았다.

예컨대, 예수는 "안식일을 위해서 사람이 있는 것이 아니라 사람을 위해서 안식일이 있다"면서 안식일에도 병든 자들을 치료하고 귀신들린 자들에게서 귀신을 내쫓았다. 예수의 제자들 역시 안식일에 밀밭의 이삭을 베어 먹었다.

그렇다면 예수께서 말씀하신 '율법의 완성'은 무엇이며, "율법의 일점 일획도 결코 없어지지 아니하리라"는 공언은 무엇인가? 단순한 과장법이거나 율법사의 갑작스런 질문에 예수께서 실언하신 것인가?

예수께서 율법의 완성과 영원한 가치를 말씀하신 것은 시대의 관습과 전통에 따라 변할 수 있는 '율법 조문'에 대한 복종이 아니다. '율법의 본질'로서 '강령'을 말씀하신 것이며, 이는 율법시대의 '하나님 사랑'과 '이웃 사랑'을 일컫는다.

예수께서 세상에 오셔서 율법을 완성하신 뚜렷한 증거는 율법의 조문들을 신조처럼 지킨 종교적 복종이 아니다. 하나님의 뜻에 따라 자기를 온전히 비우고 마침내 십자가에서 죽기까지 우리를 사랑하신 것이다. "다 이루었다"고 외치신 '주의 십자가'는 하나님 사랑과 이웃 사랑을 동시에 실현하신 거룩한 사명의 완수인 동시에 율법의 완성이다.

그럼에도 불구하고 여전히 의문이 남는다. 생명을 바쳐 율법의 강령을 지키신 예수가 제자들에게 '새 계명'을 주시면서 하나님 사랑을 명시하지 않고, "너희도 서로 사랑하라"는 반쪽(?) 말씀만 남긴 이유는 무엇일까?

여기에서 우리는 예수 그리스도 신앙의 절대적 우월성과 만나게 된다. 예수께서 가르치고 실천하신 '하나님 사랑'은 더 이상 절대자에 대한 종교적 숭배가 아니라, "이웃을 사랑하라"는 인격적 계명의 준수를 통해 구체적으로 실현된다.

"하나님을 사랑하는 것은 이것이니 우리가 그의 계명들을 지키는 것이라 그의 계명들은 무거운 것이 아니니라" 요한일서 5:3
"그의 계명은 이것이니 곧 그 아들 예수 그리스도의 이름을 믿고 그가 우리에게 주신 계명대로 서로 사랑할 것이니라" 요한일서 3:23

유대인들은 '마음과 뜻과 정성을 다해' 희생제사를 드리고 성전을 숭배하는 종교의식을 통해 '하나님 사랑'을 표현했다. 안식일에는 세상일을 하지 않으며 하나님이 주신 안식을 제대로 지켰고, 빠짐없이 성전 제사를 지냈다. 또 먼 곳에 있는 유대인들은 절기마다 예루살렘 성전을 찾아갔다.

형식적 율법주의에 빠진 유대인들의 하나님 사랑은 이방인들의 형식적이며 종교적인 우상 숭배와 크게 다르지 않았다. 안식일을 어기는 자는 율법에 따라 죽임을 당했고, 하나님의 이름을 망령되이 일컫는 자도 살아남지 못했다. 그러나 예수는 그들의 종교적 열정을 칭찬하시기는커녕, "화 있을진저 너희 외식하는 자여"라며 비난했다.

그렇다면 율법의 형식주의를 비판한 예수는 구약시대의 하나님 뜻과 달리 자의적인 시각으로 율법을 재해석했는가? 그렇지 않다. 예수는 성경에 있던 하나님의 말씀을 '있는 그대로' 인용하면서 율법주의로 가려지고 훼손된 하나님의 본뜻을 '세우고 지킨' 것이다. 요컨대 예수는 형식적 율법주의로 하나님을 사랑하라고 명령하신 것이 아니라, 그리스도인들의 새로운 계명으로서 '사랑'을 실천했다고 할 수 있다.

> "너희는 가서 내가 긍휼을 원하고 제사를 원하지 아니하노라 하신 뜻이 무엇인지 배우라 나는 의인을 부르러 온 것이 아니요 죄인을 부르러 왔노라 하시니라" 마태복음 9:13

유대인들은 하나님을 사랑한다는 미명 하에 종교적 의식에 몰입했다. 하지만 하나님의 뜻은 이방의 '우상 숭배' 같은 종교의식이 결코 아니었다. 하나님을 사랑하는 구체적 실천은 이웃을 사랑하고 형제를 사랑하면서 하나님의 사랑을 세상에 오롯이 전하는 것이다. 결국 "하나님은 사랑이시라"라는 말씀의 본뜻은 종교의식을 통해 하나님을 섬기라는 명령이 아니라, 하나님이 존귀하게 지으신 인간을 '네 자신 같이' 사랑하면서 하나님 사랑을 구체적으로 실천하라는 교훈이다.

사랑의 실천이 종교적 의에 우선한다

가장 좋아하는 찬송가를 고르라고 하면 많은 그리스도인들이 〈당신은 사랑받기 위해 태어난 사람〉을 선택한다. 기독교 신앙의 요체는 사랑이며, 성경은 처음부터 끝까지 사람에 대한 하나님의 신실하신 사랑을 기록하고 있다.

죄성을 지닌 존재로서 근본적으로 죄인일 수밖에 없는 인간을 하나님은 버리지 않고 끝까지 사랑하셨다. 죄인을 구원하기 위해 독생자 예수를 세상에 보내셨고, 하나님의 아들인 예수 그리스도는 세상의 구원자로서 목숨을 버리면서까지 대속의 사명을 완수하셨다.

"하나님이 세상을 이처럼 사랑하사 독생자를 주셨으니 이는 그를 믿는 자마다 멸망하지 않고 영생을 얻게 하려 하심이라" 요한복음 3:16
"내가 의인을 부르러 온 것이 아니요 죄인을 불러 회개시키러 왔노라" 누가복음 5:32

흔히 그리스도인들은 자신의 영적 신분에 대해 하나님의 자녀이며 '사랑받는 자'라고 거리낌없이 말한다. 하나님의 신실하신 사랑은 의심의 여지없이 명백한 사실이다. 하지만 하나님의 자녀는 단순히 사랑받는 자에 머물지 않는다. 그리스도인은 '수동적으로' 사랑받는 자를 넘어 '능동적으로' 사랑하는 자이다. 예수는 "서로 사랑하는 자라야 나의 제자"라고 분명히 말씀하셨다.

그리스도인을 간단히 정의하면 그리스도의 계명을 지키는 제자라고 할 수 있다. 이는 곧 '사랑하는 자'로도 표현할 수 있다. "너희가 서로 사랑하면 이로써 모든 사람이 너희가 내 제자인 줄 알리라"라는 말씀은 결국 예수 그리스도를 따르는 제자로서 그리스도인은 무엇보다 '사랑하는 자'가 되어야 한다는 뜻이다. 또한 사랑하지 않는 자는 아무리 종교행위에 열심이어도 진정한 그리스도인이 아니므로 구원받지 못한다는 가르침이다.

예수가 특별히 '사랑하는 제자'였던 요한 사도의 글을 읽어보면 '사랑하는 자'라는 문체론적 특징어를 발견할 수 있다. 요한일서부터 삼서까지 그는 일관되게 그리스도인들을 '사랑하는 자들'라고 부른다. 이는 요한이 사랑했던 요한 공동체의 교인들을 지칭하는 용어가 아니라, 예수를 믿는 그리스도인을 통칭한 것이다.

"사랑하는 자들아 영을 다 믿지 말고 오직 영들이 하나님께 속하였나 분별하라 많은 거짓 선지자가 세상에 나왔음이라" 요한일서 4:1
"사랑하는 자들아 우리가 서로 사랑하자 사랑은 하나님께 속한 것이니 사랑하는 자마다 하나님으로부터 나서 하나님을 알고 사랑하지 아니하는 자는 하나님을 알지 못하나니 이는 하나님은 사랑이심이라" 요한일서 4:7-8
"사랑하는 자들아 하나님이 이같이 우리를 사랑하셨은즉 우리도 서로 사랑하는 것이 마땅하도다" 요한일서 4:11
"사랑하는 자여 네 영혼이 잘됨 같이 네가 범사에 잘되고 강건하기를 내가 간구하노라" 요한삼서 1:2
"사랑하는 자여 네가 무엇이든지 형제 곧 나그네 된 자들에게 행하는 것은 신실한 일이니 그들이 교회 앞에서 너의 사랑을 증언하였느니

라…" 요한삼서 1:5-6

"사랑하는 자여 악한 것을 본받지 말고 선한 것을 본받으라 선을 행하는 자는 하나님께 속하고 악을 행하는 자는 하나님을 뵈옵지 못하였느니라" 요한삼서 1:11

대부분의 그리스도인들은 하나님의 사랑을 받는다는 은혜의 메시지에 흠뻑 젖어 자신을 사랑받는 자로서 '목적격'으로 단정짓는다. 물론 그리스도인은 하나님의 특별한 사랑을 받았고, 받고 있으며, 영원히 받을 사람들이다.

그러나 하나님의 사랑을 받는 자는 반드시 다른 사람들에게 그 사랑을 주어야 하는 의무가 있다. 그것이 바로 그리스도의 계명이다. 그러한 계명을 지키지 않으면 하나님을 사랑하지 않는 자로, 진정한 그리스도인이 될 수 없다. 형제를 사랑하지 않는 자는 하나님을 모르는 자이며, 하나님의 사랑을 모르는 자가 "나는 사랑이니라"라고 선언하신 하나님의 참된 자녀가 될 수는 없는 일이다. 그리하여 하나님의 사랑을 갚는 방법으로 많은 교인들이 종교행위에 열심이다. 하지만 이러한 행동은 종교의 의를 지키는 것이 하나님을 사랑하는 증거라고 믿으면서 성경의 메시지를 왜곡하는 오류라고 할 수 있다.

예수는 사랑의 구체적 실천이 종교적 '의'에 앞선다면서, "예물을 제단에 드리려다가 거기서 네 형제에게 원망들을 만한 일이 있는 것이 생각나거든 예물을 제단 앞에 두고 먼저 가서 형제와 화목하고 그 후에 예물을 드리라"고 말씀하셨다. 또한 "순종이 제사보다 나으니라"라며 성경을 인용해 그리스도인의 계명을 분명히 말씀하셨다. 사랑은 의식儀式적인 종교행위가 아니라 하나님의 뜻을 세상에 오롯이 실천하는 '행함'을 의미한다고 할 수 있겠다.

요한이 말한 '사랑하는 자'는 목적격이 아니라 주격이다. 따라서 다른 사람들을 능동적으로 사랑하는 자를 의미한다. 그리스도인은 사랑을 받는 자에 머물지 않고, '형제'를 사랑하는 능동적 위치에 당당히, 그리고 겸손히 자리해야 한다.

하지만 오늘날 우리는 '사랑하는 자'로서 그리스도의 계명을 지키면서 서로 사랑하며 살고 있는가? 사랑하기 때문에, 그리고 사랑으로 말미암아 그리스도와 그의 복음을 세상에 증거할 수 있는 진정한 그리스도인인가? 사랑을 통해 그리스도의 아름다운 향기를 세상에 전파하는 '종'이 되려면 "내가 너희를 사랑한 것 같이 너희도 서로 사랑하라"는 예수의 말씀을 마음에 새겨야 한다.

그리스도인이라면 마땅히 '그렇다!'고 대답할 수 있어야겠지만, 현실은 그리 간단하지 않다. '사랑한다'고 말하는 순간, 누가 가장 먼저 떠오르는가? 자기 자신인가? 아니면 가족인가? 깊은 우정을 나누는 벗들인가? 우리의 인생에 큰 도움을 준 은인인가? 아니면 인생의 멘토인가?

언뜻 사랑의 대상이 다양해 보이지만, 질문의 바탕은 사실상 동일하다. 자신이 사랑받기 때문에 '보상'으로 사랑하며, 자신에게 '유익'이 있기 때문에 '자신을 위해' 사랑하는 것이다. 이는 자신을 사랑하는 이기적인 사랑이다. 자신의 욕망을 충족시켜 주는 대상을 사랑하는 건 결국 자신을 사랑하는 것의 다른 표현일 뿐이다.

"너희가 너희를 사랑하는 자를 사랑하면 무슨 상이 있으리요 세리도 이

같이 아니하느냐 또 너희가 너희 형제에게만 문안하면 남보다 더하는 것이 무엇이냐 이방인들도 이같이 아니하느냐 그러므로 하늘에 계신 너희 아버지의 온전하심과 같이 너희도 온전하라" 마태복음 5:46-48

마음이 끌리는 대로 사랑하는 자, 사랑할 만한 이유와 가치가 있는 자를 '골라' 사랑하는 것은 자기 감정과 욕망을 좇는 '감각적 반응'에 지나지 않는다. 예수가 말씀하신 것처럼, '죄인'도 그런 사랑은 실천할 수 있다. 자기 욕망을 한껏 충족시키는 일이므로 믿음이 없고 계명을 따르지 않는 탐욕스러운 죄인이 오히려 잘할 수 있는 육신의 사랑이다.

자신의 의지와 감정으로는 도저히 사랑하기 힘든 자, 사랑하기 싫은 자, 심지어 사랑할 수 없는 자를 기꺼이 사랑하는 것이 그리스도인에게 주어진 진실한 사랑의 의미이며 계명이다. 이기적인 자아에서 벗어나 그리스도의 향기가 세상에 온전히 드러나기 때문이다.

다른 사람들을 향한 이타적인 사랑, 곧 그리스도의 사랑을 실천하지 못하는 이유는 자신을 사로잡는 또다른 '사랑'의 욕망, 곧 이기적인 자아의 욕망 때문이다.

그렇다면 예수가 명령하신 사랑, 곧 그리스도인으로서 구원에 이르는 진정한 사랑은 누가 어떻게 할 수 있는가? 인간에게 죄성이 존재하는 한 인간의 육적 의지로는 그런 사랑을 실천할 수 없다. 진정으로 사랑할 수 있는 방법은 하나, 이기심과 탐욕에 사로잡힌 육적 자아를 먼저 죽여야 한다. 그리고 그리스도와 함께 거듭날 때 비로소 그리스도의 사랑을 온전히 실천할 수 있다.

"내가 그리스도와 함께 십자가에 못 박혔나니 그런즉 이제는 내가 사는 것이 아니요 오직 내 안에 그리스도께서 사시는 것이라…" 갈라디아서 2:20

"내가 십자가에 못 박혔다"는 말은 무엇을 의미할까? 물론 다양한 해석이 있을 수 있다. 그러나 성경 본문을 정확히 이해하기 위해 같은 형태를 지닌 병행문에 주목해 보자. 즉, '십자가에 못 박다'라는 동일한 형태의 문장에서 보다 구체적으로 의미를 파악할 수 있다. 다른 텍스트와 마찬가지로 성경의 병행문들은 상호보완적 의미구조를 지니고 있어 바른 해석을 위한 유용한 지표가 되기 때문이다.

"그리스도 예수의 사람들은 육체와 함께 그 정욕과 탐심을 십자가에 못 박았느니라" 갈라디아서 5:24

십자가에 못 박는 대상은 육신의 정욕과 탐심이다. '정욕과 탐심'은 이른바 자아의 욕망이다. 이기적인 자아를 십자가에 못 박지 않는다면 죄성을 지닌 인간은 결코 성령의 열매를 맺지 못하며, 성령의 열매를 맺지 못한 자는 그리스도의 사랑으로 형제를 사랑할 수 없다는 말이다. 예수가 말씀하신 이타적 사랑은 이기적 탐심과 정욕을 버리고 기꺼이 희생하는 헌신적 사랑에서 비롯되기 때문이다. 결국 성령의 도우심이 없다면 그리스도인은 요한 사도가 말하는 것처럼 '사랑하는 자'가 될 수 없다.

"오직 성령의 열매는 사랑과 희락과 화평과 오래 참음과 자비와 양선과 충성과 온유와 절제니 이같은 것을 금지할 법이 없느니라 그리스도 예수의 사람들은 육체와 함께 그 정욕과 탐심을 십자가에 못 박았느니라"

갈라디아서 5:22-24

자기 사랑과 자기 자랑

■ 네 자신 같이 사랑하라

자기 자신을 사랑하지 못하는 사람이 다른 사람을 진실한 마음으로 사랑할 수 있을까?

"무릇 내게 오는 자가 자기 부모와 처자와 형제와 자매와 더욱이 자기 목숨까지 미워하지 아니하면 능히 내 제자가 되지 못하고 누구든지 자기 십자가를 지고 나를 따르지 않는 자도 능히 내 제자가 되지 못하리라" 누가복음 14:26-27

예수는 이처럼 '자기 목숨'을 사랑하거나 자기 가족을 사랑하는 자는 제자가 될 수 없다고 선언한다. 자기애와 가족애가 깊으면 이기심과 자아의 틀에 갇혀, 예수의 최고계명인 "서로 사랑하라"는 이타적 사랑을 실천할 수 없다는 말씀이다.

예수가 십자가의 사랑을 통해 본을 보이신 것처럼, 진정한 사랑에는 온전한 희생과 헌신이 필요하다. 내가 다른 사람, 즉 '너'와 '그'를 거짓 없이 사랑한다는 말은 단순히 좋은 감정을 가지고 있다는 의미가 아니다. 감정적인 사랑은 호감을 느낄 때, 다시 말해 상대에게 좋은 감정을 느낄 만한 조건이 충족될 때 생겨나는 이기적이며 자기중심적인 사랑이다. 그런 사랑은 일시적인 감정에 따라 달라지고, 상황에 따라 바뀌며, 관계에 따라 수시로 변한다.

그러나 예수가 말씀하신 참된 사랑은 조건에 따라 변하는 종속변수가 아니라 언제나 변함없는 상수常數이다. 사랑하되 "내가 너희를 사랑한 것 같이 사랑하라"면서 분명한 기준을 제시하신다. 즉, 예수가 십자가의 사랑을 통해 보여주신 것처럼 누구나 '차별 없이' 사랑하며, 기꺼이 희생을 감당하라는 것이다. 이는 자신의 감정에 따라 수동적으로 선택되는 사랑이 아니라 '원수까지' 능동적으로 사랑하는 것이며, 자기희생을 전제로 한 온전한 사랑이다. 따라서 예수가 말씀하신 사랑은 육신과 안목의 정욕에 따른 이기적 선택이 아니라, 그리스도인의 거룩한 의무이며 반드시 지켜야 할 절대계명이다.

"누구든지 자기 십자가를 지고 나를 따르지 않는 자도 능히 내 제자가 되지 못하리라"는 말씀은, 예수의 제자도를 올곧게 수행하려면 자신의 육적 자아와 탐욕을 죽이라는 준엄한 명령이다. 자기를 부인하고 자기 십자가를 지는 자라야 예수를 따를 수 있다면, 그리스도의 제자가 되기 위해서는 오히려 자기를 '미워'하는 희생적 '순종'이 필요다는 뜻이다. 그러나 자신을 사랑하지 않는 자가 과연 다른 사람을 진정으로 사랑할 수 있을까?

예수 그리스도의 말씀이므로 그리스도인으로서 바로 따라야겠지만, 쉬운 일이 아니다. 우리가 애써 주의 제자가 되고 그의 계명을 지키려는 이유도 결국 자기를 사랑하기 때문 아닐까? 자기를 사랑해야 보다 가치 있는 자신의 모습을 기대하면서 기꺼이 주의 제자가 될 수 있지 않을까?

그렇다. 자신을 사랑하지 못하는 자는 결코 다른 사람을 사랑할 수 없다. 자신을 사랑하지 않는 사람은 사랑을 모르는 자이며, 사랑을 모르는 자는 그 누구도 진실한 마음으로 사랑할 수 없기 때문이다. 그래서 예수는 사랑의 또다른 기준으로 구약의 "네 자신 같이 사랑하라"는 말씀을 인용하셨다.

> "예수께서 이르시되 네 마음을 다하고 목숨을 다하고 뜻을 다하여 주 너의 하나님을 사랑하라 하셨으니 이것이 크고 첫째 되는 계명이요 둘째도 그와 같으니 네 이웃을 네 자신 같이 사랑하라 하셨으니 이 두 계명이 온 율법과 선지자의 강령이니라" 마태복음 22:37-40

예수는 이처럼 레위기의 말씀을 인용해 "네 이웃을 네 자신 같이 사랑하라"는 명령이 율법의 가장 큰 계명이라고 가르치셨다. 두 개의 계명으로 구별했지만 "둘째도 그와 같다"는 전제에서 보듯이, "하나님을 사랑하라"는 첫째 계명과 "이웃을 사랑하라"는 둘째 계명은 하나의 동일한 사랑에 대한 다양한 적용으로 보는 것이 문맥적 해석으로 타당할 것이다.

그리스도인에게 사랑은 모든 사람이 소유하는 일반적 감정이 아니라 하나님이 선택하신 자녀에게 주시는 특별한 성품이다. 여기에서 선택은 종교적 의미에서 말하는 '선택'과 다른 개념이며, 예정론적 관점의 일방적인 선택이 아니다.

"네 자신 같이 사랑하라"고 하신 하나님의 말씀은 신자에게만 국한된 계명이 아니다. 인간은 하나님의 형상대로 지어진 존재이기 때문에, 비록 죄로 말미암아 타락했을망정 본성에 하나님이 주신 사랑의 속성을 담지하고 있다. 죄인이기 때문에 사랑이 없다면, "네 자신 같이 사랑하라"는 말씀은 사랑할 수 없는 인간에게 사랑을 요구하는 것으로, 그 자체가 모순이 되고 만다.

하나님을 모르는 자는 하나님의 '형상'에서 파생되는 참된 사랑을 알 수 없으며, '사랑하는 자'로서 그리스도인은 이미 믿음과 '본성으로' 하나님의 사랑을 아는 자이다. 따라서 사랑하는 자는 이웃을 사랑할 뿐만 아니라 자기 자신도 사랑한다. 하나님의 사랑이 존재하는 한, '자신'도 사랑받는 객체가 되기 때문이다.

그렇다면 "자기 목숨까지 미워하지 않으면 내 제자가 되지 못한다"는 말씀과, "네 자신 같이 이웃을 사랑하라"는 말씀은 양립할 수 없는 모순일까? 그렇지 않다. 예수께서 우리에게 주신 분명한 말씀이며, '말씀'은 언제나 진리이다. 다만, 각각의 단어와 문장이 서로 다른 문맥 안에서 '내용'이 다른 의미를 나타낼 뿐이다.

예수께서 제자의 조건으로 제시하신 "자기를 부인하고 자기를 사랑하지 않는 자"에서 '자기'는 육적 자아에 갇히고 탐욕에 사로잡힌 존재를 말한다. 반면에 "네 자신 같이 사랑하라"에서 '자신'은 사랑을 알고 행하는 주체를 의미한다. 즉, 후자는 하나님의 사랑을 소유한 존재로서 내면적인 자신의 모습이다.

예수를 따르기 위해 우선적으로 부인해야 하는 '자기'는 탐심과 정욕에 사로잡힌 육적 자아를 의미한다. 이는 예수가 "네 이웃을 네 자신 같이 사랑하라"는 말씀을 통해 전하려는 진정한 사랑이 아니라 자기 자랑에 지나지 않는다. 예수는 그런 모습, 이를테면 사랑하지 못하고 끝내 자랑하고 마는 거짓된 모습을 '자기 십자가'에 매달라고 명령하신 것이다.

■ 교만의 수렁으로 빠뜨리는 자기 자랑

'자기 사랑'과 '자기 자랑'의 근본적 차이는 무엇일까? 서로 다르게 쓰인 '자기'라는 단어의 차이를 제대로 이해하기 위해 먼저 '자아'의 개념을 정립해 보자.

자아는 '자기 자신에 대한 분명한 의식이나 관념'이며, 자아가 강한 사람은 자기 정체성에 대한 의식과 주관이 뚜렷하다. 사람은 누구나 '자기 정체성'이 있으며, 정체성이 뚜렷한 사람은 자신에 대해 특별한 가치관을 지니고 살아간다. "나는 누구인가?", "나는 무엇을 위해 사는가?" 같은 존재론적 질문에 어떻게 대답하느냐에 따라 인생의 목적과 방향이 극적으로 갈리는 것이다.

그런데 사람은 육신의 욕망을 지닌 생물학적 존재일 뿐만 아니라 영을 지닌 특별한 존재이다. 다른 동물과 구별되는 인간의 특징으로 흔히 사회성·도덕성·이성을 말하면서, 인간을 사유하는 사회적 동물로 정의한다. 하지만 인간의 영성을 빼고는 다른 동물과의 근본적 차이를 설명하기 어렵다.

수준이 많이 떨어지지만 동물도 일정하게 사회성을 지니며, 더불어 살기 위해 상대를 인정하는 최소한의 원칙을 갖고 있다. 또한 지적 능력도 있다. 그러나 그것들이 과연 종교성을 지닐까? 예컨대, 개나 돼지도 신의 이름을 부르며 기도할까? 그에 비해 사람은 처음부터 영을 지닌 존재로 만들어졌다.

"여호와 하나님이 땅의 흙으로 사람을 지으시고 생기를 그 코에 불어넣으시니 사람이 생령이 되니라" 창세기 2:7

사람은 육신을 지닌 존재로서, 일반적 의미의 자아와 영적 존재로서 특별한 자기 정체성을 지니고 있다. 따라서 자아라고 말할 때 우리는 육적 자아와 영적 자아를 구별해야 한다.

육적 자아로서 인간은 결코 물리지 않는 본능적 욕망을 지니고 있다. 인간의 원죄에 대해 다양한 의견들이 있지만 한 가지는 분명하다. 사탄의 유혹과 더불어 시작되었지만, 인간이 갖고 태어나는 본능적 욕망에서 비롯되었다는 사실이다. 일단 욕망의 덫에 걸리면 자신의 육적 의지만으로는 빠져나오기 어렵다. 하나님의 존재를 믿는 사람들조차 영적인 눈과 귀가 가려져 하나님의 준엄한 음성이 들리지 않는다.

'자기 자랑'을 언급하면서 인간의 탐욕과 죄성까지 들먹이는 데는 이유가 있다. 자기 자랑은 교만과 가깝고, 교만은 죄성의 뿌리인 '욕심'과 맞닿아 있기 때문이다.

"오직 각 사람이 시험을 받는 것은 자기 욕심에 끌려 미혹됨이니 욕심이 잉태한즉 죄를 낳고 죄가 장성한즉 사망을 낳느니라" 야고보서 1:14-15

자기 자랑의 본능적 욕망을 통제하지 못하면 어김없이 탐욕의 수렁으로 빠져들게 된다. 그리고 탐욕은 교만을 일깨워 죄를 부추긴다. 따라서 자기 자랑을 일삼는 기독교인들은 자기도 모르는 사이 거짓된 탐욕의 신앙에 빠져든다. 탐욕은 종종 '은혜'인 양 변장해 그리스도인의 마음을 사로잡기 때문이다.

인류 최초로 죄를 범한 아담은 생명을 주신 분, 곧 생명의 주인이 하나님임을 알고 있었다.

"아담이 이르되 하나님이 주셔서 나와 함께 있게 하신 여자 그가 그 나무 열매를 내게 주므로 내가 먹었나이다" 창세기 3:12

이처럼 하나님이 아담의 갈비뼈를 떼어 하와를 만들고, 둘이 함께 살게 하셨다는 사실을 알고 있던 아담에게 창조주 하나님은 준엄하게 말씀하신다.

"여호와 하나님이 그 사람에게 명하여 이르시되 동산 각종 나무의 열매는 네가 임의로 먹되 선악을 알게 하는 나무의 열매는 먹지 말라 네가 먹는 날에는 반드시 죽으리라 하시니라" 창세기 2:16-17

동산의 여러 열매를 자유로이 따먹을 수 있었음에도, 하나님께서 유일하게 금지하신 '선악을 알게 하는 나무(선악과라는 이름의 나무가 따로 있었던 것은 아니다)'의 열매를 먹은 이유는 무엇일까? 이는 자신의 소유에 만족하지 못하는 인간의 끝없는 욕망 때문이다. 욕망은 섣불리 설명할 수 없는 무서운 마성을 지니고 있다.

인간의 욕망은 만족이 없다. 따라서 절대로 멈추지 않는다. 설령 바라던 것들이 모두 충족되어도 사람의 마음 한편에는 어느새 새로운 욕망이 꿈틀거린다. 욕망의 대상은 끝이 있는 목적이 아니라 신기루 같은 허상일 뿐이다. 자신도 모르는 사이에 새로운 욕망을 품으면서 마침내 욕망 자체가 끝없는 목적이 된다. 그로 인해 인간의 욕망은 욕망을 위한 욕망, 이른바 '맹목적인 탐욕'으로 변질된다.

아담과 하와가 인류 최초로 죄를 범하며 원죄의 주인공이 된 것은 하나님의 존재를 몰랐기 때문이 아니다. 그들의 마음에 욕망이 있고, 그 욕망을 읽은 사탄의 유혹에 걸려든 것이다. "먹음직도 하고 보암직도 하고 지혜롭게 할 만큼 탐스럽기도 한" 대상를 만나는 순간 그들의 마음에 걷잡을 수 없는 욕망이 생겨났다. 그리고 결국 '하나님과 같이 되어지려는' 욕망을 충족시키기 위해 하나님의 명령을 어기고 말았다.

"너희가 그것을 먹는 날에는 너희 눈이 밝아져 하나님과 같이 되어 선악을 알 줄 하나님이 아심이니라 여자가 그 나무를 본즉 먹음직도 하고 보암직도 하고 지혜롭게 할 만큼 탐스럽기도 한 나무인지라 여자가 그 열매를 따먹고 자기와 함께 있는 남편에게도 주매 그도 먹은지라" 창세기 3:5-6

그렇다면 자기 자랑은 무엇이며, 자기 사랑은 어떤 사랑일까? 자기 자랑은 겉으로 드러나는 외형을 중시한다. 빼어난 미모, 부요한 재산, 높은 지위, 남다른 건강, 특별한 재능, 빛나는 명예, 귀한 가문 등을 세상에 드러내고 자신의 존재를 과시하려 한다. 이는 탐욕스러운 인간의 자기 자랑이자 교만일 뿐이며, 결코 진정한 자기 사랑이 될 수 없다.

자기 자랑은 있는 그대로를 사랑하는 것이 아니라 다른 사람보다 뛰어난 모습을 과시하려는 욕망이다. 주변과 비교하며 은연중에 자신을 높이므로, 다른 사람의 굴복을 전제로 하고 필연적으로 상대방과 우열을 가린다. 반드시 경쟁하고 이겨야 하므로 자기 자랑에 사로잡힌 사람은 상대를 물리치며 아픈 상처를 남긴다.

자기 자랑에 연연하는 사람은 상대가 자기보다 못하다고 느낄 때 마음의 여유가 생긴다. 그리하여 그를 편하게 대한다. 그러나 반대의 경우는 사정이 달라진다. 자기를 한껏 자랑하기 위해 내가 '더' 많은 것, '더' 좋은 것을 가져야 한다는 교만의 수렁에 빠져든다. 탐욕에 빠진 자아는 결국 큰 죄를 낳는다. 상대를 질투하고, 미워하고, 비방하고, 증오하면서 자기도 모르게 죄를 범하는 것이다. "욕심이 잉태한즉 죄를 낳고 죄가 장성한즉 사망을 낳느니라(야고보서 1:15)." 자기 자랑은 이처럼 허상을 꿈꾸며 거짓과 교만의 종이 되어 자신을 죄악의 길로 몰고 가는 사탄의 가증한 도구이다.

■ 사랑할 수 없는 대상까지 사랑하라

세상에 속하고 육신의 정욕에 빠진 자신의 '옛사람'을 사랑할 때 우리는 자기 자랑에 하릴없이 빠져든다. 이는 예수가 "자기를 부인하고 자기 십자가를 지고 나를 따르라"고 말씀하신 '자기'이며, 바울 사도가 "십자가에 못 박으라"고 외친 탐심과 정욕의 헛된 자아이다.

자기 사랑은 자기 자랑과 근본적으로 다르다. 자기 사랑은 내면의 모습을 '있는 그대로' 사랑하는 것이다. 예수의 계명인 "사랑하라"는 말씀대로 자기를 진정 사랑하기 위해서는 내면의 모습을 거짓 없이 사랑해야 한다. '나'라고 힘껏 소리치며 우쭐대는 모습이 아니라, 내 안에 있으면서도 '나'

라고 소리치지 못하는 불쌍한 '나'를 사랑해야 온전히 자신을 사랑할 수 있다.

누가 보아도 '사랑할 만한' 자신의 모습은 하나님이 주신 특별한 은혜이자 중요한 영적 자산이다. 그러한 모습들을 기꺼이 사랑하라. 그리고 자랑스러운 모습들을 결코 부정하지 말라. 겸손을 가장해 사실을 사실이 아니라고 부정하는 것은 거짓이며, 또다른 영적 교만이다.

하지만 절대로 과시해서는 안 된다. 그렇게 자기 자랑에 빠지는 순간 인간은 교만의 거친 가시로 다른 사람들에게 상처를 준다. 자랑할 만한 가치들은 자신보다 부족한 사람들을 위해 사용해야 한다. 하나님이 특별한 은혜를 주셨다면, 이는 자신의 욕망을 충족시키라고 주신 악한 도구가 아니다. 소유하지 못한 다른 사람들을 위해 사용하라는 값진 은혜이며 선물이다. 예수의 절대계명인 사랑을 실천하고, 세상에 빛을 비추듯 다른 사람들에게 사랑을 밝히라며 주신 거룩한 사명이다.

그리스도인은 숨김없이 '자기'를 사랑할 수 있어야 한다. 사람들은 흔히 기독교가 사랑의 종교이며, 그리스도인들이 사랑의 계명을 지키는 '거룩한 무리'라고 말한다. 그러나 잘난 자기 모습을 사랑하는 것은 누구든지 할 수 있다. 반면에 내면의 초라한 모습과 깊은 상처에 신음하는 자신의 영혼을 사랑하기란 쉬운 일이 아니다. 아무리 마음을 다잡아도 그것을 들출 때마다 아프고 슬퍼서 자기도 모르는 사이 외면하게 된다. 그리고 내면의 감옥에 꼭꼭 가둬두려 한다. 하지만 상처 입은 영혼은 사슬에 묶인 채 가만히 있지 않는다. 숨이 막히고 아프다며 소리치고 사근사근 자신을 갉아먹는다.

사랑할 만한 대상을 사랑하는 것은 누구든지 할 수 있는 감각적인 사랑이다. 감정을 따르면 되기 때문이다. 하지만 도저히 사랑할 수 없을 듯한 상대에게 애써 마음을 여는 것이 그리스도인의 진정한 사랑이다.

예수의 새 계명 "내가 너희를 사랑한 것 같이 너희도 서로 사랑하라"는 말씀은 "네 이웃을 네 자신 같이 사랑하라"는 계명과 수평적 인간의 사랑이라는 관점에서 사실상 같다. "네 자신 같이 사랑하라"는 말씀은 "네가 네 자신을 사랑하듯 이웃을 사랑하라"는 뜻이다. 다시 말해, 자신을 온전히 사랑하는 것이 진정한 사랑의 시작이며, 자신을 사랑하지 못하는 자는 다른 사람도 사랑하지 못할 뿐만 아니라, "서로 사랑하라"는 주님의 계명도 지키지 못한다는 결론이다.

그러나 예수의 새 계명에서 우리는 "내가 너희를 사랑한 것 같이"라는 또 하나의 지침과 만난다. 자신을 사랑하는 것처럼 이웃을 사랑하라는 율법에서 한걸음 나아가, 예수가 사랑하신 것 같이 사랑하라는 명백한 기준이다. 예수의 사랑은 무엇인가? 이타적 사랑이며 헌신적 사랑인 동시에, 반드시 지켜야 하는 계명이다. 사랑할 만해서 사랑하는 것이 아니라 사랑해야 하기 때문에 조건 없이 사랑하는 것이다.

자신의 수많은 모습 가운데 도저히 사랑할 수 없는 것들까지 사랑하는 것은 이기적인 사랑이 아니다. 자신에게 버림받은 또다른 자기 모습을 오롯이 사랑하는 이타적인 사랑이다. 내면의 '버림받은 나'를 다른 사람처럼 바라보고, 다른 사람을 사랑하듯 사랑하기 때문이다. 자신이 주체가 아니라 객체가 되면서 주객이 전도되는 새로운 사랑이다.

물론 예수가 말씀하신 것은 이타적 사랑으로, 내가 아닌 남을 사랑하는 것을 말한다. 그러나 여기에 '자기 사랑'의 중요한 비밀이 담겨 있다. 자신을 사랑한다고 생각하지만, 사실 내가 사랑하는 대상은 일인칭인

'나'가 아니라 '나의 영혼'이다. 나와 가슴을 열고 대화하는 순간 2인칭이 되고 거리를 두고 깊이 묵상하면 3인칭이 되는 객체이다. '나'는 분명 1인칭인데 갑자기 2인칭, 심지어 3인칭의 '나'가 된다는 것은 무엇을 의미할까? 다음 구절을 깊이 묵상해 보자.

> "내 영혼아 네가 어찌하여 낙심하며 어찌하여 내 속에서 불안해 하는가 너는 하나님께 소망을 두라 나는 그가 나타나 도우심으로 말미암아 내 하나님을 여전히 찬송하리로다" 시편 42:11

여기에서 말하는 '나'는 화자로서 당연히 1인칭이고, 조심스레 내 말을 듣고 있는 '나의 영혼'은 '네가'라고 부르는 순간 2인칭이 된다. 자신을 진실로 사랑할 때, 내면에서 고통받던 '나의 영혼'은 사랑받아야 할 소중한 대상이 된다. 다시 말해, 자기 자신이 이기적 사랑의 대상에서 벗어나 예수께서 말씀하신 이타적 사랑의 대상이 되는 것이다.

그리스도인이 실천해야 하는 사랑은 사랑할 만한 사람을 사랑하는 것이 아니다. 예수는 사랑할 수 없는 사람까지 차별 없이, 거짓 없이 사랑해야 한다고 말씀하시며, 감정적인 사랑이 아니라 진실한 사랑의 의미를 일깨워주셨다.

> "그러나 너희 듣는 자에게 내가 이르노니 너희 원수를 사랑하며 너희를 미워하는 자를 선대하며 너희를 저주하는 자를 위하여 축복하며 너희를 모욕하는 자를 위하여 기도하라" 누가복음 6:27–28

■ 내 안의 '작은 자'를 사랑하라

원수를 사랑하고, 자신을 모욕하고 괴롭히는 자를 사랑하라는 가르침은 예수 그리스도만의 특별하고 거룩한 계명이다.

"너희가 만일 너희를 사랑하는 자만을 사랑하면 칭찬받을 것이 무엇이냐 죄인들도 사랑하는 자는 사랑하느니라 너희가 만일 선대하는 자만을 선대하면 칭찬받을 것이 무엇이냐 죄인들도 이렇게 하느니라" 누가복음 6:32-33

그러나 원수를 사랑하라는 말은 이타적 사랑으로 의미가 한정되지 않는다. 물론 '자기 자랑'의 욕망에 사로잡힌 육적 자아를 사랑하는 것은 탐욕이며, 그리스도인들이 마땅히 부인해야 할 이기적인 사랑이다. 하지만 내면에 웅크리고 있는 또다른 자신을 외면해서는 안 된다. 마치 다른 사람인 것처럼 이타적 대상으로 바라보고 사랑해야 한다.

사랑하되 원수까지도 사랑하라는 가르침은 자기 사랑의 경우에도 예외가 아니다. 즉, '자신'을 진정으로 사랑하기 위해서는 내면에 숨어 있는 '다른 나', 도저히 인정하기 싫은 자신의 모습까지 사랑해야 한다.

모든 사람의 내면에는 분명 '나'라고 말하지 못하는 초라한 자신의 모습, 숨소리조차 제대로 내지 못하며 고통으로 신음하는 모습이 숨어 있다. 이는 내면의 다른 자기이며, 지극히 '작은 자'의 모습이다. 자기를 진정으로 사랑하기 위해서는 좁디좁은 내면의 감옥에서 신음하는 자신을 먼저 구해야 한다. 그것은 너무 부끄러워 누구에게도 말 못하는 지독한 열등감이며, 좀처럼 사라지지 않는 차디찬 분노이며, 끝내 아물지 않은 상처이며, 가슴 저린 슬픔이며, 아무에게도 고백하지 못하는 어두운 죄악이다.

잔뜩 웅크린 자신을 외면하지 말고 있는 그대로 사랑해야 한다. 뿌리 깊은 열등감을 고이 쓰다듬고, 처절한 슬픔을 따뜻하게 위로하며, 애써 상처를 치유하고, 담대히 죄를 용서해야 한다. 자신의 내면에 갇혀 남몰래 눈물 흘리는 '나'를 긍휼히 여겨야 한다.

외면하고픈 자신의 모습을 진심으로 사랑하는 것은 예수가 말씀하신 세상의 보잘것없는 작은 자를 사랑하는 것과 같다. 세상의 작은 자를 사랑하는 것이야말로 예수의 제자로서 그의 계명을 지키는 그리스도인의 진정한 사랑이며 순종이다.

"…너희가 여기 내 형제 중에 지극히 작은 자 하나에게 한 것이 곧 내게
한 것이니라" 마태복음 25:40

"굶주리고, 헐벗고, 병들고, 감옥에 갇힌 자들을 사랑하는 것이 곧 나를 사랑하는 것"이라고 말씀하신 예수는 이제 우리에게 "네 안에 있는 보잘것없는 자기 모습들을 마치 예수를 사랑하듯 진실로 사랑하라"고 요구하신다. 그렇게 해야 거짓 없이 이웃과 형제를 사랑할 수 있기 때문이다.

자기 죄를 용서할 때 비로소 자신을 온전히 사랑할 수 있다. 죄를 짓고도 멋대로 용서하고, 정당한 이유가 있는 양 합리화시키라는 말이 아니다. 죄를 용서할 수 있는 권리는 오직 주께 있다. 죄는 숨긴다고 없어지지 않는다. 오히려 변질되고 부패되어 악한 독을 품는다.

예수는 성령을 훼방한 죄 말고는 용서받지 못할 죄가 없다고 말씀하셨다. 자신의 죄를 숨김없이 고백하고, 간절한 마음으로 주께 용서를 구하며 나아가는 순간, 우리의 모든 죄는 깨끗이 용서받는다. 이것은 하나님의 명백한 약속이다. 하나님께 용서받으면 더 이상 자신의 죄에 대해 주저할 이유가 없다.

자랑할 만한 것들을 사랑하는 것은 전혀 어려운 일이 아니다. 하지만 내면에 숨은 자신의 비천한 모습을 사랑하기란 쉽지 않다. 그럼에도 불구하고, 초라한 자신의 영혼까지 사랑해야 진실로 자기 자신을 사랑할 수 있다. 자신을 사랑하지 못하는 사람은 결코 '형제'를 사랑할 수 없다. 진실한 '사랑의 영'인 그리스도의 성령이 없기 때문이다.

하나님이 그토록 사랑하시는데 정작 하나님의 자녀가 자신을 사랑하지 않는다면 불신앙의 사슬에 묶여 하나님의 뜻을 저버리는 것이나 마찬가지다. 자기 자신을 먼저 사랑해야 한다. 내면에 있는 것들을 '차별 없이' 사랑하자. 자신의 잘난 모습은 '그래서' 사랑하며 하나님의 뜻에 합당하게 사용하고, 못난 모습은 '그래도' 사랑하며 아름답게 가꿔 하나님의 선한 도구로 사용하자.

자기 사랑을 주장하는 이유는, 자기 만족을 통해 인생을 보다 즐겁게 살자는 의미가 아니다. 자기를 사랑하는 자라야, 그리고 내면에 숨어 있는 아픈 상처를 치유하는 자라야 이웃을 사랑하며 주님의 계명을 지키는 진정한 그리스도인이 될 수 있기 때문이다.

예수는 "나의 계명을 지키는 자라야 나를 사랑하는 자이며 나도 그를 사랑하리라"라고 말씀하셨다. '사랑하는 자'라야 주를 사랑하고, 주께 속한 자로서 오롯이 구원받을 수 있다는 뜻이다. 사랑은 그 자체로 이미 아름답고 거룩하다. 진정한 자기 사랑은 세상의 탐욕과 외식을 추구하는 타락한 욕망이 아니다. 내면의 아픔과 상처마저 불쌍히 여기며 마음을 다해 사랑하는 그리스도인이야말로 거짓된 탐욕과 교만을 버리고 진실로 '사랑하는 자'로서 그리스도의 사랑을 받는 주인공이다. 기독교의 사랑을 이타적 사랑으로 단정짓거나, '자기 사랑'을 부정하는 '금욕주의 신앙'으로 규정하는 것은, 사랑의 본질을 제대로 깨닫지 못한 해석과 적용의 오류이다.

■ 자존심과 자존감

"…네 이웃 사랑하기를 네 자신과 같이 사랑하라 나는 여호와이니라"
레위기 19:18

여기서 주목해야 할 부분은 '네 자신과 같이'이다. 이는 곧 이웃을 사랑하되 "자신을 사랑하는 것과 같이 사랑하라"는 의미이다. 자신을 사랑하지 못하는 사람은 진정으로 이웃을 사랑할 수 없으며, 자신을 사랑하지 않는 사람은 결국 사랑의 계명을 지킬 수 없다는 말씀이다.

물론 '네 자신과 같이' 사랑하라는 하나님의 말씀이 개인의 탐욕이나 육적 욕망을 정당화하거나, 이기적인 사랑을 지지하는 빌미가 될 수는 없다. 그러나 '자존감'을 지니지 못한 사람은 자기뿐만 아니라 '형제' 또한 진지하게 사랑하지 못한다.

살다보면 유난히 자존심이 강한 사람들을 만나곤 한다. 그런 부류는 대개 교만하기 쉽다. 성격이 강퍅해서 인정받지 못하면 다른 사람들과 쉽게 어울리지 못하기도 한다. 그런데 내면을 들여다보면 '마음의 상처'가 있는 경우가 많다. 다른 사람들에게 그것을 드러내지 않고 스스로도 인정하지 않기 때문에, 왜곡된 '자기표현'으로 자존심을 앞세우는 것이다. 치유되지 않은 상처는 뒤틀리고 일그러져 숨겨진 열등감으로 내면 깊숙이 자리잡는다. 내버려두면 저절로 아무는 육신의 상처와 달리, 마음의 상처는 시간이 지나면서 점점 깊어져 자기도 모르는 사이 무서운 질병이 된다.

자신이 애써 드러내려는 자존심의 실체를 파악하는 것이 무엇보다 중요하다. 그것이 마음의 상처에서 비롯된 '처절한 절규'라면, 손을 내밀어 위로하고 따뜻하게 감싸주어야 한다. 내면의 상처는 독을 발생시켜 자신을 해칠 뿐만 아니라, 다른 사람들에게도 나쁜 영향을 미친다. 그러나 이 일은 그리 간단하지 않다. 열등감을 끝내 인정하지 못하는 자존심이 상처 역시 드러내지 못하게 막는 경우가 대부분이기 때문이다.

언뜻 비슷해 보이지만 자존심과는 다른 영적 품성이 있다. 바로 자존감이다. 자존감은 자신의 소중한 가치를 깨닫고, 자신을 진정으로 사랑하는 아름다운 감정이다. 속된 자존심이 심적 기반에 바탕을 두고 있다면, 자존감은 영적 기반에 토대를 둔다고 할 수 있겠다.

'자기를 사랑한다'고 하면 무작정 '이기적인 자기애'로 치부하고 타락한 가치로 평가하는 것은 옳지 않다. 자신을 사랑하지 못하면서 다른 사람을 사랑한다는 주장은 심각한 자기 모순이다. 사랑을 모르는 자가 마치 사랑을 알고 실천하는 중이라고 억지를 부리는 것과 같다. 예수는 분명히 이렇게 말씀하셨다.

"나의 계명을 지키는 자라야 나를 사랑하는 자니 나를 사랑하는 자는 내 아버지께 사랑을 받을 것이요 나도 그를 사랑하여 그에게 나를 나타

내리라" 요한복음 14:21

'사랑하는 자'는 구원받은 자이며 승리한 그리스도인이다. 그리고 사랑의 기본은 자신을 있는 그대로 사랑하며 자존감을 지키는 것이다. 주께 천하보다 존귀한 가치를 부여받은 그리스도인, 나아가 '기쁨과 평안'의 영원한 생명을 지닌 그리스도인은 결코 자존감을 잃어서는 안 된다. 자존감은 자신의 존재가치를 분명히 인정하는 것이며, 생명을 주신 주의 은혜에 진실로 감사하는 것이며, 주의 계명을 올곧게 지키는 것이다.

그렇다면 육적 자존심과 영적 자존감의 차이는 무엇인가? 내가 삶의 주인이 되어 이기적인 욕망으로 나를 애써 사랑하는 것이 자기중심의 속된 자존심이다. 반면에 예수가 내 삶의 주인이 되어 성령의 깨우침으로 나를 온전히 사랑하는 것이 영적 자존감이다. 즉, 심적 의지로 나를 사랑하면 자존심이 드러나고, 영적 의지로 내 안의 또다른 나를 사랑하면 자존감을 지닌 존재가 된다.

그리스도인은 주의 계명에 따라 사랑하되, '내 안의 또다른 나'를 사랑하면서 자존감을 지닌 특별한 존재이다. 영적 자존감을 가질 때 비로소 세상의 작은 자들을 진실로 사랑할 수 있다. 또한 주의 계명을 온전히 지키며 승리하는 그리스도인으로 바로설 수 있다.

■ '육체의 가시'는 은혜의 선물

죽을 만큼 매를 맞고, 돌팔매당하고, 감옥에 갇히고, 배가 파선해 생사의 고비를 넘나드는 등, 바울이 겪은 고난은 말로 표현할 수 없을 정도였다. 하지만 그는 그 이상으로 특별한 은혜를 받았다. 남다른 은사와 비범한 계시, 특출한 지혜는 바울을 '최고의 사도'로 일컫기에 부족함이 없는 엄청난 영적 자산이었다. 그러나 그런 바울에게도 감당하기 힘든 나약함이 있었다.

기독교 역사상 가장 빛나는 주의 사도, 기독교의 창시자인 위대한 바울은 자신을 고통스럽게 하는 '육체의 가시'를 없애달라고 주께 세 번이나 간청했다. 그것의 정체는 명확하지 않은데, 바울을 끈질기게 괴롭힌 육신 또는 영혼의 깊은 아픔이었다. 하지만 예수께서는 냉정하게 한마디하셨을 뿐이다.

"…내 은혜가 네게 족하도다 이는 내 능력이 약한 데서 온전하여짐이라 하신지라…" 고린도후서 12:9

기독교인이라면 이미 알고 있는 내용이다. 그러나 대부분의 교인들은 "내 은혜가 네게 족하다"는 구절을, "이미 많은 은혜를 주었으니 더 이상 욕심부리지 마라. 그 정도면 됐다"는 식으로 이해한다. 문자적 해석에 머물러 심층의 영적 의미를 파악하지 못하는 전형적인 경우이다.

바울에게 충분히 은혜를 베푸셨기 때문에 꼭 필요한 기도를 들어주지 않는다면 과연 제대로 은혜를 주신 것일까? 그런 식의 해석은 결코 영적 논리가 될 수 없다. 예수가 베푸는 은혜의 범주에 적당한 타협주의는 존재하지 않는다.

"무릇 있는 자는 받아 풍족하게 되고 없는 자는 그 있는 것까지 빼앗기

'육체의 가시'를 없애는 것이 정말 소중한 은혜라면, 예수는 바울의 기도를 들어주셨을 것이다. 하지만 그 가시는 역설적으로 바울에게 더없이 소중한 은혜였다. 그리하여 예수는 "내 은혜가 네게 족하다"고 주저없이 말씀하신 것이다. 바울이 지닌 육체의 가시, 즉 '나약함의 증거'는 그를 온전한 주의 종으로 세우는 순종의 도구였다.

"내가 약할 때 강함되시는 주님"을 반드시 기억하라. 나약해서 내 힘으로 할 수 없다고 인정하는 그때, 주께 모든 것을 의지하는 그때, 주께서 비로소 강하게 역사하신다. 교만한 자는 결코 주의 종이 될 수 없다.

바울은 자신이 "사나 죽으나 주의 것"이고 주의 비천한 소유물에 지나지 않는다며, 자신의 종됨을 겸손하게 고백한다. 그리고 마침내 '육체의 가시'를 그대로 두신 이유를 알게 되었다. 이는 "그리스도의 능력이 내게 머물게 하려 함이라(고린도후서 12:9)"라는 본문의 고백을 통해 뚜렷이 드러난다.

당신의 내면에 '육체의 가시'가 있는가? 때로는 육신의 처절한 고통이, 때로는 마음의 아물지 않은 상처가 끈질기게 괴롭히는가? 가시를 빼고 싶은 마음이 간절한가? 그러나 당신이 그토록 미워하는 가시의 정체를 알아야 한다. 당신 안에 엄연히 존재하는 '비천'을 있는 그대로 받아들여야 한다. 마음의 상처가, 아픔이, 열등감이, 과거의 쓰라린 기억이 마침내 '육체의 가시'가 되어 당신을 괴롭히는가? 미워하고, 멸시하고, 애써 숨겨두려 하지 말고, 차라리 그 상처를 깊이 사랑하고 따뜻하게 위로하라.

내면에서 소리 없이 울고 있는 상처는 당신에게 버림받은 또다른 당신일 수 있다. 상처 있는 그대로, 당신의 '약함'으로 온전한 주님을 만나라. 당신 안의 나약함이 육적 자아로는 '육체의 가시'로 보이겠지만, 미처 모르고 있던 은혜의 샘물일 수 있다.

'선한 사마리아인'의 숨은 의미

예루살렘에서 여리고로 내려가던 한 남자가 강도를 만나 돈을 강탈당하고 흠씬 매를 맞았다. 입고 있던 옷까지 빼앗긴 그는 죽을 지경이 되어 길에 버려졌다. 피를 많이 흘려 위급한 상황이었다.

'한 제사장'이 지나가다 의식을 잃고 쓰러진 그를 보았다. 당연히 도와주리라 생각했지만, 놀랍게도 '하나님의 종'인 유대 제사장은 멀찍이서 곁눈질할 뿐 그냥 지나쳐갔다.

잠시 뒤 '한 레위인'이 그쪽으로 다가왔다. 레위 지파는 선민 이스라엘의 열두 지파 가운데에서도 특별히 선택받은 하나님의 분깃이다. 40년 동안 광야의 연단을 거친 이스라엘이 마침내 가나안을 차지하면서 다른 지파들은 땅을 기업으로 받았지만, 레위 지파는 하나님이 친히 그들의 '기업'이 되셨다. 그때부터 땅을 기업으로 분배받은 모든 지파는 하나님의 준엄한 명령에 따라 십일조를 거두어 레위 지파에게 주어야 했다.

이처럼 하나님이 '특별히 구별해서 세우신' 레위 지파는 아론 가문처럼 제사장이 되거나 성전(성막)에서 봉사의 일을 맡았으며, 하나님의 백성들에게 율법을 가르치고 지도했다. 따라서 레위인들은 누구보다 율법을 엄격히 지켰으며, '온 몸을 다해' 하나님을 경배했다.

죽어가는 사람을 외면한 '한 제사장'에게 실망(?)한 사람들은 후에 등장한 '한 레위인'이 그를 도우리라 기대한다. "한 생명이 천하보다 귀하다"고 하나님께서 친히 말씀하시지 않았던가? 그러나 놀랍게도 '한 레위인' 역시 그곳을 슬그머니 지나쳤다. 촌각을 다투는 위급한 상황이었지만 '하나님의 종들'은 끝내 그를 외면했다.

정작 위기에 처한 남자를 구해준 이는 조롱당하고 멸시받던 이방의 '혼혈족' 사마리아인이었다.

"어떤 사마리아 사람은 여행하는 중 거기 이르러 그를 보고 불쌍히 여겨 가까이 가서 기름과 포도주를 그 상처에 붓고 싸매고 자기 짐승에 태워 주막으로 데리고 가서 돌보아 주니라" 누가복음 10:33-34

그렇다면 유대인들은 하나님을 종교적 관점에서 숭배할 뿐 이웃의 생명에는 관심이 없는 걸까? 그렇지 않다. 유대인들이 생명처럼 떠받드는 율법의 십계명은 '사랑'이 핵심이며 근간이다. 또한 사랑을 율법의 '가장 큰 계명'이자 '온 율법의 강령'이라고 가르치신 예수도 "친구를 위하여 생명을 바치는 것보다 귀한 사랑이 없다"고 말씀하시지 않았는가? (물론 예수가 말씀하신 친구의 성격에 대해서는 의견이 다를 수 있다. 하지만 본질적으로 예수의 사랑은 좁은 의미의 친구를 넘어, 가난한 자와 형제를 포함한 이웃으로 정의해야 한다.)

예수는 이 비유를 통해 사마리아인을 '선한 이웃'이라고 말씀하셨다. 유대인의 종교적 관점에서 따져보면, 사마리아인은 '선택'받은 사람도, '예정'된 사람도 아니었다. 하지만 그의 이름은 '선한 사마리아인'으로서 성경의 자랑스러운 인물로 당당히 기록되었다. 그런데 사마리아인은 도대체 누구인가?

"사마리아 여자가 이르되 당신은 유대인으로서 어찌하여 사마리아 여자인 나에게 물을 달라 하나이까 하니 이는 유대인이 사마리아인과 상종하지 아니함이러라" 요한복음 4:9

성경에 명시된 것처럼, 유대인들은 사마리아인과 상종조차 하지 않았다. 역사적으로 통일왕국이 분열된 이후부터 남조의 유다와 북조의 북이스라엘 사이에 갈등이 끊이지 않았다. BC 721년 북이스라엘이 앗수르에 의해 멸망하면서 사마리아인들은 외지로 추방당했다. 그리고 그곳에 이방인들이 거주하면서 유대인들은 이스라엘의 거룩한 혈통이 사라진 사마리아 사람들을 '혼혈족'이라면서 이방인으로 취급했다. 유대인들과 사마리아인들은 서로 '원수'처럼 지냈다.

"자녀가 먹을 떡을 이방의 개나 돼지에게 줄 수 없다"면서 이방 여인의 간청을 거절한 유대인이었던 예수가 사마리아인을 '선한 이웃'으로 제시한 이유는 무엇일까? 사마리아인의 행동이 과연 예수에게, 그리고 오늘날까지 사람들의 칭송을 받을 만큼 특별한 선행인가? 물론 제사장이나 레위인과 달리 죽어가는 생명을 구했다는 점에서 사마리아인은 분명히 의로운 자이며 '선한 이웃'으로 부르기에 부족함이 없다.

그러나 우리는 '선한 사마리아인의 비유'가 담고 있는 '심층의 메시지'에 주목해야 한다. 단지 죽어가는 사람을 살렸기 때문에 선행의 '본'으로 성경에 이름을 올린 것이 아니다. '선한 사마리아인의 비유'는 보통사람들이 하기 어려운 선행에 특별한 가치나 의미를 부여하는 '도덕적 교훈'에 지나지 않는다.

사마리아인의 행동은 오늘날에도 문학작품이나 연극, 영화, 강연이나 뮤지컬 등을 통해 '선행의 귀감' 또는 '의의 본'으로 화려하게 조명받고 있다. 그러나 그것에 대한 일반적인 해석은 성경의 메시지를 지나치게 '좁고 피상적으로' 바라보는 듯하다. 물론 성경을 읽는 독자의 입장에서는 예수가 가르치시는 '선'의 특별한 의미를 당연히 사마리아인에게서 찾는다. 따라서 겉으로 드러난 사마리아인의 선행에서 '선한 이웃'의 의미를 파악하려 한다. 하지만 정작 화자인 예수의 의도는 다를 수도 있다!

사마리아인의 선행은 분명히 아름답지만, 다른 사람들이 넘볼 수 없을 만큼 특별한 것은 아니다. 또한 성경의 위대한 인물들과 동등한 가치로 해석하기도 어렵다. 예컨대, 사마리아인의 선행 자체만으로는 자신의 생명을 바친 예수 그리스도의 십자가 사랑과 견줄 수 없으며, '사랑하는 독자 이삭'을 번제물로 바친 아브라함의 위대한 순종과도 비교할 수 없다. 기독교 역사를 빛내는 거룩한 순교도 아니거니와, 성경에 기록될 만큼 유난히 가치 있는 행동도 아니다. 예루살렘에서 여리고로 내려가다 강도를 만나 죽어가는 사람을 구해주었을 뿐이다.

성경에 등장하는 의인들의 위대한 신앙에 견주어 그의 선행은 미미하며, 의의 본으로 칭송할 만한 가치를 지니고 있지 않다. 그럼에도 불구하고 그는 '선한 이웃'의 본으로 성경에 기록되고, 동서고금을 막론해 진정한 이웃의 귀감으로 자리잡았다.

예수가 사마리아인을 '선한 이웃'의 상징으로 세운 데에는 중요한 이유가 있다. 사마리아인의 행동 자체를 특별히 '선'하다고 말씀하신 것이 아니라 '사마리아인의 비유'를 통해 '선한 이웃'의 모습을 밝힌 것이다. 즉, 이방인인 사마리아인을 통해 유대 율법주의의 종교성과 다른 그리스도 신앙의 본질을 세상에 전하셨다.

성경에서 '선한 이웃'으로 칭한 사마리아인은 실존 인물이 아니며, 강도를 만난 일 또한 실제 사건이 아니다. 한 율법교사가 예수를 '시험하기 위해' 묻자 비유로 대답하신 말씀이다. 이에 관한 성경 본문을 자세히, 그리고 주의 깊게 살펴보자.

"어떤 율법교사가 일어나 예수를 시험하여 이르되 선생님 내가 무엇을 하여야 영생을 얻으리이까 예수께서 이르시되 율법에 무엇이라 기록되었으며 네가 어떻게 읽느냐 대답하여 이르되 네 마음을 다하고 목숨을 다하며 힘을 다하며 뜻을 다하여 주 너의 하나님을 사랑하고 또한 네 이웃을 네 자신 같이 사랑하라 하였나이다 예수께서 이르시되 네 대답이 옳도다 이를 행하라 그러면 살리라 하시니 그 사람이 자기를 옳게 보이려고 예수께 여짜오되 그러면 내 이웃이 누구니이까 예수께서 대답하여 이르시되 어떤 사람이 예루살렘에서 여리고로 내려가다가 강도를 만나매 강도들이 그 옷을 벗기고 때려 거의 죽은 것을 버리고 갔더라" 누가복음 10:25-30

화자가 실제 사건이 아닌 비유로 메시지를 전할 때는 분명한 의도가 있다. 선한 사마리아인의 비유를 통해 예수는 곤궁에 처한 사람에게 선행을 베푸는 한 개인의 모습이 아니라, 율법주의의 외식에서 벗어나 주의 계명을 온전히 지키는 진정한 그리스도인 전체를 이야기한다.

그리스도인의 정체성에 대해서는 다양한 정의가 있을 수 있다. 때로는 예수의 신봉자로서, 제자로서, 친구로서, 종으로서 여러 모습을 지닌다. 하지만 어떤 경우든 진정한 그리스도인이 되기 위해서는 전제조건이 있다. 율법적 종교행위가 아니라, 그리스도의 말씀을 듣고 계명에 순종해야 한다는 것이다.

'선한 사마리아인의 비유'를 제대로 이해하려면 두 조연, 즉 '한 제사장'과 '한 레위인'에 주목해야 한다. 유대 종교지도자인 그들을 예수는 왜 이방 사마리아인의 대역으로 등장시켜 악역을 맡겼을까?

제사장과 레위인은 율법주의 '종교인'의 상징이다. 우리는 그들에게서 율법의 본질이 아니라 형식적 조문을 생명처럼 여기는 율법주의자들의 거짓을 볼 수 있어야 한다. 제사장과 레위인은 하나님의 말씀인 율법을 누구보다 많이 알고 복종하는 사람들이다. 따라서 율법에 명시된 자비와 긍휼의 가르침, 천하보다 귀한 생명의 가치를 이미 알고 있다. 그러나 그들은 피 흘리며 죽어가는 사람을 외면했다.

인간의 타락한 이기심일까? 아니면 타인의 생명에 대한 무관심일까? 아니면 하나님을 모르는 자들의 불의가 원인일까? 결코 그렇지 않다. 만약 일반적인 도덕을 세상에 전하려 했다면 예수는 '제사장'과 '레위인'을 등장시켜 굳이 유대인들을 자극할 이유가 없었다. 율법의 신봉자들로서 누구보다 하나님을 많이 알고 숭배하며, 율법을 지키기 위해 생명을 아끼지 않는 '선민'이자 '성민'이었다. 하지만 그들은 율법의 '조문'에 갇혀 하나님의 진정한 '뜻'을 알지 못했다. 그들에게 우선은 율법의 명령, 즉 종교의 교리이며, 하나님의 진리에 입각한 진정한 신앙이 아니었던 것이다.

제사장과 레위인이 죽어가는 남자에게 다가가지 않은 것은 율법의 '정결규범'에 따라 부정한 것을 만지지 않으려 했음이다. 시체를 만지거나 손에 피를 묻히는 것은 부정한 일이며, 율법을 어기는 행동이기 때문이다. 따라서 그들이 불의해 죽어가는 사람을 외면한 것이 아니라 종교의 교리에 복종해 생명을 구하지 않은 것이다.

'선한 사마리아인의 비유'에서 제사장과 레위인은 율법주의에 사로잡힌 종교인의 상징인 반면, 사마리아인은 하나님의 뜻에 순종하는 신앙인의 상징이다. 따라서 예수가 전하는 심층적인 메시지는 단지 사마리아인의 도덕적 선행이 아니라, 종교의 형식적 굴레에서 벗어나 사랑을 실천하는 자가 진정으로 '선한 이웃'이며 그리스도인의 진실한 동역자라는 것이다.

율법교사가 예수를 시험했다는 표현이 좀처럼 이해되지 않는 분들도 계실 것이다. 그가 대답한 하나님 사랑과 이웃 사랑이 율법의 핵심이라는 가르침은, 율법의 강령을 이야기하며 이미 예수가 하신 말씀이다. 따라서 율법교사는 예수의 질문에 지혜롭게 대답했으며, 전혀 틀리지 않았다. 그런데 무엇이 예수를 떠보려는 '시험'인가?

율법교사는 입으로는 '이웃 사랑'을 말했지만, "그러면 내 이웃이 누구니이까"라는 질문에 어떤 의도를 숨기고 있었다. 즉, 율법주의자들에게 이웃은 오직 유대인뿐이다. 이방인이나 율법의 조문을 준수하지 않는 사람들은 결코 이웃이 될 수 없었다. 그것이 바로 선민이라는 특권의식에 사로잡힌 유대인들의 율법주의 신앙의 실체이다.

따라서 예수가 '이웃 사랑'을 이야기하며 이방인이나 죄인을 이웃이라고 말한다면 선민 이스라엘을 위한 '거룩한' 율법을 거역한 것이 된다. 하지만 예수는 주저하지 않고 가난한 자를 돕는 선한 사마리아인을 진정한 이웃이라고 말했다. 율법주의자들 입장에서 사마리아인은 선민 이스라엘의 원수 아닌가?

결국 예수는 선한 사마리아인의 비유를 통해 겉으로는 '도덕적 선행'을 말하지만, 사실상 율법주의의 외식을 고발하며 종교적 사랑의 허구를 밝히셨다. 예수는 율법교사의 질문에 대해, '영생'에 이르는 진정한 길은 '세상의 지극히 작은 자'를 사랑하는 실천적 사랑이라고 말씀하셨다. 구원에 이르는 길은 종교주의의 외식이 아니라 "사랑하라"는 계명의 온전한 실천이라는 '영적 교훈'과 함께, 그리고 진정한 사랑은 사마리아인이 유대인의 생명을 구했듯 "원수까지 사랑하라"는 가르침을 어김없이 따라야 한다는 명령과 함께 말이다.

그렇다면 예수가 비유로 말씀하신 '선한 사마리아인'은 특정한 개인이 아니라, "서로 사랑하라"는 계명을 온전히 지키는 모든 그리스도인의 자화상이라고 할 수 있겠다.

구원이 신앙의 목적인가

절대로 있을 수 없는 가정이지만, 구원의 의미를 되새기기 위해 의도적으로 질문을 던져보겠다. "만약 천국에 들어갈 수 있는 자리가 하나 남았다면 어떻게 하시겠습니까? 선택권은 당신에게 있습니다."

다른 것은 몰라도 구원만큼은 절대로 양보할 수 없지 않을까? 만약 그렇다면 자신의 생명보다 사랑했던 사람들, 예를 들면 자녀나 배우자, 부모, 친구가 구원을 얻지 못한다. 그래도 내가 누릴 천국의 소중한 행복 때문에 그들을 버리겠는가?

예수를 믿는 목적과 교회에 다니는 이유가 무엇이냐고 교인들에게 가끔 묻는다. 그러면 대부분 "구원을 얻어 천국에 들어가기 위해서"라고 대답한다. 결국 신앙의 목적이 '천국구원'인 셈이다.

이런 대답이 과연 옳은 것일까? 나는 그렇게 생각하지 않는다. 만약 "천국에 들어가는 것이 신앙의 절대적 목적이므로 구원만큼은 누구에게도 양보할 수 없다"고 한다면, 결국 이기적인 신앙, 자신의 영생을 얻기 위한 개인적 욕망일 뿐이며, 사랑이 없는 거짓신앙 아닐까?

믿음의 목적이 자기구원이라면, 따라서 전도하는 이유와 봉사, 그리고 구제하는 모든 이유가 결국 개인구원을 위한 것이라면, 이는 그리스도의 가르침과 일치하지 않는다. 자신이 신앙의 목적이 되고 다른 사람들은 그것을 이루기 위한 도구에 지나지 않으며, 무엇보다 '개인구원론' 안에는 그리스도의 절대계명인 사랑이 없기 때문이다.

사랑은 자신을 위해 이웃을 도구로 이용하는 것이 아니라, 이웃을 위해 기꺼이 도구가 되고 종이 되는 것이다. 그래서 사랑은 헌신이며 희생이라고 하지 않는가?

천국구원은 신앙의 목적, 다시 말해 하나님을 믿는 인간이 의지적으로 얻을 수 있는 욕망이 아니다. 신자는 순전한 마음으로 주의 뜻에 따르며, 구원은 심판자이신 하나님이 결정하신다. 즉, 구원은 의지적 목적이 아니라 하나님의 은혜이며 순종의 결실이다.

모세가 하나님을 만홀히 여기거나 천국을 우습게 봐서 "생명록에서 제 이름을 지울지언정 저들(이스라엘)의 죄를 사하여 주십시오"라고 절규했을까? 그렇지 않다. 자신의 민족 이스라엘을 진정으로 사랑했기 때문에 스스로 절대적 희생을 감당하려 했던 것이다.

"모세가 여호와께로 다시 나아와 여짜오되 슬프도소이다 이 백성이 자기들을 위하여 금 신을 만들었사오니 큰 죄를 범하였나이다 그러나 이제 그들의 죄를 사하시옵소서 그렇지 아니하시오면 원하건대 주께서 기록하신 책에서 내 이름을 지워 버려 주옵소서" 출애굽기 32:31-32

바로 이것이 하나님의 뜻에 따라 백성을 사랑하는 모세의 위대한 리더십이다.

바울은 어떤가? 자신이 '저주'를 받더라도 그를 끊임없이 박해하던 유대인들이 구원받기를 소망했다.

"나의 형제 곧 골육의 친척을 위하여 내 자신이 저주를 받아 그리스도에게서 끊어질지라도 원하는 바로라" 로마서 9:3

신앙의 목적은 천국이 아니라 하나님과의 만남이며, 주 안에서 온전히 '하나'되는 것이다. 그때 비로소 우리는 순전한 마음으로 하나님께 영광을 돌릴 수 있으며, 하나님의 통치 안에서 기쁨과 평안을 누릴 수 있다.

반론의 여지없이 사랑은 그리스도인의 절대가치다. 천국이 아름다운 이유는 간단하다. 그곳에는 미움과 다툼, 갈등과 증오가 없으며, 사랑이 충만하기 때문이다. 하나님과 하나되는 길은 오직 하나, '사랑'이다.

"내게 주신 영광을 내가 그들에게 주었사오니 이는 우리가 하나가 된 것 같이 그들도 하나가 되게 하려 함이니이다" 요한복음 17:22

09

시험에 대하여

──────────── 그리스도인에게 시험은 영적 부르심이다

기도의 두 가지 원형

예수는 귀신을 쫓는 능력을 구하는 제자들에게 "기도 외에는 달리 방법이 없다"고 말씀하셨다. 그리스도인들에게 기도의 중요성은 새삼 이야기할 필요가 없을 정도지만, 기도에 대한 정의는 매우 다양하다.

'하나님과의 은밀한 대화'라면서 영적 소통을 강조하는 사람들이 있는가 하면, 어떤 이들은 기도를 '영적 호흡'으로 보고 기도하지 않는 사람의 영혼은 질식해서 죽을 수밖에 없다고 주장한다. 또 '불의한 재판관'의 비유에서 보듯이 자기가 바라는 것을 간절한 마음으로 끈질기게 구하는 간구기도가 있는가 하면, 회당의 구석에 엎드려 죄의 용서를 구하는 세리의 회개기도가 있고, 내세의 천국을 열망하는 구원의 기도가 있다. 묵상기도

가 있는가 하면, 자신의 삶을 주께 온전히 의탁하는 서원기도가 있다.

이처럼 다양한 기도 속에서 우리는 예수가 우리에게 가르쳐주신 '주기도'와 더불어, 십자가의 죽음을 앞두고 하나님께 올린 겟세마네의 기도를 통해 개략적으로나마 기도의 원형을 생각해 볼 수 있다.

제자들이 율법시대의 전형적 기도가 아닌 예수시대에 맞는 기도법을 알려달라고 하자, 예수는 '주기도문'을 가르쳐주셨다. 주기도문은 1-2분 만에 읽을 수 있는 간단한 글이지만, 기도의 바른 형식이 빠짐없이 담겨 있다. 기도의 종교적 기본양식, 이를테면 하나님의 영광, 감사, 회개, 용서, 간구, 찬양이 고스란히 포함된 것이다. 따라서 그리스도인은 예수의 가르침대로 주기도문의 틀에 따라 자신의 기도를 드릴 수 있다.

"하늘에 계신 우리 아버지, 그 이름을 거룩하게 하여 주시며, 그 나라를 오게 하여 주시며, 그 뜻을 하늘에서 이루심 같이, 땅에서도 이루어 주십시오. 오늘 우리에게 필요한 양식을 내려 주시고, 우리가 우리에게 죄지은 사람을 용서하여 준 것 같이 우리의 죄를 용서하여 주시고, 우리를 시험에 들지 않게 하시고, 악에서 구하여 주십시오. 나라와 권세와 영광은 영원히 아버지의 것입니다. 아멘." 새번역 마태복음 6:9-13

흔히 주기도문을 신약시대의 기도 형식과 방법에 대한 예수의 가르침으로 이해한다. 하지만 예수가 주기도문을 가르치며 같은 문맥 안에 남긴 마지막 구절에 주목해야 한다.

"너희가 사람의 잘못을 용서하면 너희 하늘 아버지께서도 너희 잘못을

용서하시려니와 너희가 사람의 잘못을 용서하지 아니하면 너희 아버지
께서도 너희 잘못을 용서하지 아니하시리라" 마태복음 6:14-15

결국 주기도문을 통해 예수가 전하려 한 교훈은 기도의 형식이나 방법
이 아니라 기도의 본질로써, 하나님께 속죄하고 용서를 구하라는 가르침
이다. 더불어, 하나님께 용서를 구하기 전에 형제의 잘못을 먼저 용서하라
는 내용이 담겨 있다. 용서하는 자라야 용서받을 수 있으며, 용서받은 자
는 다른 사람의 잘못도 용서하라는 내용이 주기도문의 결론이다.

용서를 말씀하신 순서 또한 주목할 필요가 있다. 아버지께서 우리의 죄
를 용서하신 것과 같이 우리가 우리에게 죄 지은 자를 용서하라고 말씀하
시지 않았다. 그렇다면 하나님의 용서를 받기 전에 형제의 죄를 먼저 용
서해야 하는 것일까? 결국 인간의 선행적 용서가 속죄의 조건인가? 만약
그렇다면 예수를 믿고 용서를 받기 전에 저지른 수많은 죄를 어떻게 일일
이 기억하고, 고백하고, 빠짐없이 용서를 구할 수 있을까? 또 우리에게 죄
지은 자들을 모두 어떻게 기억하고 용서할 수 있을까?

예수 그리스도의 대속으로 우리는 '원죄'에 대해 이미 하나님의 선행적
용서를 받은 존재이다. 즉, "용서하라"는 말씀은 대속의 은혜를 입은 우리
가 마땅히 형제들을 통해 다시 갚아야 하는 '은혜의 빚'에 해당한다. 원죄
에서 용서받은 이른바 '구속救贖'의 은혜는 하나님의 선제적 용서에 기인
한다. 그러나 '빚진 종'의 비유에서 보듯이, 하나님의 용서를 받았다고 해
서 모든 죄가 사라진 것은 아니며, 받은 은혜에 따라 다른 사람을 용서해
야 하는 은혜의 빚이 남는다.

무려 일만 달란트의 어마어마한 빚을 주인이 탕감해 주었지만 '빚진

종'은 그것에 감사하며 보답하기는커녕, 자신에게 일백 데나리온을 빚진 자에 대해 끝내 불쌍한 마음을 갖지 않았다. 주인은 악한 종을 불러들여 옥에 가두고 이전의 빚을 다시 청구한다.

"이에 주인이 그를 불러다가 말하되 악한 종아 네가 빌기에 내가 네 빚을 전부 탕감하여 주었거늘 내가 너를 불쌍히 여김과 같이 너도 네 동료를 불쌍히 여김이 마땅하지 아니하냐 하고 주인이 노하여 그 빚을 다 갚도록 그를 옥졸들에게 넘기니라 너희가 각각 마음으로부터 형제를 용서하지 아니하면 나의 하늘 아버지께서도 너희에게 이와 같이 하시니라" 마태복음 18:32-35

이처럼 용서는 회개의 선행조건이며, 주께서 가르쳐주신 주기도문이 기도의 양식과 더불어 용서에 초점을 맞추고 있음을 간과해서는 안 된다.

주기도문에서 한걸음 나아가, 예수가 십자가의 수난을 앞두고 하나님께 올린 겟세마네의 기도는 성경에 기록된 어떤 기도보다 간결하면서도 깊이 있다. 십자가의 처절한 죽음을 눈앞에 두신 예수는 아버지를 향해 '살려달라!'며 '땀이 핏방울 같이 되도록' 간절하게 기도하셨다.

"…내 아버지여 만일 할 만하시거든 이 잔을 내게서 지나가게 하옵소서…" 마태복음 26:39

'이 잔'은 십자가의 고난을 암시하는 죽음의 잔이며, 수욕과 고통의 잔이다. 예수는 '같은 말씀으로' 밤새도록 세 번이나 반복해서 기도한다. "이 잔을 내게서 지나가게 하옵소서"라는 예수의 간절한 기도는 자신의 생명을 구하는 기도이며, 극심한 고통에서 벗어나게 해달라고 하나님께 자비를 구하는 간구기도였다. 간구하는 기도는 모름지기 절실해야 한다. 영혼의 절규가 주께 절절이 들리도록 간절한 심정으로 기도해야 한다.

자신을 위한 기도를 초보적이며 '유치한 기도'라고 단정짓는다면 겸손한 신앙인으로서 결코 바람직한 태도가 아니다. '내가 약할 때 강함되시는 주'께 온전히 의지하는 기도는 자신의 나약함을 인정하는 진실한 기도이며 겸손한 기도라고 할 수 있다. 그것 자체를 탐욕의 기도로 여겨서는 안 된다. 인간은 본래 나약하기 때문에 주께 의지하며, 그의 능력으로 지극히 약한 자신을 도와주시기를 바라는 마음이 있다. 간구하는 기도는 가장 기본적인 기도이며, 자신의 겸손을 드러내는 '작은 자'의 진실한 기도이다.

깊은 영성을 주장하는 사람들은 종종 간구하는 기도를 이기적인 기도라며 배척한다. 그러나 신앙의 기본이 튼튼하지 않으면 어떤 사람도 깊은 영성에 이르지 못하며, 신앙의 기본은 자신이 약하다는 사실을 알고 주께 마음을 다해 의지하는 것이다.

간구하는 기도를 소홀히 여기는 사람들에게서 종종 가려진 진실을 보게 된다. 그것은 바로 기도응답에 대한 심적 두려움과 불신이다. '애써 기도해도 들어주지 않으면 어쩌나', '예수가 내 기도에 응답하시지 않는 건 믿음이 부족해서가 아닐까?' 하는 염려 때문에 간구하는 기도를 은연중에 회피하는 것이다.

예수를 진정으로 믿는 자는, 그래서 예수를 '주 예수 그리스도'라고 고백하는 자는, 예수가 하나님의 아들이시며 하늘과 땅의 모든 권세를 물려받은 하나님이라는 분명한 믿음을 가져야 한다. 그것은 하나님이 사랑하는 자녀의 기도에 반드시 응답하신다는 뚜렷한 믿음이다.

천지만물을 창조하신 하나님이 능력이 없어 기도에 응답하지 않는 것은 아니다. 또한 본성이 사랑이신 하나님이 당신이 택한 자녀를 사랑하지 않으셔서 기도에 응답하지 않는 것도 아니다. 원하는 대로 이루어지지 않았기 때문에 예수께서 응답하지 않았다고 생각하는 것일 뿐이다.

간절하게 기도하더라도 하나님이 원하지 않으시면 내가 원하는 응답을 받지 못한다. 기도의 구체적인 응답은 내가 원하는 것과 주께서 원하시는 것이 일치할 때 일어난다. 이를테면, 성령이 내 안에서 친히 간구하시는 기도가 내가 드리는 기도인 동시에 예수가 응답하시는 진정한 기도이다.

"이와 같이 성령도 우리의 연약함을 도우시나니 우리는 마땅히 기도할 바를 알지 못하나 오직 성령이 말할 수 없는 탄식으로 우리를 위하여 친히 간구하시느니라" 로마서 8:26

겟세마네의 기도를 말할 때는 간절한 기도의 과정뿐만 아니라, 기도의 본질이 제시된 마지막 구절을 반드시 기억해야 한다. 기도의 진정한 목적은 세상에서 바라는 욕망의 성취가 아니라, 어떤 결과든 주의 뜻에 온전히 맡기고 기꺼이 순종하는 것이기 때문이다. 살든 죽든, 아프든 낫든, 굶든 배부르든, 기쁘든 슬프든 그리스도인은 주의 뜻이라면 다만 따를 뿐이다. 이는 맹목적 신앙이 아니라 온전한 신앙을 지키기 위한 것이다.

우리가 미처 생각지 못하지만 주의 뜻은 언제나 옳고, 언제나 선하시다. 또한 우리가 주를 사랑하듯이 주께서 우리를 사랑하셔서 언제나 좋은 것을 주시기 때문이다. 예수 또한 겟세마네의 기도를 드리는 동안 곁에 천사가 나타났다는 구절에 주목해 보자.

"천사가 하늘로부터 예수께 나타나 힘을 더하더라 예수께서 힘쓰고 애써 더욱 간절히 기도하시니 땀이 땅에 떨어지는 핏방울 같이 되더라"
누가복음 22:43-44

'천사가 하늘로부터 예수께 나타나' 기도를 도왔지만 끝내 죽음의 잔, 십자가의 수욕은 예수를 비껴가지 않았다. 세 번째 같은 말씀으로 "이 잔을 내게서 지나가게 하옵소서"라고 간절히 기도했지만, 그 기도가 끝나기 무섭게 죽음의 사자가 다가왔다.

예수는 제자들에게 다시 돌아와 "그만 되었다"라며, 겟세마네의 간절한 기도가 끝나고 하나님의 '응답'이 있었음을 암시한다.

"세 번째 오사 그들에게 이르시되 이제는 자고 쉬라 그만 되었다 때가 왔도다 보라 인자가 죄인의 손에 팔리느니라 일어나라 함께 가자 보라 나를 파는 자가 가까이 왔느니라" 마가복음 14:41-42

처절했던 겟세마네 기도의 마지막 구절은 하나님께 온전히 의지하는 기도의 본을 보여준다.

"…그러나 나의 원대로 마시옵고 아버지의 원대로 하옵소서…" 마태복음 26:39

죽음의 잔을 지나가게 해달라고, 자신에게 다가오는 잔을 옮겨달라고 울부짖었지만, 예수는 끝내 그것을 피하지 못했다. 다음날 예수는 온갖 수욕을 당하며 십자가에서 죽음을 맞이했다. 주의 간절한 기도가 응답받지 못하고, 하나님께서 당신의 아들이신 예수를 버린 것일까?

그렇지 않다. 우리는 간절히 기도하며 희망하는 것을 주시기를 기대하며, '좋은 것'을 주시는 하나님이 내가 바라는 대로 응답하기를 원한다. 그러나 내가 원하는 좋은 것과 하나님이 생각하는 좋은 것이 다를 수 있다. 내가 원하는 것은 대체로 세상의 '좋은 것'을 구하는 육신의 욕망이지만, 하나님은 나를 통해 하나님의 뜻을 이루시기 위해 진정으로 '좋은 것', 즉 '성령'을 주시기 때문이다.

"너희가 악할지라도 좋은 것을 자식에게 줄 줄 알거든 하물며 너희 하늘 아버지께서 구하는 자에게 성령을 주시지 않겠느냐 하시니라" 누가복음 11:13

결국 겟세마네의 기도는 온전히 하나님의 응답을 받았다. 죽음을 맞이했기 때문에 예수는 부활하셨고, 부활하셨기 때문에 죽음의 권세를 이긴 유일한 존재가 되신 것이다. 그리하여 마침내 '모든 이름 위에 가장 뛰어난 영광스러운 존재'로 우리 앞에 우뚝 섰다. 겟세마네의 기도가 '하나님 뜻대로' 이루어졌기 때문에, 예수는 하나님의 영광을 입은 존재로서 '주 예수 그리스도'라는 이름으로 인류의 역사에 뚜렷이 새겨진 것이다.

하나님의 방법은 종종 사람의 방법과 다르다. 하나님의 길과 뜻이 인간의 그것과 동일할 수 없기 때문이다. 사람의 눈으로는 삶의 시련이 죄에 대한 심판으로 보일 수 있다. 하지만 그것은 죄를 회개하고 서둘러 돌아오라는 하나님의 세미한 음성이며, 자녀에 대한 사랑의 표현이다. 사람의 눈으로는 세상의 물질적 축복이 하나님의 멋진 상급으로 보이겠지만, 그의 믿음을 '알아보시려는' 무서운 시험일 수 있다.

그러나 삶에 대한 두려움 때문에 하나님을 믿는 것은 진실한 신앙이 아니다. 그리스도인은 심판이 두려워 '마지못해' 하나님을 믿는 존재가 아니라 '경외'하기 때문에, 즉 '거룩한 두려움'으로 하나님을 사랑해서 온 마음으로 믿는 것이다.

육신의 두려움은 세상에 살면서 무엇을 잃을까 봐 전전긍긍하는 것이고, 거룩한 두려움은 천국을 소망하며 하나님 뜻에 어긋나지 않도록 자신을 경계하는 '절제'이다. 세상의 삶에서 두려움을 느끼지 않으려면 온전히 주께 의지해야 한다. 언제나 옳으시며 언제나 나를 사랑하시는 주를 믿고 의지하는 자에게 세상의 두려움은 자리잡지 못한다.

예수는 우리에게 주기도문과 겟세마네의 기도라는 두 가지 기도의 원형을 가르치고, 기도의 본을 보이셨다. 기도가 없는 신앙은 영혼이 죽은 신앙이다. 우리는 간절히 기도하되, 개인의 욕망을 채우기 위한 탐욕의 기도가 아니라 하나님의 뜻에 자신을 맡기는 순종의 기도를 드려야 한다.

기도의 원형을 말하면서 한국 교회의 타성적 '기도현상'에 대해 비판하지 않을 수 없다. 유일하게 우리나라에만 있는 '새벽기도'를 보며 우리 교인들이 기도에 가장 열심이라고 주장하는 이들이 많다. 그러나 한국 교회에 유행하는 기도모임들은 사실상 왜곡된 그리스도 신앙의 실상일 뿐이다.

수능 때만 되면 '수능새벽기도회'를 알리는 현수막이 교회 담벼락을 치장한다. '자녀축복기도회', '성령치유기도회'처럼 대부분의 기도회는 이른바 '기복신앙'의 굿판에 지나지 않는다. 한국 교회를 통해 세계로 퍼져나가는 '주여, 삼창기도' 역시 탐욕의 갈증을 토로하는 주술이다. 그리스도인의 진정한 기도는 사사로운 탐욕의 주문이 아니라, 온유와 겸손으로 주의 뜻을 오롯이 받아들이는 희생과 절제의 고백임을 잊어서는 안 될 것이다.

하나님의 때와 사람의 때

하나님이 창조하신 세상에는 불의가 만연하고, 그리스도의 몸되신 교회는 거짓과 타락에 물들고, 성령의 전殿이라는 육신의 삶은 탐욕에 찌들어 도무지 하나님의 실재를 느끼기 어렵다.

애타게 기도해도 정작 하나님의 음성은 들리지 않으며, 성령의 위로는 좀처럼 느껴지지 않는다. 오히려 세상 속에서 하나님의 무능력을 보게 되고, 교회에 다니면서 하나님의 부재를 생각하게 된다. 또한 삶을 돌아보며 하나님의 무관심을 느끼고 깊은 탄식을 내뱉게 된다. 정말 하나님은 존재하시며, 전지전능하시고, 성경에 기록된 "하나님은 사랑이시니라"라는 말씀처럼 '사랑의 하나님'일까?

우주와 만물을 통해, 그리고 생명의 신비와 부정할 수 없는 온갖 섭리를 보면서 우리는 하나님의 실재를 절대로 의심할 수 없다고 주장한다. 하지만 입으로 열심히 떠든다고 해서 마음으로 언제나 믿는 것은 아니다. 설령 깊은 신앙심을 지녔어도 내면에서 하나님의 임재를 느끼지 못한다면,

하나님의 존재를 의심하는 마음이 이미 있지 않을까? 하나님을 믿으면서도 임재를 느끼지 못하는 이유는 무엇일까? 눈에 보이지 않고 귀에 들리지 않으므로 하나님의 존재를 느끼지 못하는 걸까?

눈과 귀로 보고 듣지 못해도 존재하는 모든 것은 각자의 방법으로 자신을 드러낸다. 바람은 바람으로, 전파는 전파로, 빛은 빛의 방법으로 자신의 존재를 알린다. 마찬가지로 하나님은 그 분만의 특별한 방법으로 임재를 나타내신다. 우리가 그것을 느끼지 못하는 이유는 하나님이 존재하지 않아서가 아니다. '육신의 안목'으로 기대하는 분명한 증거를 보지 못하기 때문이다.

불의에 대해 추상같이 심판하시는 하나님을 기대하고, 간절한 기도에 즉각 응답하는 하나님을 기대하는데, 어찌된 영문인지 하나님은 침묵하신다. 그러면 우리는 슬그머니 하나님의 무능력을 말하고, 부재를 의심하며, 무관심을 원망한다. 사람들이 기대하는 방법, 이를테면 세상의 불의를 준엄하게 심판하시고, 교회의 타락을 가차없이 징벌하시고, 고통을 겪는 자녀의 기도에 흔쾌히 응답하신다면 모두가 하나님을 소리 높여 찬양할 것이다.

그러나 하나님의 뜻은 사람의 뜻과 같지 않고, 하나님의 길은 사람의 길과 같지 않다. 물론 불의가 하나님의 뜻이고, 침묵과 방관이 하나님의 길이라는 말은 아니다. 선하신 하나님은 결코 세상의 불의를 끝까지 내버려 두지 않으신다. 또한 자녀의 쓰라린 고통과 간절한 기도에 침묵만 지키지 않으신다. 다만, 하나님의 때가 사람의 때와 같지 않다는 사실을 받아들이고, 하나님의 때를 기다려야 한다.

자녀의 고통을 외면하면서 어떻게 자녀를 사랑한다고 말할 수 있는지

반문하는 이도 있을 것이다. 하나님의 용서를 받지 못했기 때문에 고통을 주시는 건 아닌가 하며 절망에 빠지는 이도 있다. 하나님께서 사랑하는 사람은 따로 있고, 하나님의 사랑을 받으려면 한참 멀었다며 마음을 접기도 한다.

그러나 분명한 건 하나님이 우리를 사랑하신다는 사실이다. 우리가 특별한 존재여서가 아니라 하나님은 그 자체가 사랑이시기 때문에, 즉 사랑이 없으면 이미 하나님이 아니시기 때문에 본성상 우리를 사랑하는 것이다. 또한 우리는 본래 특별한 존재가 아닐망정, 하나님의 사랑으로 말미암아 특별한 존재로 거듭나게 된다.

스스로 절망하고, 원망하고, 의심하면서 하나님의 사랑을 외면하기 때문에 그 분의 사랑을 느끼지 못하는 것이다. 하나님의 사랑은 우리의 인간적인 기대를 순순히 들어주시는 것이 아니라, 하나님의 뜻으로 우리를 지키시고, 세우시고, 높이신다. 예수를 사랑하지 않으셔서 십자가의 처절한 고통과 수욕을 당하도록 내버려두신 것이 아니다. 하나님께서 친히 예수에 대해 "내가 사랑하는 아들이다", "내가 기뻐하는 아들이다"라고 선언하지 않으셨는가?

그러나 하나님은 사랑하는 아들이 십자가에서 처절히 죽어가며 "엘리 엘리 라마 사박다니(나의 하나님, 나의 하나님, 어찌하여 나를 버리셨나이까)"라고 소리쳤지만 끝내 침묵하셨다. 살릴 능력이 없어서, 사랑하는 아들이 아니라서 고난을 당하라고 침묵하신 것일까?

아니다. 오히려 사랑하시기 때문에, 너무 사랑하시기 때문에 십자가에서 피 흘리며 죽어가는 아들을 애통해 하시면서도 끝내 침묵한 것이다. 이는 '모든 이름 위에 가장 뛰어난 이름'으로 '부활하신 예수 그리스도'라는 거룩한 이름을 주시기 위함이었다. 예수가 십자가에서 고통스럽게 절규하는 순간에도 하나님은 자신의 존재를 드러내지 않았다. 삼일 만에 부활했을 때에야 하나님은 찬란한 영광을 온 세상에 드러내셨다.

아브라함을 일흔여섯 살에 부르시며 자녀의 번성을 약속하셨지만, 정작 백 살이 되어서야 가까스로 이삭을 주셨다. 가나안을 떠난 야곱이 라단에 도착하기 전 벧엘에서 만나 일찍이 축복을 약속하셨지만, 그로부터 20년이라는 고난의 세월이 지난 후에야 그는 고향으로 돌아올 수 있었다.

선민 이스라엘은 장장 430년을 애굽에서 종살이했고, 출애굽한 모세는 가나안에 들어가기까지 광야의 험한 길을 돌고 돌아 40년을 헤매야 했다. 예수는 다메섹 도상에서 바울을 만나 이방 전도를 위한 사도로서 귀한 사명을 주셨다. 하지만 바울은 아라비아 사막에서 3년 동안 고난의 시간을 보냈고, 예루살렘의 사도들과 재회하며 사도의 지위를 인정받기까지 13년을 기다려야 했다.

하나님이 부르시는 시점부터 여건을 허락하시면 좋을 텐데, 그때부터 오히려 고난이 시작된다. 하나님의 때는 단순히 선적 시간의 개념에서 끝나는 것이 아니라, 연단과 시험의 의미를 내포하기 때문이다. 결국 선택받은 자라도 하나님의 뜻에 따라 다시금 연단을 거치고 오랜 시간을 인내하며 때를 기다려야 한다.

하나님을 믿는 자는 하나님의 때를 기다릴 수 있어야 한다. 하나님의 때를 기다리는 자는 고난을 견디고 시험을 이겨내야 한다. 신앙의 승리자는 하나님의 때가 지닌 특별한 의미를 깨닫고 기다리며 고난을 기꺼이 감당하는 자로, 예수 그리스도를 믿음으로써 하나님과 '화평'을 누리는 자이다.

"그러므로 우리가 믿음으로 의롭다 하심을 받았으니 우리 주 예수 그리스도로 말미암아 하나님과 화평을 누리자 또한 그로 말미암아 우리가 믿음으로 서 있는 이 은혜에 들어감을 얻었으며 하나님의 영광을 바라고 즐거워하느니라 다만 이뿐 아니라 우리가 환난 중에도 즐거워하나니 이는 환난은 인내를, 인내는 연단을, 연단은 소망을 이루는 줄 앎이로다" 로마서 5:1-4

'감당할 만한' 시험은 없다

"사람이 감당할 시험 밖에는 너희가 당한 것이 없나니 오직 하나님은 미쁘사 너희가 감당하지 못할 시험 당함을 허락하지 아니하시고 시험 당할 즈음에 또한 피할 길을 내사 너희로 능히 감당하게 하시느니라"
고린도전서 10:13

여기에서 말하는 '시험'은 '시련'이나 '유혹'을 나타내는 헬라어 페이라스모스peirasmos의 한글 번역이다. 고통이 뒤따르는 시련과 쾌락을 미끼로 내세우는 유혹은 분명히 성격이 다르다. 하지만 신자의 신앙상태를 확인하기 위해 하나님이 시련을 주거나 사탄의 유혹을 허락하신다는 점에서 두 단어를 '시험'으로 통용하기도 한다.

"여러분은 사람이 흔히 겪는 시련 밖에 다른 시련을 당한 적이 없습니다. 하나님은 신실하십니다. 여러분이 감당할 수 있는 능력 이상으로 시련을 겪는 것을 하나님은 허락하지 않으십니다. 하나님께서는 시련과 함께 그것을 벗어날 길도 마련해 주셔서, 여러분이 그 시련을 견디어 낼 수 있게 해주십니다." 새번역 고린도전서 10:13

개역개정은 '시험'으로 번역했지만 '새번역성경'은 이처럼 '시련'으로 표기했다. 어떤 학자는 본문의 전후 문맥을 고려할 때 '유혹'이 바른 번역이라고 주장하기도 한다. 그러나 단어의 뜻을 뚜렷이 구별할 수 있는 문맥적 지표가 없기 때문에, 읽는 이에 따라 페이라스모스는 시련일 수도, 유혹일 수도 있다. 본문의 메시지에서 핵심은 '시험'이기 때문에 두 가지 의미를 혼용해도 무방하지만, 주관적 판단에 따라 나는 '새번역성경'의 '시련'으로 규정할 것이다.

시련으로서 시험은 본질상 '고통'의 의미를 함축한다. 그렇다면 "하나님은 우리가 감당할 시험 밖에는 허락하지 않으신다"는 구절을 통해 바울이 고린도교인들에게 전하려는 메시지를 분명히 알 수 있다. 당장은 견디기 힘들지만 그리스도인에게 '무한의 고통'은 없으며, '신실하신 하나님의 은혜로 말미암아' 자신에게 닥친 '한정된 고난'을 능히 감당할 수 있다는 뜻이다.

그러나 과연 그럴까? 능히 감당할 수 있는 고난은 처음부터 존재하지 않는다. 능히 감당할 수 있다면 어떤 사람도 그것을 '고난'이라 표현하지 않기 때문이다. 고난이라고 말하는 순간 자기 힘으로는 감당할 수 없다는 의미가 전제된다.

그렇다면 대체 본문은 무슨 뜻인가? 하나님의 본성이 사랑이시기 때문에, 그리고 사랑은 온유하기 때문에, 자녀가 감당할 수 없는 가혹한 시련은 절대로 주지 않는다는 뜻인가? 따라서 닥쳐온 시련은 힘들지만 머잖아 끝나고, 더 이상의 고통은 없다는 뜻인가? 마치 어두운 터널을 지나면 밝은 빛이 나타나는 것처럼 말이다. 아니면 우리의 처지와 형편을 익히 아시는 하나님이 처음부터 그 사람에게 적절한 '맞춤형 고난'을 주신다는 뜻인가?

사람마다 고난에 대응하는 방법이 다르고, 같은 상황에서 고통을 느끼는 정도가 다르다. 어떤 이는 소소한 질병에도 겁을 먹고 쓰러지는가 하면, 어떤 이는 말기암 판정을 받고도 담담하게 받아들인다. 누군가는 흔히 겪는 아픔조차 자신만의 특별한 고통인 양 절망의 수렁에서 헤어나오지 못한다.

이처럼 사람마다 견딤의 정도가 다르다면, "견딜 수 없는 시련을 주시지 않는다"는 말씀은 모든 사람에게 적용되는 일반적인 메시지가 될 수 없다. 의지가 나약하고 믿음이 부족한 사람에게는 고난을 주지 않거나 가벼운 고난을 주시는 반면, 의지가 강건하고 믿음이 굳센 사람에게는 일부러 가혹한 시련을 주신다는 말 아닌가?

이는 명백한 모순이다. 신앙심이 깊은 사람에게 큰 고난을 주신다면, 결국 하나님은 누군가를 사랑할수록 고통을 주신다는 역설적 결론이 나온다. 이는 은혜의 의미와 가치를 부정하는 모순이 아닐 수 없다. 성경은 하나님의 시험에 대해 이렇게 정의하고 있다.

"사람이 시험을 받을 때에 내가 하나님께 시험을 받는다 하지 말지니 하나님은 악에게 시험을 받지도 아니하시고 친히 아무도 시험하지 아니하시느니라" 야고보서 1:13

하나님은 지극한 사랑으로 손수 지으신 자녀가 고통당하는 것을 보며 즐거워하는 사디스트가 아니다. "감당할 수 있는 시험만 허락하신다"는 말씀은 사람에 따라 차별적 고난을 주신다는 뜻이 아니다. 설령 고난이 닥치더라도 견딜 만한 정도의 고통을 겪다가 때가 되면 저절로 사라진다는 의미도 아니다.

수많은 그리스도인들이 본래의 의미를 오해한 채, 고통에서 벗어나기 위해 '주문'을 외우듯 본문을 되뇐다. "감당할 정도까지만 고난을 주신다"고 약속하셨으니, 극한 상황에 처한 자신에게 더 이상의 힘든 일은 없으리라는 섣부른 기대와 함께 말이다.

과연 그럴까? 하나님의 돌보심을 기대하고 열심히 기도만 해도 고난이 멈추고 사라진다면, 믿음의 선진들이 겪은 계속된 고난은 어떻게 설명하겠는가? 예수는 죽음의 잔을 지나가게 해달라며 간절히 기도했지만, 십자가의 고통과 수욕을 끝내 피하지 못했다. 예수의 특별한 은혜를 입은 열두 사도들도 마지막 순간까지 고난에서 벗어나지 못했으며, 밧모섬에 유배당한 요한을 제외한 모두가 순교자로서 목숨을 잃었다.

시험으로서 고난은 사람의 의지로 능히 감당할 수 있는 것이 아니다! 차라리 당연한 일 아닌가? 능히 감당할 수 있다면 과연 시험으로서 의미가 있겠는가? 간절한 기도에도 시련이 계속되는 경우를 우리는 숱하게 보고, 듣고, 겪는다. "하나님은 미쁘사 너희가 감당하지 못할 시험 당함을 허락하지 아니하시고"라는 구절은 사람에 따라 의지로 감당할 수 있는 고통의 크기를 말씀하신 것이 아니다. 또한 시간이 지나면 모든 고난이 사라진다는 설익은 위로의 말씀도 아니다.

단언컨대, 사람의 육적 의지로는 고난의 끈질긴 시험을 절대로 '능히'

이기지 못한다. '내 안에 계신 예수께서' 근본적인 '능력'을 주실 때 비로소 가능하다. 바울 사도의 고백을 상기해 보자.

"…어떠한 형편에든지 나는 자족하기를 배웠노니 나는 비천에 처할 줄도 알고 풍부에 처할 줄도 알아 모든 일 곧 배부름과 배고픔과 풍부와 궁핍에도 처할 줄 아는 일체의 비결을 배웠노라 내게 능력 주시는 자 안에서 내가 모든 것을 할 수 있느니라" 빌립보서 4:11-13

흔히들 "내게 능력 주시는 자 안에서 내가 모든 것을 할 수 있느니라"라는 말씀에 대해 마치 알라딘의 마술램프처럼 소원을 성취하는 도구로 생각한다. 그러나 본문은 상황을 변화시키는 초능력의 '주문'이 아니라 스스로 변화되는 영적 능력을 의미한다. '감당할 만한 시험'의 기준은 자신의 육적 의지로 판단하는 것이 아니라 주께서 은혜를 통해 주시는 영적 '능력'에 의존한다. 그리고 그것은 존재 자체를 영혼과 골수까지 송두리째 '쪼개고' 변화시키는 신비한 능력이다.

혹독한 시험을 '능히' 감당하기 위해 우리는 시간과 함께 고난이 지나가기를 기다리는 안타까운 기대에 머물러서는 안 된다. 고난이 지속되는 순간에도 '여전히 나를 사랑하시는 신실하신 하나님'의 깊은 뜻을 생각해야 한다. 또한 나를 부르시는 하나님의 손짓을 바라보는 '온전한 믿음'을 가져야 한다. 나의 근본적 변화, 그것이 고난을 이기는 승리의 검이다. 우리가 두 눈으로 보지 못할지언정, 칠흑같이 어두운 밤에도 찬란한 태양은 여전히 세상을 비추고 있다.

우리 안에 계신 주의 능력, 즉 우리에게 주시는 큰 은혜로 말미암아 '영적 의지'로 고난에 맞서고, 마침내 시험에서 이길 수 있다. 무지하고 무능하며 무력한 내가 섣불리 감당하려 애쓰지 말고, 주께 온전히 맡겨야 한다. 자신의 약함을 인정하고, 강하신 주의 손에 의지하는 것이 고난의 시험에 맞서는 유일한 방법이다.

그리스도인에게 시험은 단순한 고통이 아니다. 때로는 욕심에 이끌린 자를 죄에서 돌이키기 위한 하나님의 특별한 뜻이 담겨 있다. 또한 자신의 무지와 무능을 깨닫고 온전히 주께 의지하기 위한 영적 '부르심'이기도 하다. 자칫 교만할 수 있었던 바울에게 '육체의 가시'는 주의 능력을 머물게 하는 은혜의 도구 아니던가?

"여러 계시를 받은 것이 지극히 크므로 너무 자만하지 않게 하시려고 내 육체에 가시 곧 사탄의 사자를 주셨으니 이는 나를 쳐서 너무 자만하지 않게 하려 하심이라 이것이 내게서 떠나가게 하기 위하여 내가 세 번 주께 간구하였더니 나에게 이르시기를 내 은혜가 네게 족하도다 이는 내 능력이 약한 데서 온전하여짐이라 하신지라 그러므로 도리어 크게 기뻐함으로 나의 여러 약한 것들에 대하여 자랑하리니 이는 그리스도의 능력이 내게 머물게 하려 함이라 그러므로 내가 그리스도를 위하여 약한 것들과 능욕과 궁핍과 박해와 곤고를 기뻐하노니 이는 내가 약한 그 때에 강함이라" 고린도후서 12:7-10

시험을 능히 감당하려는 자는 바울 사도가 고백한 대로, "이는 그리스도의 능력이 내게 머물게 하려 함이라. … 이는 내가 약한 그 때에 강함이라"라는 구절을 반복적으로 깊이 묵상하라. 자신을 끝없이 낮추며 온유와 겸손의 멍에를 단단히 메는 그리스도인은, 비록 '약한' 인간일망정 주의 능력으로 능히 이길 수 있는 '강한' 그리스도인으로 거듭나기 때문이다. 따라서 상황이 변하기를 기대하기 전에 주의 은혜로 말미암아 내면에서 일어나는 '자기변화'를 먼저 간구해야 한다.

시험에는 분명한 목적이 있다. 시험을 당하는 인간의 이성과 감정으로는 이해하기 어렵지만 말이다. 하나님은 그래서 아브라함의 경우처럼 친히 시험하시거나, 욥의 경우처럼 시험을 허락하신다. 마찬가지로, 예수 그리스도를 믿는 자들에게 불현듯 닥치는 시험은 눈에 보이지 않는 영원한 생명을 주시기 위함임을 잊지 말아야 한다.

"시험을 참는 자는 복이 있나니 이는 시련을 견디어 낸 자가 주께서 자기를 사랑하는 자들에게 약속하신 생명의 면류관을 얻을 것이기 때문이라" 야고보서 1:12

나사렛 예수에 대하여

————————— 세상에서 낮아져야 주 안에서 높아진다

비천한 혈통으로 우리에게 오신 예수

예수께서는 "나는 섬김을 받으러 온 것이 아니라 섬기기 위해서 세상에 왔다"고 말씀하셨다. 섬김을 받는 자가 주인이라면 섬기는 자는 당연히 종이다. 그렇다면 예수가 섬기는 종으로 세상에 오셨다는 말인가?

그런데 마태복음 1장 1절에 있는 "아브라함과 다윗의 자손 예수 그리스도의 계보라"라는 구절을 보면, 섬기는 종으로 세상에 오셨다는 예수의 말씀이 좀처럼 믿기지 않는다. 예수의 대표적 조상으로 계보에 등장한 다윗이 대체 누구인가? 그는 이스라엘을 통틀어 '최고의 왕'으로 꼽히는 위대한 인물이다. 다윗의 혈통은 이스라엘을 대표하는 왕족이며, 하나님의 특별한 부르심을 입은 뛰어난 가문이다.

그런 뼈대 있는 가문의 후손인 예수가 작은 자들을 섬기는 종이 되기 위해 세상에 오셨다는 말이 믿겨지는가? 극적 효과를 노린 '언어유희'처럼 느껴지지 않는가?

아브라함은 또 누구인가? 하나님이 직접 이름지어 주신 '아브라함'은 '열국의 아비'로 세상의 으뜸이라는 뜻이며, 하나님은 그를 '믿음의 조상'으로 세우셨다. 다시 말해, 어르신들 중에서도 가장 높은 어르신이다. 어디 그뿐인가? 하나님은 아브라함에게 "내가 내 언약을 나와 너 사이에 두어 너를 크게 번성하게 하리라(창세기 17:2)"시며 굳은 언약을 맺으셨다. 그리고 "너는 복이 될지라(창세기 12:2)"라고 말씀하시며 크게 축복하셨다. 예수는 그런 아브라함의 자손, 아니 성경에 명백히 기록된 '씨'로서 천하만민을 위한 복의 근원이다.

"…네 씨로 말미암아 천하 만민이 복을 받으리니…" 창세기 22:18

아브라함의 '씨', 그리고 다윗의 자손인 예수는 의심의 여지없이 최고의 명문혈통을 자랑한다. 고귀한 다윗 왕족의 혈통이면서 아브라함의 씨로서 복의 근원이라면, 예수의 위상에 대해 재론의 여지가 없을 것이다. 그리하여 우리는 예수 그리스도를 '이스라엘의 왕' 또는 '만왕의 왕'으로 부르면서 소리 높여 찬양한다. 아니, '주 예수 그리스도'는 그 이상으로 찬양받기에 합당하신 분이다. 이스라엘의 왕이라는 세상의 초라한(?) 지위를 넘어, 하나님의 아들로서 '하늘과 땅의 모든 권세를 지니신' 온 우주의 왕이기 때문이다.

그러나 예수께서 세상에 오신 이유는 '왕'으로서 부귀영화를 누리기 위해서가 아니다. 이미 우주와 만물의 주인이신 예수께 세상의 하찮은 영화가 무슨 의미와 가치를 지닐까? 그가 세상에 오신 이유는 오히려 세상과 사람을 섬기는 비천한 종이 되기 위해서다. 세상을 섬기되 생명을 바쳐 우리의 죄를 대속하시고, 죄인인 우리를 살리기 위해 기꺼이 십자가의 수욕을 당하러 세상에 오셨다.

소외받고, 힘없고, 가난하며, 병든 자들을 섬기고 구원하기 위해 오신 이가 세상에서 존귀를 누린다면, 그 자체가 모순이며 허구이다. 그런데 성경에서 예수를 '아브라함과 다윗의 자손'으로 불렀다면, 결국 세상에서 가장 존귀한 가문의 후손이라는 말 아닌가?

하지만 그렇지 않다. 구약에 기록된 '예언의 성취'라는 형식적 의미에서 마태복음 1장 1절은 예수의 혈통을 기록했다. 하지만 계보의 내용을 깊이 있게 살펴보면 세상에서 가장 비천하고 욕된(?) 혈통을 고스란히 잇고 있다.

마태복음 1장 1절만이 아니라 17절까지 한 문단 전체가 예수의 계보에 대한 기록이다. 그런데 낳고…, 낳고…, 낳고…의 지루한 반복에 독자들은 그것을 끝까지 읽으려 하지 않는다. 뚜렷이 눈에 들어오는 1절의 말씀, 즉 "아브라함과 다윗의 자손 예수 그리스도의 계보라" 부분만 급히 읽고는 내용을 지레짐작한 채 2장으로 넘어간다. 그러나 1절을 넘어 예수 계보의 후반부인 2절부터 17절 사이에 예수의 혈통이 여실히 드러난다.

아브라함부터 시작해 마리아에게서 예수가 나기까지 42대를 거치면서 모든 조상의 이름이 빠짐없이 기록되었는데, 이상하게도 여자 이름은 다섯 명에 지나지 않는다. 남성 중심의 가부장사회에서 부계혈통을 잇는 고대 이스라엘의 계보에 남자들 이름이 낱낱이 기록된 것은 당연한 일이다. 하지만 여자들 가운데 다섯 명만 기록된 이유는 무엇일까? 우리는 예수의 계보에 오른 다섯 명의 여자들에게서 예사롭지 않은 공통점을 찾을 수 있다. 그들은 한결같이 비천하고, 추하고, 더럽고, 욕된 여자들이었다.

"유다는 다말에게서 베레스와 세라를 낳고…"의 구절을 보면, 다말은 유다의 아내가 아니라 며느리이다. 시아버지와 통정해 아들을 낳았고, 그 아들이 바로 예수의 조상인 것이다. 당시의 시대적 배경을 생각하면 시아버지와 며느리의 불륜으로만 치부하기에는 무리가 있다. 하지만 남편을 잃고 시아버지에게서 아들을 낳았다는 사실로도 정상적인 출생이 아닌 것은 분명하다.

"살몬은 라합에게서 보아스를 낳고…"의 구절에서 라합은 여리고의 창기이다. 라합을 두고 '창녀다' 또는 '창녀는 아니고 주막의 기생이다'라는 기록이 분분하지만, 큰 차이는 없어 보인다. 여리고라는 군사도시에서 술집여자는 기생이고, 기생은 몸을 파는 창녀나 다름없었다. 어쨌든 여리고의 창기 라합이 이스라엘의 정탐꾼 살몬과 혼인해 낳은 아들이 보아스로, 그 또한 예수의 직계조상이다.

"보아스는 룻에게서 오벳을 낳고…"의 구절에서 룻은 시어머니 나오미를 따르는 순종의 여인으로 나타난다. 하지만 그녀는 하나님의 백성(선민) 이스라엘이 개나 돼지처럼 취급하는 미개한 민족인 모압 출신이다. 이방인이며 과부인 그녀의 신분은 말 그대로 '개나 돼지'처럼 비천하기 이를 데 없었다.

"다윗은 우리야의 아내에게서 솔로몬을 낳고…"의 구절을 보면, 어떤 여자가 다윗의 아들을 낳았지만 성경은 그녀를 다윗의 아내가 아니라 '우리야의 아내'로 기록했다. 이유가 무엇일까? 다윗이 불륜을, 그것도 충성스러운 장수 우리야를 속이고 마침내 그를 사지에 몰아넣으면서 '이웃의 아내'와 간통을 저질러 낳은 자식이 솔로몬으로, 그는 예수의 직계조상이다. 이러한 엄청난 사실에 성경조차 밧세바라는 본래 이름을 사용하는 대신 '우리야의 아내'라고 거리를 둔 것 아닐까?

마지막으로 '마리아'에 대한 구절을 살펴보도록 하겠다. 마리아가 영원한 '동정녀'라는 민감한 부분에 대한 언급은 생략하려 한다. 다만, '마리아의 찬가'에서 보듯이, 그녀 또한 매우 비천한 여자였다.

"내 마음이 하나님 내 구주를 기뻐하였음은 그의 여종의 비천함을 돌보셨음이라…" 누가복음 1:47-48

더욱이 마리아는 약혼한 상태에서 약혼자의 씨가 아닌 예수를 잉태했다. 우리는 마리아가 성령으로 잉태했음을 의심하지 않는다. 하지만 당대의 사람들에게 '성령의 잉태'라는 말은 허구에 지나지 않았다. 정혼한 마리아가 혼외임신을 했다면 율법에 따라 투석형에 처해져야 마땅했다. 이견이 없지 않지만, "우리가 음란한 데서 나지 아니하였다(요한복음 8:41)"는 바리새인의 말은 사생아로 의심받던 예수의 출생을 조롱한 것이라는 주장에 설득력이 없지 않다.

42명의 여자들 가운데 다섯 명의 이름만 기록하고, 그들의 공통점이 세상에서 지극히 비천하며 부정한 자라는 사실은 단순히 우연일까? 그렇지 않다. 이는 문체론에서 말하는 '이탈écart'로써, 저자의 의도가 담긴 특별한 표현법이다. 즉, 성경의 저자는 의도적으로 다섯 명의 비천한 여자들을 계보에 등장시키면서 예수의 혈통이 지니는 특별한 의미를 강조했다. 이처럼 하나님의 아들로서 존귀하신 예수는 지극히 비천한 자로 세상에 오셨다. 세상에서 소외당하는 '가난한 자', 버림받은 죄인을 구원하시기 위해 그보다 낮은 신분으로 세상에 오신 것이다.

하나님의 아들이시며 아브라함과 다윗의 자손인 예수께서 굳이 낮은 자로 세상에 오실 필요가 있었을까? 당연히 의심이 일겠지만, 사실은 매우 중요한 의미를 함축하고 있다. 지극히 낮은 자가 되지 않고는 세상의 작은 자를 진정으로 사랑하지 못한다. 겸손하지 않고는 세상의 비천한 자들을 사랑하지 못하며, 종이 되지 않고는 결코 다른 사람을 섬길 수 없다. 진실한 사랑은 자선이나 동정이 아니라 작은 자의 고통을 알고 섬기는 온전한 희생이기 때문이다.

예수 그리스도는 하나님의 아들이다. 따라서 존귀한 자이다. 그러나 그의 존귀는 세상의 부귀영화를 통해 누리는 육신의 존귀가 아니라, 기꺼이 낮아져 마침내 생명까지 바치는 영적 존귀이다.

"너희 안에 이 마음을 품으라 곧 그리스도 예수의 마음이니 그는 근본 하나님의 본체시나 하나님과 동등됨을 취할 것으로 여기지 아니하시고 오히려 자기를 비워 종의 형체를 가지사 사람들과 같이 되셨고 사람의 모양으로 나타나사 자기를 낮추시고 죽기까지 복종하셨으니 곧 십자가에 죽으심이라" 빌립보서 2:5-8

하나님과 본체이신 예수는 '자기를 비워' 사람의 몸으로 오셨고, 목숨마저 버리시며 하나님의 뜻에 온전히 순종했다. 그로 인해 우리는 죄인임에도 구원받을 수 있게 되었다. 이처럼 예수는 우리에게 '섬김의 본'이 되기 위해 인간의 몸으로 세상에 오신 것이다.

예수가 자기를 비우고, 낮아지고, 복종하셨듯이, 그리스도인은 허튼 교만과 허세를 떨치고 겸손과 온유의 멍에를 메는 자가 되어야 한다. 세상에서 낮아져야 주 안에서 높아지고, 세상에서 겸손해야 주 안에서 존귀한 자가 될 수 있기 때문이다. '가난한 영성'의 역설적 진리는 다음 구절과 짝 지어 읽을 때 비로소 본문에 대한 문맥적 해석이 가능하다.

"이러므로 하나님이 그를 지극히 높여 모든 이름 위에 뛰어난 이름을 주사 하늘에 계신 자들과 땅에 있는 자들과 땅 아래에 있는 자들로 모든 무릎을 예수의 이름에 꿇게 하시고 모든 입으로 예수 그리스도를 주라 시인하여 하나님 아버지께 영광을 돌리게 하셨느니라" 빌립보서 2:9-11

그리스도인에게는 이처럼 '역설의 진리'가 존재한다. 예수가 그러셨듯이, 낮아져야 높아지는 존재의 역설이며 가치의 반전이다. 세상의 작은 자를 섬기면서 스스로 비천한 자가 되어야 진실로 존귀해진다. 세상에서 지극히 낮은 자신의 모습을 바라보며 마음 가득 소망을 품어보자.

나사렛 예수 vs. 한국의 다양한 예수들

군이 '나사렛 예수'라고 지명을 붙여 이름을 부르는 이유는 무엇일까?

나사렛이 이스라엘의 거룩한 성지이기 때문인가? 아니면, 성경에서 예언된 특별한 장소이기 때문인가? 구약을 통틀어 기록이 전혀 없을 만큼 나사렛은 성경적 관점에서 별다른 의미를 지니지 못한다. "갈릴리에서 무슨 선지자가 나올 수 있겠느냐?"고 나다나엘이 반문했듯이, 갈릴리 나사렛은 성지도 아니고 특별한 종교적 의미를 지닌 장소도 아니다. 나사렛은 이스라엘의 변방인 갈릴리의 작은 마을에 지나지 않으며, 나사렛 사람들은 율법주의에 맞서 새로운 복음을 전파하는 예수를 조롱했다. 불경不敬을 서슴지 않는다며 예수를 죽이려 했을 정도이다.

그런데도 '나사렛 예수'라고 부르는 이유는 간단하다. 당시 이스라엘에 예수라는 이름이 많았기 때문이다. 다른 예수들과 구별하기 위해 예수가 자란 지명을 이름에 덧붙인 것이다. 막달라 마리아, 아리마데 요셉, 가룟 유다처럼 지명을 덧붙이거나 '세배대의 아들 요한'처럼 아버지의 이름에 연결해 부르는 것은 당시 유대인들에게 흔한 관습이었다. 그런데 오늘날 한국 교회에는 전혀 다른 의미에서 예수가 많다. 병 잘 고치는 예수, 자녀들 좋은 대학 보내주는 예수, 승진과 진급에 특별한 영발이 있는 예수, 재테크에 능한 예수 등….

사실상 한국 교회에는 수만의 교회, 심지어 수백만 교인의 숫자만큼 많은 예수가 존재한다. 조용기 목사가 이끄는 순복음교단의 예수가 다르고, 김홍도 목사가 다스리는 금란교회의 예수가 다르며, 회개의 새로운 지평(?)을 개척한 전병욱 목사의 홍대새교회에서 섬기는 예수가 다르다. 맘몬의 신전을 층층이 쌓아올려 번들거리는 유리성에서 하나님을 모시는 오정현 목사의 예수가 따로 있고, 한국 교회 주류 목사들의 사교집단인 한기총의 예수가 다르다.

그러나 그리스도인이 믿는 예수는 한 분이며, 우리는 오직 한 분이신 '진짜 예수'를 믿어야 한다. 그가 바로 '나사렛 예수'다. 그렇다면 나사렛 예수는 누구인가? 세상에 오신 그 분이 가장 먼저 선택한 규범은, 하늘 보좌의 존귀한 자리를 버리고 기꺼이 인간의 육신을 입으신 채 종의 자리에 서신 '가난한 예수'다.

지존하신 하나님과 본체이며 하나님의 아들이신 예수가 왜 인간의 비천한 육신을 입고 종의 모습으로 세상에 오셨을까? 능력의 근원이신 그 분이, 오병이어의 기적 정도는 손바닥 뒤집는 것처럼 아무 일도 아닌 그 분이 '가난한 예수'로 세상에 오신 이유는 무엇일까?

요즘 한국 교회에서 "다다익선 아니냐? 돈은 많으면 많을수록 좋은 것이다. 그 돈을 선교에 쓰고, 구제에 쓰고, 건축에 쓰고, 주의 영광을 드높이는 여러 사업에 사용하면 그것이 바로 주님의 뜻에 따라 선한 일을 행하는 것이다!"라고 당당히(?) 주장하는 배부른 목사들처럼, 예수도 그리 하시면 간단히 해결될 일 아닌가? 너무 가진 것이 없어서 당신을 따르던 무리가 굶을까 봐 걱정하는 것이 과연 올바른 선택일까?

하지만 예수께서 '다다익선'을 주장하는 목사들보다 머리가 모자라고 생각이 짧아 그리하셨겠는가? 제자들을 일부러 고생시키려고 파송하시면서 "돈주머니를 차지 말고, 옷도 두 벌 가지지 말고, 지팡이나 달랑 하나 들고 가라"고 매몰차게 말씀하셨을까?

가난한 자를 진정으로 사랑하기 위해, 가난한 자에게 생명의 복음을 전하기 위해 예수 그리스도의 사역자는 마땅히 가난해야 해서 그렇게 말씀하신 것이다. 그리고 예수 또한 '본'을 보이기 위해 인간의 비천한 몸으로 세상에 오셨고 가난하게 사신 것이다. 배부르고 등 따뜻하면서 다른 이들에게 어찌 가난한 자들을 도우라고 말할 수 있으며, "굶주리고 헐벗고 병든 자를 섬기는 것이 바로 나를 섬기는 것"이라고 말씀하신 주님을 따르는 제자가 될 수 있겠는가?

내게 두 벌 옷이 있으면 한 벌을 가난한 사람에게 나눠 주라는 것이 주의 말씀이다. 돈 많고, 거드름 피우고, 탐욕스런 목회자나 교인들을 보면 이런 생각이 떠오른다. "당신은 나사렛 예수가 아닌 '다른 예수'를 믿는 사이비다!"

바울은 초대교회에 잠입한 거짓 교사들의 일탈에 대해 고린도의 무지한 교인들에게 경고한다.

"만일 누가 가서 우리가 전파하지 아니한 다른 예수를 전파하거나 혹은 너희가 받지 아니한 다른 영을 받게 하거나 혹은 너희가 받지 아니한 다른 복음을 받게 할 때에는 너희가 잘 용납하는구나" 고린도후서 11:4

다른 예수, 다른 영, 다른 복음…. 그들은 옛날 초대교회에 있던 흘러간 이단이 아니다. 바로 지금, 한국 교회에서 흔히 볼 수 있는 가증한 이단 아닌가?

단언컨대, 오늘날 한국 교회의 치명적 오류는 단순히 목사나 교인들의 타락과 불의가 아니다. 사실상 그것은 오래전 교회의 태동과 함께 시작된 진부한 문제들일 뿐이다. '지금 여기에서' 벌어지는 한국 교회의 결정적 문제는 영적인 부분이다. '다른 예수'를 믿는 것이며, 가증하기 이를 데 없는 다른 예수를 추종하며 결국 이단의 사슬에 꼼짝없이 매이는 것이다.

나사렛 예수 vs. 부자목사를 꿈꾸는 사람들

얼마 전 기독교 신문에 실린 기사를 읽으며 나는 마음이 불편했다. '연봉 1억이 넘는 목회자들 국세청에 소득 신고해야…'라는 제목의 간단한 글이었다. 어찌 보면 그리 흥분할 내용도 아니다. 그럼에도 분노가 치밀었던 이유는, 납세에 반대하는 목사들을 보며 '돈을 사랑하는' 유대 바리새인의 타락을 넘어서는 한국 교회 부자목사들의 탐욕과 위선이 느껴졌기 때문이다.

물론 연봉 1억이 넘는 경우는 일부 교회에 국한되며, 종교인 과세를 반대하는 목사들도 일부에 지나지 않는다. 하지만 그들이 각 교단의 유력한 목사들이며 한국 교회를 대표하는 상징성을 지니고 있음을 간과하기 어렵다. 또 표면에 드러난 일부 목사들의 지엽적 문제를 넘어 대다수 목회자들의 공통된 의식일 수 있다는 점에서 우려스러운 부분이기도 하다.

한편, 한국의 목회자들이 지니는 소위 '목사의 지위'에 관한 기본적 인식에 심각한 문제가 있다. 가시면류관을 쓴 나사렛 예수를 바라보는 측의 생각과, 화려한 금관을 쓰고 왕좌에 앉은 '이스라엘의 왕'을 바라보는 측의 생각은 근본부터 다를 수밖에 없기 때문이다. 지극히 가난한 자로 세상에 오셔서, 살 찢기고 피 흘리며 처절히 죽어간 나사렛 예수의 희생을 바라보는 주의 종들과, 성전의 보좌에 앉아 왕처럼 군림하는 종교의 우상으로서 예수를 바라보는 귀족 목사들은 처음부터 다른 길을 걷고 있다는 말이다.

가난한 예수의 청빈한 삶에서 스승의 본을 바라보는 목사들은 결코 '부자목사'를 꿈꾸지 않는다. 한국 교회의 내로라하는 부자목사들이 교회의 영성을 파괴 또는 타락시킨 배경은, 사실상 '다른 예수'를 믿으면서 마음 속 깊이 '부자예수'를 추종하기 때문이다.

하지만 주께서 "하나님과 재물을 동시에 섬길 수 없다"고 분명히 말씀 하시지 않았는가? 이는 재물을 섬기는 자는 하나님을 섬길 수 없으며, 하 나님을 섬기는 자는 '돈을 밝히는 바리새인처럼' 결코 재물에 연연해서는 안 된다는 말씀이다. 결국 돈을 사랑하는 자는 하나님을 사랑할 수 없으 며, 하나님을 사랑하지 않는 자는 하나님을 믿지도, 따르지도 않는다는 말 과 다르지 않다. 마찬가지로 '성공 목회'를 갈망하면서 마음속으로 '부자 예수'를 바라보는 목사들은 처음부터 겸손한 주의 종이 될 수 없다.

널리 알려진 사실이지만 대형교회 목사들의 실제 수입은 이른바 '사례 비'로 책정된 금액이 전부가 아니다. 오히려 목회활동비, 선교(활동)비, 홍 보비, 도서비, 자녀 장학금 등 개인적 명목이 훨씬 많다. 더욱 심각한 문제 는, 회계장부에 정식으로 기재된 금액이 아니라 교회 재정을 개인금고처 럼 사용하면서 불법적인 횡령을 서슴지 않는다는 사실이다.

목사들이 얼마를 벌고 어떻게 사용하든 수단과 방법이 정당하다면 굳 이 따질 이유도, 그럴 생각도 없다. 다만, '주의 종' 또는 '하나님의 사자' 운운하며 일탈을 저지르고, 교인들을 바르게 인도해야 할 책임과 사명이 있는 자들이 비리를 일삼기 때문에 그리스도인으로서 분노하는 것이다.

목사들의 왜곡된 권위에 현혹된 순진한 교인들이 덩달아 '다른 예수'를 믿고 있다. 소경이 소경을 인도하면 둘 다 구덩이에 빠지듯, 목사와 교인 가릴 것 없이 '부자예수'를 바라보며 방황하다 마침내 실족하는 지금의 상황이 안타까울 뿐이다.

주의 종은 모름지기 가난해야 한다. 수입이 없거나 작아서 가난할 뿐만 아니라, 설령 많더라도 가난한 사람들을 위해 '우선' 사용해야 한다. 따라서 목사들은 필연적으로 가난할 수밖에 없다. 목사도 가정이 있으니까, 자녀가 있으니까, 경제생활에 어려움이 없어야 목회에 전념할 수 있으니까, 노후를 생각해야 하니까 등의 구차한 변명을 늘어놓으려면, '예수 그리스도의 종'이라는 주장은 하지 말아야 한다. 차라리 좋은 직업으로서 목사를 선택했다고 말하는 것이 떳떳하다.

가난의 고통을 모르는 사람이 물질적 동정을 넘어 마음으로 가난한 사람들을 사랑하기란 쉽지 않다. 눈높이가 너무 다르기 때문에 상대의 처지를 이해하기 어려운 것이다. 고난을 겪어보지 않았으면서 다른 사람의 고난에 진정으로 동정을 느끼는 것 또한 간단한 일이 아니다. 건강한 몸으로 다른 사람의 신체적 고통을 함께 느끼는 것이 쉽지 않은 것과 같은 이치다. 고난은 마음으로 느끼는 관념이 아니라 몸으로 겪는 처절한 현실이며 실제이기 때문이다.

나사렛 예수는 가난한 자를 진정으로 동정하기 위해 스스로 가난을 택하셨고, 비천한 삶을 사셨다. '사랑이 무엇인가?'라는 질문에 제대로 대답하려면 끝이 없다. 그러나 성경은 그리스도인이 실천해야 하는 사랑의 진정한 의미에 대해 간단히 설명한다. "가난한 형제에게 네가 소유한 것을 나눠 주어라!"라는 계명을 지키는 것이 그리스도인으로서 진정한 사랑의 시작이다.

예수의 사랑은 가난한 사람들을 물질로 돕는 '자선'에서 그치지 않는다. 그들을 마음으로 '영접하며' 섬기는 겸손이며 헌신이다. 스스로 낮아지고 작아져 세상의 가난한 자를 섬기는 것이 예수가 말하는 사랑의 본질이며, 예수의 계명을 온전히 지키는 믿음의 순종이다.

"예수께서 한 어린 아이를 불러 그들 가운데 세우시고 이르시되 진실로 너희에게 이르노니 너희가 돌이켜 어린 아이들과 같이 되지 아니하면 결단코 천국에 들어가지 못하리라 그러므로 이 어린 아이와 같이 자기를 낮추는 사람이 천국에서 큰 자니라 또 누구든지 내 이름으로 이런 어린 아이 하나를 영접하면 곧 나를 영접함이니 누구든지 나를 믿는 이 작은 자 중 하나를 실족하게 하면 차라리 연자 맷돌이 그 목에 달려서 깊은 바다에 빠뜨려지는 것이 나으니라" 마태복음 18:2-6

본문에서 '어린 아이'는 '작은 자'의 상징이다. 따라서 작은 자를 영접하는 자, 다시 말해 마음과 정성을 다해 작은 자를 섬기는 자라야 주의 계명을 지키고, 마침내 하나님 나라에 들어갈 수 있다는 실로 두려운 가르침이다. 예수는 작은 자를 섬기기 위해 먼저 "어린 아이들과 같이 되라"고 말씀하셨다.

더욱 충격적인 것은, "이런 어린 아이 하나를 영접하면 곧 나를 영접함이다"라는 말씀에서 보듯이 작은 자를 영접하는 것이 예수를 영접하는 것이라는 가르침이다. 결국, 작은 자에 대한 연민과 물질적 구제를 넘어, 진정한 마음으로 그들을 '주처럼' 섬기는 것이 그리스도인의 온전한 순종이다.

예수의 계명을 따르고자 하는 그리스도인이라면, 말이나 물질로 가난한 사람들을 돕는 것에 그치지 않고 스스로 작은 자가 되어 그들을 섬기라는 말씀에 주목해야 한다. 이것이 바로 하나님의 아들이신 예수가 인간의 육신을 입고 가난한 나사렛 예수로 와서, 생명을 바쳐 세상을 구원하신 결정적 이유이기 때문이다. 스스로 낮은 자리에 설 때 비로소 예수가 말씀하신 '겸손한 종'으로서 세상의 작은 자를 섬길 수 있다.

이른바 '교회 개혁'도 마찬가지다. 입으로만 개혁을 외치면 잡다한 사변에 그치고 만다. 진정한 교회 개혁은 주의 뜻에 순종해 생명까지 아끼지 않으며 자기 자리에 바로서는 것, 즉 종이라는 가장 비천한 자리에 기꺼이 서는 것부터 시작해야 한다.

진실로 교회 개혁을 원한다면 목회자와 사역자들, 그리고 평신도에 이르기까지 모든 그리스도인이 '부자예수'의 검은 허상을 버리고 가난한 삶을 실천해야 한다. 그리고 '종의 모욕을 고스란히 감수하는' 겸손humility의 어원처럼 철저히 낮아져야 한다. 그럴 자신이 없다면 조용히 자리에서 물러나는 것이 자신이나 교인들을 위해, 그리고 '주의 교회'를 바로 세우는 데 바람직하다. 나사렛 예수는 결코 '부자예수'일 수 없다.

'주의 교회'로서 아르케 처치를 꿈꾸며

모름지기 새 술은 새 부대에 담아야 하듯, 한국 교회는 근본부터 다시 세워져야 한다. 종교적 기득권에 사로잡힌 목사들이 제왕처럼 군림하는 한, 결코 그리스도 신앙의 원형을 되찾을 수 없기 때문이다. 오늘날 한국 교회는 '양적 성장의 정체'가 아니라 이미 총체적 붕괴로 들어선 듯하다.

유대신앙의 근본인 예루살렘 성전의 종말을 재현하듯, 한국 교회는 현재 교인들의 이탈로 인한 신자의 뚜렷한 감소와 더불어, 세상에서는 외면당하고 교회 안에서는 끊임없이 갈등이 불거지는 등 내우외환의 위기를 겪고 있다. 무리한 예배당 건축으로 빚더미에 앉은 중대형교회들이 경매시장에 나오는가 하면, 목사들의 비리가 연일 언론을 달구고 있다. 어찌 보면 외형주의에 치우치고 목사 우상화에 사로잡힌 한국 교회가 반드시 치러야 할 당연한 과정일 수도 있다. 예루살렘 성전의 붕괴를 통한 '성전숭배'의 종말이 결코 지난 역사가 아니라는 말이다.

예수가 당시 유대 율법주의자들에게 하셨던 말씀을 상기해 보자. '외식하는 자들', '장로의 전통을 하나님의 계명보다 중시하는 자들', '과부의 가산을 탐하며 돈을 사랑하는 자들', '시장의 많은 사람들 앞에서 자기 의를 과시하는 자들', '입으로만 하나님을 공경하면서 마음은 멀리 있는 자들', '자기 배를 채우기에 급급한 자들' 등 성경에 명시된 구절들이 오늘날 한국 교회의 타락한 목사들과 교인들에게 어김없이 해당되는 내용 아닌가? 시대에 따라 이름만 바뀌었을 뿐, 예수가 질타하신 유대 율법주의 신앙과 도무지 차이가 없다.

믿기지 않는다면 예수가 "화 있을진저 너희 서기관과 바리새인들아"라고 말씀하셨던 구절을 "화 있을진저 너희 한국 교회 목사들과 교인들아"로 대체해서 천천히 읽어보기를 권한다. 소름이 끼칠 만큼 정확히 일치한다. 율법주의가 하나님의 뜻에 어긋나는 '인간의 종교주의'인 것처럼, 한국 교회가 추종하는 비성경적·반성경적 '개교회주의'는 주의 뜻과 정확히 상반되는 사이비 종교집단의 거짓 강령일 뿐이다.

예수가 "영원히 열매를 맺지 못하리라"라고 저주한 무화과나무처럼 나날이 시들어가는 한국 교회에 필요한 건, 수천 년 종교사에 걸쳐 수없이 반복되어 온 '개혁운동'도 아니고 새로운 모델을 염두에 둔 '교회 갱신'도 아니다. 예수가 친히 말씀하신 '내 교회', 다시 말해 '주의 교회'로 돌아가서 '아르케 처치(원형 교회)'의 영성을 오롯이 회복해야 한다. 물론 아르케 처치로 돌아가는 길은 지금까지 제도권 교회를 타락시킨 제반 요소들을 낱낱이 점검하는 작업부터 시작된다.

그러나 제도를 고친들 별반 소용이 없을 수도 있다. 교회 타락의 주된 요인은 제도가 아니라 '성직자'라는 반성경적 직위를 남용해 '자기 배'를 채운 교회권력이기 때문이다. 이를 완전히 타파하지 않는다면 예수가 말씀하셨던 교회의 원형, 이른바 원형 교회로서 아르케 처치의 바른 모습을 회복하기 어려울 것이다.

제도는 어떤 경우에도 그 자체로 '선'일 수 없다. 권력자가 작정만 하면 종교권력의 손아귀에서 재롱피우는 노리개로 전락할 수 있다. 따라서 진정한 변화, 가치 있는 변화의 동력은 '제도 개선'이 아니라 반성경적 종교권력의 완전한 타파라고 할 수 있겠다!

부패한 중세 가톨릭의 사제주의에 맞섰던 개신교가 과연 타락의 온상인 '성직주의'를 무너뜨렸는가? 아니다. 중세 가톨릭의 '사제성직주의'가 개교회의 목사들에게 고스란히 전이되어 '목사성직주의'로 얼굴을 바꾸었을 뿐이다.

'미사'를 독점하는 가톨릭 사제와, '설교권'을 빙자해 예배를 독점하는 개신교의 목사 사이에 근본적인 차이가 있을까? 개신교 예배가 가톨릭의 7대 성사를 그대로 답습하지는 않지만, 형식만 약식으로 바뀌었을 뿐 적용 측면에서는 거의 동일하다. 개신교에 의식儀式적인 고해성사는 없지만, 안수기도, 중보기도(?)를 통해 이미 고해성사의 역할을 대체할 수 있지 않은가?

이제 예수께서 선언하신 '내 교회', 즉 주의 교회로서 '아르케 처치' 운동이 들불처럼 타올라야 한다. 아르케 처치의 모델은 개신교도, 가톨릭도, 초대교회도 아니다. 종교사를 돌이켜보건대, 역사상 존재하던 어떤 교회도 때가 되면 인간이 성직자의 금관을 쓰고 주인의 자리에서 군림했을 뿐, 예수가 진정한 주인이 되신 경우는 없었다.

"…이 반석 위에 내 교회를 세우리니 음부의 권세가 이기지 못하리라"

마태복음 16:18

주께서 "내 교회를 세우리라"라고 말씀하신 그 교회는 예수가 몸 바쳐 세우신 원형 교회로서 '예수 그리스도의 교회'이다. 그것은 베드로의 교회도, 교황의 교회도, 목사의 교회도 아니다. 따라서 아르케 처치는 공생애 동안 예수의 삶과 가르침으로 세상에 보여준 영적 가치를 오롯이 준수하며, 성경에 기록된 그대로 '말씀'에 순종하고, 예수가 제자들에게 주신 '새 계명'에 충실한 신앙공동체로서 반드시 수평적인 '형제교회'가 되어야 한다.

① "너희는 서로 사랑하라"는 새 계명에 따라, '사랑'이 최고의 강령이 되어야 한다. 사랑하되 "내가 너희를 사랑한 것 같이 너희도 서로 사랑하라"는 주의 명령에 따라, 자기 사랑과 가족 사랑의 이기적 틀을 뛰어넘어 이웃 사랑, 형제 사랑으로 나아가는 이타적 사랑, 희생적 사랑이 되어야 한다.

② "나는 섬김을 받으러 세상에 온 것이 아니라 섬기기 위해서 왔다"는 주의 뜻에 따라, 그리고 친히 제자들의 발을 씻기며 낮은 종으로서 섬김의 '본'을 보이신 주의 가르침에 따라, 아르케 처치는 가난한 형제들에 대한 연민을 넘어 진정한 '섬김의 공동체'가 되어야 한다.

③ "세상의 지극히 작은 자에게 하는 것이 나에게 하는 것이다"라는 말씀을 기억해야 한다. 가난한 이웃을 사랑하는 것이 주를 사랑하는 것이다. 그리스도 신앙의 본질은 제사나 예배처럼 종교의식을 통한 영적 숭배가 아니라, 주의 계명을 지켜 사랑을 실천하며 하나님께 영광을 돌리는 온전한 순종이다. 그리스도인에게 '행함'은 행위구원론의 어설픈 빌미가 아니라 그 자체가 믿음이다. 성경적 의미에서 행함은 나눔과 결코

분리되지 않는다. 진정한 나눔 없이 겉치장에 혈안이 된 한국 교회는 결코 주의 교회가 될 수 없다.

④ 예수가 회당에, 들녘에, 갈릴리 호숫가에 두루 다니며 가르치신 것처럼, 그리스도의 말씀은 신앙의 근본이며, 말씀의 바른 이해와 적용은 '바른 신앙'과 불가분의 관계다. 성경시대에 그리스도인은 '성경의 사람 Man of the Book'이다. 성경을 벗어난 진리나 계시는 모두 허구라고 할 수 있다! 아르케 처치의 형제들은 '말씀'을 올곧게 배우고 바르게 전해야 한다. 말씀의 왜곡이 신앙의 왜곡과 교회의 타락을 초래했다는 사실을 간과해서는 안 된다. '근원으로 돌아가라'는 종교개혁의 외침은 신앙의 근본인 성경으로 돌아가라는 말 아니던가? 그리스도인은 영적 군사이며, 영적 전쟁에서는 오직 말씀이 '승리의 검'이다.

⑤ "땅끝까지 이르러 내 증인이 되라"고 명령하신 대로, 예수 그리스도의 참된 복음을 세상에 전파해야 한다. 거짓된 신앙의 굴레에 갇혔다 한국 교회를 떠난 가나안 성도들은 말이 '가나안'일 뿐 황량한 광야에서 고통받고 있다. 저들이 다시 주의 교회, 이른바 '영적 가나안'으로 돌아갈 수 있도록 주의 교회로서 아르케 처치가 세상 곳곳에 세워져야 하며, 저들을 거리낌없이 부를 수 있어야 한다.

⑥ 비리와 탐욕의 유혹에 빠져들지 않기 위해 교회의 독재권력을 완전히 타파해야 한다. "교회의 사역은 각자의 은사에 따라 철저히 분산되어야 한다"는 사역분담의 원칙 또한 지켜져야 한다. "너희는 왕 같은 제사장이다"라고 말씀하신 대로 아르케 처치의 형제들은 신약시대의 '만인제사장'으로서, 각각의 형제가 제사장의 사명을 오롯이 감당하는 '진정한 사역자'가 되어야 한다. 한 명의 교황, 또는 사제나 목사가 아니라

모든 형제가 누구나 '왕 같은 제사장'으로 교회의 한몸을 이룰 뿐이다! 당연히 신약시대의 제사장은 율법시대의 제사장이 아니다. 예수 그리스도는 '대제사장'인 동시에 '어린 양'으로서 자신의 생명을 기꺼이 사랑의 희생제물로 바쳤다. 그리스도인은 예수를 '본받아' 자신의 생명을 '산 제물'로 바칠 수 있는 '진정한 제사장'이 되어야 한다.

예수가 주신 성령의 능력으로 모든 그리스도인은 각자의 자리에서 교회를 섬길 수 있는 개별적 은사를 받았다. 그리스도인은 예수와 한 몸을 이루는 '지체'이기 때문이다. 각각의 지체는 맡은 기능이 다르되 본질상 우열이 존재하지 않는다. 따라서 '아르케 처치'는 주의 계명에 순종하는 '직분'과 '역할'이 있을 뿐, 성직자와 평신도를 구별짓는 '계급'이 있을 수 없다. 교회를 다스리는 책임과 권한은 사역에 따라 철저히 분산되어야 한다. 담임이나 당회장 따위의 종교적 감투나 권력이 처음부터 있어서는 안 된다. 교회의 타락은 사실상 사제, 목사, 중직 등 소수에 의한 교회권력의 독점과 전횡에 기인한다는 사실을 잊어서는 안 된다.

예수 그리스도의 시대인 '만인제사장' 시대에 각각의 형제가 '제사장'이라면, 아르케 처치는 '제왕 같은' 목사가 군림하기 어려워진다. 목사와 평신도의 차별 없이 '하나의 평신도'가 있을 뿐이다. 각자에게 주신 고유한 은사에 따라 '주의 몸된 교회'를 섬기고, 교회는 세상의 작은 자들을 '주를 섬기듯' 진실한 사랑으로 섬길 수 있어야 한다.

예수가 말씀하신 '내 교회', 예수가 온전히 '주' 되시며, 주의 계명을 오롯이 실천하는 아르케 처치의 형제들…. 이들의 영적 각성과 용기야말로 난치병에 걸려 죽어가는 한국 교회를 살릴 수 있는 유일한 치유법이며 대안일 수 있다.

교회의 회복! 이는 오늘날 그리스도인들에게 주어진 아름다운 사명이다. 주의 계명을 온전히 지키기 위해 "죽으면 죽으리라"는 순교의 믿음을 가진 형제가 주의 교회인 '아르케 처치'에 모이고 행동하는 그때, 한국 교회는 비로소 '주 예수 그리스도의 교회'로 다시 태어날 것이다.

그것은 교회가 아니다

지은이 강만원

펴낸곳 도서출판 창해
펴낸이 전형배
총괄경영(CEO) 구본수

출판등록 제9-281호(1993년 11월 17일)
1판 1쇄 인쇄 2015년 3월 9일
1판 1쇄 발행 2015년 3월 16일

주소 서울시 마포구 토정로 222(신수동 448-6) 한국출판협동조합 A동 208-2호
전화 02-333-5678, 322-3333
팩스 02-707-0903
E-mail chpco@chol.com

ISBN 978-89-7919-585-9 03230

「이 도서의 국립중앙도서관 출판예정도서목록(CIP)은 서지정보유통지원시스템 홈페이
지(http://seoji.nl.go.kr)와 국가자료공동목록시스템(http://www.nl.go.kr/kolisnet)에서
이용하실 수 있습니다.(CIP제어번호: CIP2015005195)」

* 값은 뒤표지에 있습니다.
* 잘못된 책은 구입하신 곳에서 바꿔드립니다.